2024长三角商业创新样本

上海长三角商业创新研究院 著

中国商业出版社

图书在版编目（CIP）数据

2024长三角商业创新样本 / 上海长三角商业创新研究院著. -- 北京 : 中国商业出版社, 2025. 6. -- ISBN 978-7-5208-3437-7

Ⅰ. F727.5

中国国家版本馆CIP数据核字第2025XN6476号

责任编辑：朱丽丽

中国商业出版社出版发行

（www.zgsycb.com　100053　北京广安门内报国寺1号）

总编室：010-63180647　编辑室：010-63033100

发行部：010-83120835/8286

新华书店经销

杭州高腾印务有限公司印刷

*

787毫米×1092毫米　16开　16印张　309千字

2025年6月第1版　2025年6月第1次印刷

定价：188.00元

* * * *

（如有印装质量问题可更换）

序　言

2025年1月，DeepSeek-V3模型的发布，在全球科技界激起强烈回响。这不仅是中国人工智能领域的重大突破，还是中国坚定实施创新驱动发展战略、全力构建现代化产业体系的标志性成果。

在将“以科技创新引领现代化产业体系建设”置于年度经济工作首位的方针指引下，中国正全方位推动科技与产业深度融合，不断加速产业高端化、智能化、绿色化转型。厚积薄发的新质生产力——源于举国上下技术革命性突破、要素创新性配置和产业深度转型。这一切，正深刻改写中国产业演进的速度与形态，重塑其全球竞争力。

作为创新高地的长三角地区，是这一澎湃动能的生动写照。2024年，长三角区域生产总值突破40万亿元，同比增长5.2%，展现出强劲韧性与结构升级态势：第三产业占比58%，生产性服务业增速高达9%，高技术制造业增加值增长8.5%，远超传统制造业(3.2%)；出口逆势增长，占全国超1/3，以新能源车、锂电池、光伏组件“新三样”为代表的结构性升级尤为亮眼；近年来，数字经济、先进制造、绿色经济三大赛道引领增长。中国制造，正加速从“世界工厂”向未来技术策源地与商业模式创新试验场蜕变。

在此背景下，以创新样本为内核的知新工程，不断构建创新价值的闭环。知新工程立足长三角3800余家创新企业基本盘，并于2022年在全面变革基础上再度升格。项目采用独特的多维交叉评审机制，历经三个月五轮严格筛选，公正权威地构建了“发现—验证—放大”的创新价值闭环。为紧密连接市场，在数据辅助筛选基础上，特邀65位涵盖产学研各领域的权威专家（采用“院校专家+产业专家+投资机构专家”的“1+1+1”结构），多维度地评估企业创新能力，构建深度融合的评估体系，积极探索区域创新标杆的筛选范式。

最终脱颖而出的TOP50创新案例企业，是长三角地区在高端装备制造、新能源与绿色发展、数字科技、大健康、美好生活等领域创新活力与产业链整合生态的领军代表，彰显了长三角地区的原创科研、多学科融合及战略创新力的卓越成就，为培育面向未来的新质生产力提供了鲜活范本。在此基础上，为突出标杆引领，本届评选综合深度调研、评审专家以及商创指数团队意见，参考复旦大学管理学院校友中心及安徽省协作办学机构的推荐意见，依据创新性、典型性、引领性等核心指标，最终甄选出10家样本企业。

顺应时代脉搏，2024年度样本紧紧围绕创新中国、长三角一体化、数字中国等国家战略，聚焦企业在“新质生产力”“科技自立自强”“国内国际双循环”等维度的成长，并重点强化了出海服务、绿色低碳、企业ESG指标，在产业领域提高了高端制造比重并纳入现代农业。可以说，这10家样本企业正是时代浪潮中的创新坐标和典范。

作为科技自立自强的实践者，它们突破的不仅是技术壁垒，还是发展模式的桎梏。每一个“卡脖子”环节的攻克，都标志着中国产业升级的新高度。作为新质生产力的孵化器，它们重新定义创新维度——架设实验室与生产线的高速通道，改革既有生产关系，在全新领域锐意突围。作为双循环节点的构建者，它们将长三角产业链优势转化为全球话语权，以“中国标准+全球网络”模式，让新质生产力成为国际产业合作的新通货。在它们身上，烙印着长期主义的基因，彰显着全球视野的格局，践行着可持续发展的承诺和愿景，承载着影响世界的梦想和雄心。

全球产业竞争格局深度重塑，科技创新是核心驱动力。中国自主创新硕果累累，我们看到，高铁从引进消化吸收到领跑世界；纳米微球、膜、芯片等新材料从依赖进口到国产替代乃至领先。真正的创新源于对产业痛点的深刻洞察，我们选出的这些样本企业无一不是孤勇者。比如，中控技术以完全自主的UCS系统和TPT大模型，登顶“工业控制珠峰”，引领中国工业自动化代际超越；江丰电子，以铝、钛、钽、铜等溅射靶材获全球顶尖芯片企业认证，彻底填补国内技术与产业空白；先导智能依托“研发一代、储备一代、量产一代”节奏，持续领跑新能源装备领域；杰克科技，努力打造“产品+服务+平台”立体价值体系，成功转型智能制造解决方案提供商；荃银高科，深度整合全球种质资源，攻关基因编辑、智能育种，加速构建“育繁推一体化”现代种业体系，保障粮食安全；迈为股份，在光伏设备领域实现突破，不仅自身高速成长，更推动全行业提质增效（其主导制定的光伏异质结（HJT）设备国际标准，彰显中国规则制定力）；环瑞电热，以智能化、高精度、模块化控制系统打破欧美垄断，成为特种电热器材“隐形冠军”；安得智联，凭借智能仓储解决方案提升供应链效率30%以上；声通科技，以AI语音系统在政务、金融等容错率要求极高（<8%）的场景深度落地；西井科技，以系统集成的大模型产品力，赋能庞杂人货数据流程梳理。

我们看到，这些杰出的样本企业，以技术创新重构产业价值网络，释放“老树新芽”的质变能量，生动诠释了“科技—产业—价值”的新质生产力本质——将科技创新的关键变量转化为高质量发展的最大增量。同时，面对全球产业链深度重构与多重挑战，企业协同创新是提升供应链韧性、增强内循环动能的关键。我们看到这些样本企业基于各自行业特点，发展出了中国特色的链式协同，提高韧性激活内循环。企业协同创新的背后，体现的是数字赋能服务，共生共赢的战略智慧。中国企业全球化已经步入创新赋能的新阶段，通过技术突破、逆向创新、数字化协同构建全球价值链共生格局。

面对全球经济新格局，中国须构建全新创新理论体系与实践路径。为此，上海长三角商业创新研究院于2024年启动了“创新中国研究”计划，汇聚学界、业界百余位顶尖专家与企业家，聚焦“科创新时代、文化复兴与变革、能源革命之路、生物经济”四大主题，探索数字智能转型、传统文化现代价值、绿色能源发展、生物经济战略等关键领域。计划通过三至五年时间深度研究与实践，突破传统思维，重构生产与社会关系规则，提炼中国创新智慧，为全球治理贡献洞见。这不仅是一项研究，还是一场基于创新的思想革命，旨在让样本价值更加具象与多维，积极推动范式创造。

满眼生机转化钧，天工人巧日争新。2024年度样本企业所展现的，正是驱动中国高质量发展的澎湃新动能。这些样本企业，以自主创新突破桎梏，以链式协同锻造韧性，以全球视野服务共生。它们深刻证明：创新驱动，不仅关乎技术产业跃迁，还在于重塑规则、定义未来。面向未来，中国将在创新驱动之路上坚定前行，在全球创新版图镌刻鲜明印记。

上海长三角商业创新研究院

《2024长三角商业创新样本》执委会

2025年5月

目　录

第一章　在全球芯片竞争中为中国夺冠——宁波江丰电子材料股份有限公司

楔子：夺冠是奋斗的目标，更是产业振兴的使命 …………………………002

企业概况：全球溅射靶材的龙头企业 …………………………003

创新解读：

第一节　一场必须胜利的高科技产业竞赛 …………………………006

第二节　根深方能叶茂，独木正欲成林 …………………………009

第三节　二十年强劲增长的韧性之旅 …………………………013

企业家专访：在长周期赛道中锻造确定性 …………………………017

专家点评：以“无科创无未来”的精神重塑高科技产业链话语权 …………020

第二章　以自主创新铸就工业智能化问鼎全球之路——中控技术股份有限公司

楔子：科技自立自强的东方启示 …………………………024

企业概况：中国工业AI领航者 …………………………025

创新解读：

第一节　中国工业自动化的觉醒之路 …………………………028

第二节　从技术跟随到范式引领的历史性跨越 …………………………030

第三节　领航工业AI新征程 …………………………034

企业家专访：勇做大变革时代科技创新的探路者 …………………………040

专家点评：从跨越鸿沟到超越领跑 …………………………043

第三章　智造之光：“双碳”时代装备王者的全球智造版图——无锡先导智能装备股份有限公司

楔子：探索者的星辰大海 …………………………046

企业概况：新能源装备王者的全球智造生态 …………………………047

创新解读：

第一节　黄金十年：新能源装备行业助力绿色革命高维突变 ……………050

第二节　新质引擎：从技术深潜到生态共建 ……052
第三节　智造哲学：打造“长期主义后花园” ……056
企业家专访：筑牢全球新能源装备基石 ……061
专家点评：新能源装备领域“卖铲人”的典范 ……064

第四章　创新无界，进无止境——苏州迈为科技股份有限公司
楔子：姑苏烟雨中，破茧成蝶时 ……068
企业概况：泛半导体领域高端装备创新者 ……069
创新解读：
第一节　从追赶者到领跑者的蜕变 ……072
第二节　破壁、开拓、领航，创新之路这样炼成 ……075
第三节　技术突破+责任担当，锚定绿色发展方向……082
企业家专访：初心如磐，奋楫笃行 ……086
专家点评：如琢如磨，追求极致 ……089

第五章　引领全球智能“缝制”未来的“北斗星”——杰克科技股份有限公司
楔子：夜空中最亮的星 ……092
企业概况：全球缝纫机之王 ……093
创新解读：
第一节　从“缝补”到“智联”：服装装备行业的破局与重构……096
第二节　效率与智能革命的行业“先锋” ……099
第三节　更开放、更包容、更自信 ……105
企业家专访：创新不是选择题，而是生存题 ……110
专家点评：以技术升级产业，用供给创造需求 ……113

第六章　做中国种业第一方阵的排头兵——安徽荃银高科种业股份有限公司
楔子：民族种子中国“芯” ……116
企业概况：种业领头羊 ……117
创新解读：
第一节　种业强则农业强 ……120
第二节　多维度创新，驱动现代化发展 ……123

第三节 内外并举，兼济天下 ……128
企业家专访：做种子赛道的破浪者 ……132
专家点评：种业振兴的实践典范与未来启示 ……135

第七章 “声”生不息，AI沟通世界——声通科技股份有限公司
楔子：不逐浩渺，精耕细作 ……138
企业概况：中国交互式领域领军者 ……140
创新解读：
第一节 以人工智能驱动新质生产力发展 ……143
第二节 穿透场景，推动商业化落地 ……145
第三节 价值共生，进步共促 ……152
企业家专访：新时代的企业发展，靠成熟的创新体系驱动 ……155
专家点评：智能交互的未来之路 ……158

第八章 精益化智控大物流领航者——上海西井科技股份有限公司
楔子：越山向海履平川 ……162
企业概况：全球智能服务业开疆者 ……163
创新解读：
第一节 “智·能战略”重构物流世界 ……166
第二节 链接“数智”，释放物与人的潜能 ……169
第三节 智向千里，万亿产业能级新生 ……176
企业家专访：赋能者，无形亦无限 ……180
专家点评：以科技改变集装箱的世界 ……183

第九章 价值为引，重构全渠道供应链生态——安得智联供应链科技股份有限公司
楔子：刻画供应链的生命河流 ……186
企业概况：数智商业驱动的供应链变革者 ……187
创新解读：
第一节 数智化注入新动能 ……191
第二节 端对端集成，共创新生态 ……193
第三节 走正路，走远路，走可持续发展路 ……198

企业家专访：心之所向，虽远必达 ······202
专家点评：从供应链韧性到价值共创 ······205

第十章 为中国制造拼搏，为温暖世界努力——安徽环瑞电热器材有限公司
楔子：科技自强，定义未来 ······208
企业概况：中国电伴热技术的革新者 ······209
创新解读：
第一节 当国产替代进入硬核领域 ······212
第二节 破局深耕：自主创新重构行业格局 ······215
第三节 引领：构建全球产业生态 ······219
企业家专访：企业家精神照亮创新之路 ······223
专家点评：国产替代筑基石，全球布局展宏图 ······226

后 记 ······228
项目组织单位 ······230
2024年度样本筛评及采编说明 ······233
附录：以样本为内核的知新工程 ······235
2024长三角商业创新案例企业TOP50 ······239
主要参考资料及文献 ······242

第一章
在全球芯片竞争中为中国夺冠

——宁波江丰电子材料股份有限公司

- **楔子：**夺冠是奋斗的目标，更是产业振兴的使命
- **企业概况：**全球溅射靶材的龙头企业
- **创新解读：**

  第一节　一场必须胜利的高科技产业竞赛

  第二节　根深方能叶茂，独木正欲成林

  第三节　二十年强劲增长的韧性之旅
- **企业家专访：**在长周期赛道中锻造确定性
- **专家点评：**以“无科创无未来”的精神重塑高科技产业链话语权

楔　子

夺冠是奋斗的目标，更是产业振兴的使命

多年来，中国半导体产业一直在突破技术瓶颈之路上探索。如今，在外部压力的倒逼下，国产替代迎来了关键的窗口期。从设备到材料，从芯片制造到封装测试，国产企业纷纷加快了技术研发和市场布局的步伐，逐步实现自主可控。

越是志存高远，越需脚踏实地地奋斗。学生时代的姚力军是一名运动场上的常胜冠军，创业时代的姚力军将争则必胜的竞技精神带到了江丰电子。20年来，江丰电子始终致力于超高纯金属材料及溅射靶材核心技术的研发攻坚，成功开发出了全套生产工艺，实现了国产化替代，设计并建设了基于国产化装备的世界一流的溅射靶材生产基地，一举打破了国外垄断。

每一个成绩的取得，无不得益于曾经流下的汗水；每一次自我突破，无不来源于日复一日的训练。目前，江丰电子实现了超高纯铝、钛、钽、铜等全系列先端靶材的产业化，产品大量出口并进入全球领先的3nm（纳米）工艺，成为台积电、中芯国际、SK海力士、联华电子等全球知名芯片制造企业的核心供应商，销售网络覆盖亚、欧、北美几百家客户，彻底填补了中国在这一领域的技术与产业空白。

当全球半导体产业进入飞速发展的新周期，江丰电子的实践为中国制造提供了范本。正如姚力军所言："纯度没有终点，我们追求的是无限接近材料科学的极限。"江丰电子秉持"聚焦科技突破、推动产业进步"的愿景，始终肩负"为'中国制造'增添光荣"的使命。

站在新的历史节点，这家企业的进化轨迹证明：真正的产业突破不仅需要单点技术的攻克，更要构建从材料创新到标准制定的系统能力，从本土优势到全球布局的生态韧性。以"凡事尽到努力，凡事坚持到底，凡事追求完美，凡事争取第一"的企业精神为指引，江丰电子锐意进取，开拓创新，把握半导体产业快速增长的历史机遇，加速推进先端技术突破与新质生产力的打造，致力于"成为世界上一流的半导体企业"。为国家的产业战略需求贡献自己的力量，这正是中国半导体材料产业迈向全球价值链高端的铿锵足音。

企业概况

全球溅射靶材的龙头企业

2005年，姚力军博士怀着产业报国的梦想，回归祖国，创立了宁波江丰电子材料股份有限公司（以下简称江丰电子，股票代码300666）。这也成为中国第一个超高纯度金属溅射靶材研发生产基地。

江丰电子总部

一、专业聚焦，填补溅射靶材的国产空白

创业20年来，江丰电子研发生产的超高金属溅射靶材填补了我国在这一领域的空白，结束了我国该产品依赖进口的历史，将一个曾被国外“卡脖子”的“短板”，做成了参与国际市场竞争的“长板”。

江丰电子坚持自主研发，目前已拥有覆盖多种金属材料及溅射全工艺流程的完整自主知识产权，已累计申请专利千余项，其中90%是发明专利。截至2024年，江丰电子共取得国内有效授权专利894项，包括发明专利531项、实用新型专利363项。公司屡获国家知识产权优势企业称号，成功入选“2024民营企业发明专利500家”。

江丰电子积极承担国家级、省级重大研发与产业化项目累计超过20项。其中，包括国家02重大专项、国家863重大专项、发改委高技术产业化项目等。凭借在我国高纯金属溅射靶材国产替代进程中扮演关键角色，江丰电子已经成为中国半导体材料领域的核心企业。公司在行业的影响力巨大，已制定并颁布了国家及行业实施标准36项。

江丰电子对产业的重要贡献得到了国家和社会的重视和肯定。公司是国家制造业单项冠军示范企业、中国半导体材料十强企业，并入选第五届（2023年）中国电子材料行业综合排序前50企业及第七届世界浙商大会高质量发展领军企业。

公司创始人、董事长兼首席技术官姚力军博士是掌握超高纯金属材料及溅射靶材核心技术的少数专家之一，为国家海外人才计划专家，享受“国务院政府特殊津贴”。姚博士心怀家国，充分发挥作为产业领军人物的影响力，积极奔走，招引多位海外高层次人才回国创业，为我国半导体产业凝聚更大的力量。

二、奋斗不止，为中国半导体承担产业责任

江丰电子锚定国际最前沿的集成电路技术，强化研发投入，形成核心竞争力。公司不断加大研发投入，成功构建多个高水平的创新平台。通过这些平台，充分发挥自主创新优势，着力培养本领域的科创人才，形成了技术实力雄厚、梯队完整的国际一流超高纯金属及溅射靶材、半导体精密零部件研发、生产和管理团队。

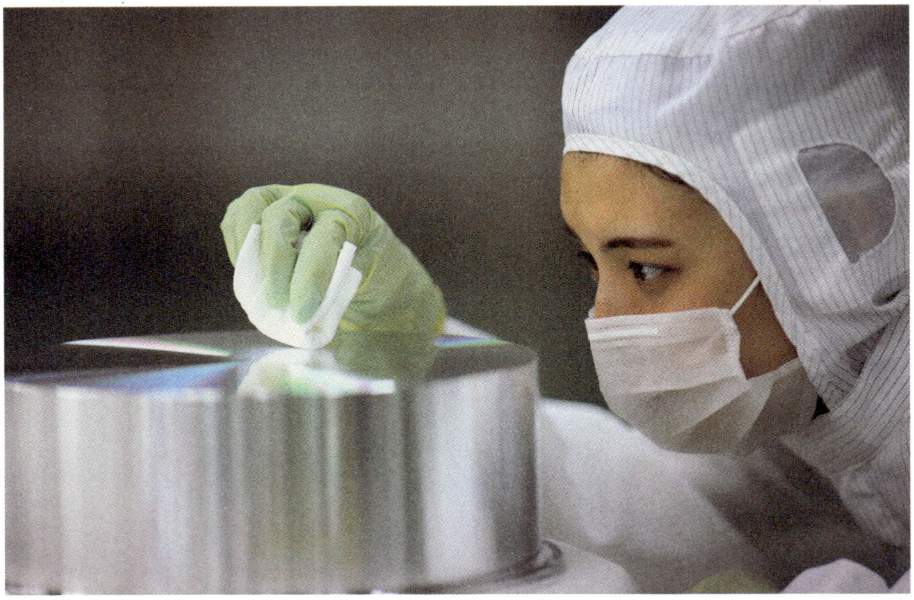

工程师现场检查产品

江丰电子研发成果显著，高端靶材产品竞争力进一步强化，异形靶材品类实现多元化。公司还攻克了半导体精密零部件及新材料的多项核心技术，为公司业绩的增长注入了强劲动力。

创新成果不断涌现，也为公司培育和发展新质生产力提供了有力支撑。目前，江丰电子已实现从“国产替代”到“技术对标”的跨越。

江丰电子坚持以市场需求为导向，致力于不断创造价值，并前瞻性地布局全产业链。公司在全球晶圆制造溅射靶材领域的市场份额正不断扩大，在技术和市场份额方面均跻身全球领先行列。目前，公司的销售网络已覆盖欧洲、北美及亚洲各地，产品应用到台积电、联华电子、中芯国际等国内外知名半导体、平板显示制造企业。

不忘初心，方得始终。江丰电子已成为电子材料领域成功参与国际市场竞争的中国力量。秉承“为‘中国制造’增添光荣”的使命，江丰电子在高端材料研发领域继续锐意进取，在全球化供应链方面不断努力开拓，以领先的技术优势、完善的品质体系和卓越的客户服务水平，为中国电子材料产业的发展作出贡献。

创新解读

第一节 一场必须胜利的高科技产业竞赛

半导体（集成电路）产业对国家综合国力、经济发展和国家战略安全至关重要。

材料和设备是半导体产业的“粮食”与“工具”，直接决定了技术自主性、产业安全性和创新上限。材料和设备发挥协同效应就像是打通半导体产业的“任督二脉”。要想在2030年前实现70%关键环节自主可控，我国须以“材料创新+设备突围+生态捆绑”三位一体策略持续攻坚。

一、超高纯金属溅射靶材需求快速增长，国产替代战略意义重大

高纯溅射靶材产品主要应用于半导体、平板显示器及太阳能电池等领域。在这些应用领域中，超大规模集成电路芯片的制造对溅射靶材金属纯度的要求最高。

高纯金属溅射靶材在集成电路前道晶圆制造、后道封装的金属化工艺中有着广泛应用，主要用于制作互连线、阻挡层、通孔、接触层、金属栅以及润湿层、黏结层、抗氧化层等薄膜。可以说，薄膜制备技术是集成电路制造的关键，而高纯金属溅射靶材则是推动技术进步的关键因素。

江丰电子生产的超高纯金属溅射靶材

在晶圆制造过程中，薄膜材料随着技术节点的缩小而在不断演变。早期的铝互连工艺，铝及铝合金用作互连线材料，钛用作对应的阻挡层材料；在90nm节点后，铜互连工艺成为主流，铜及铜合金用作互连线材料，钽用作对应的阻挡层材料；对于7 nm及以下节点，晶体管结构的变革使得钴、钼、钨等金属及合金等成为更具潜力的互连线或阻挡层材料。关于晶体管源极、漏极和栅极与金属连线之间的接触层材料，随着技术节点的缩小，也从早期钛、钴的硅化物逐渐发展为以镍（掺铂）为主的硅化物。存储功能方面也对材料提出了新的更高要求，钨及钨合金、镧、钴铁硼、锗锑碲等金属及合金材料在功能薄膜构建方面将发挥重要作用。

对于后道封装，随着集成电路先进封装技术的发展，在凸点下金属层、重布线层、硅通孔等工艺中，多种金属材料广泛用于薄膜制备，实现了芯片与芯片、芯片与基板之间的高密度可靠互连。

如今，随着摩尔定律的推进，溅射靶材的技术研发方向已转向多材料体系协同设计。

根据世界半导体贸易统计组织（World Semiconductor Trade Statistics，简称WSTS）的统计，2024年全球半导体销售额首次突破6000亿美元，同比增长近20%，且预计2025年全球半导体市场保持增长，有望突破7000亿美元。作为制造集成电路芯片的核心材料之一，半导体靶材需求将持续增长。

长期以来，超高纯金属及溅射靶材一直被美国、日本的跨国公司垄断。全球溅射靶材市场由日矿金属、东曹、霍尼韦尔及普莱克斯等国际巨头主导，市场总份额超过80%。

造成这一局面有两个主要原因，一方面，半导体超高纯金属溅射技术要求极为严苛，对金属材料纯度、内部微观结构以及加工精度等均有极高的标准。近年来，以人工智能（AI）、高性能计算（HPC）等为代表的新兴技术崛起，半导体芯片的集成度越来越高，半导体芯片尺寸不断缩小，对超高纯金属溅射靶材又提出了新的技术要求。另一方面，我国相关行业起步晚，想要追赶甚至超越全球一流水平，其挑战之大可想而知。溅射靶材兼具技术密集和资本密集的特性，生产设备投入巨大，产品技术含量极高，对生产工艺和技术能力的要求更是严苛。

随着我国经济和产业的持续发展，对高性能溅射靶材材料的需求越发迫切，这就造成了直至2017年前后，我国依然严重依赖进口的被动局面。

毫无疑问，溅射靶材的材料体系及工艺适配性将成为决定产业竞争力的重要因素。国产替代势在必行，材料研发、工艺优化及市场布局的突破既是国内靶材企业的挑战，也是机遇。

二、半导体零部件国产化率提升，产业链自主可控最深层次一环

精密零部件在半导体设备的核心技术演进中占据着关键地位，同时也是制造过程中最具挑战性和技术含量最高的环节，直接决定半导体设备的可靠性和稳定性。

在芯片先进制程生产工艺中，各种精密零部件作为耗材被广泛使用，主要应用于高端半导体刻蚀、沉积、离子注入等设备，包括传输腔体、反应腔体、膛体、圆环类组件（ring）、腔体遮蔽件（shield）、保护盘体（disc）、冷却盘体（cooling arm）、加热盘体（heater）、气体分配盘（shower head）、气体缓冲盘（block plate）、模组组件等。

为了满足半导体设备的技术要求，这些零部件需要在材料选择、结构设计、制造工艺、品质控制以及精度、可靠性和稳定性等方面达到极高的标准。在要求高精密性、高洁净度、超强抗腐蚀能力、耐击穿电压等技术标准的同时，还要具备多品种、小批量、尺寸特殊等特性。半导体设备零部件包括机械、电气、机电一体、气体/液体/真空系统、仪器仪表、光学、其他，共七大种类。其中，机械类应用的设备类型最广泛，所有半导体设备均需机械类零部件，且在应用的设备中，机械类价值量占比最高，达到20%~40%。零部件的材料包括金属类（不锈钢、铝合金、钛合金）、非金属类（陶瓷、石英、硅、高分子材料）等。制造工艺包括超精密加工、扩散焊、氩弧焊、真空钎焊、表面处理、阳极氧化、等离子喷涂、热喷涂、特殊涂层、超级净化清洗等，涉及多个领域和学科。

在半导体设备的成本构成中，精密零部件的价值占比较高，市场空间广阔。半导体精密零部件的需求主要来自两个方面：一是半导体设备制造商制造半导体设备需配备的零部件；二是晶圆制造商维护和替换过程中所需的零部件。半导体精密零部件行业的下游晶圆制造商和半导体设备制造商需求旺盛。根据弗若斯特沙利文咨询公司的报告，预计到2025年，半导体精密零部件行业的全球市场规模约为人民币4288亿元，中国市场的增速高于全球市场水平，主要得益于供应链本土化进程的加速。预计2025年中国半导体设备精密零部件市场规模约为人民币1384亿元。

半导体零部件国产化率提升是产业链自主可控最深层次的一环。当前，尽管实际市场份额仍相对较低，但中低端零部件国产厂商技术水平已达可替代程度，并且国产高端零部件有巨大国产替代的空间。例如，气体分配盘（Shower head）是CVD设备中最核心零部件之一，在刻蚀设备中也有重要应用。化学气相沉积（CVD）设备中，需要使前驱体等气相物质均匀散布在基底上，即通过气体分配盘完成。气体分配盘由多个细小的孔组成，这些孔可以通过控制气体流量和喷射角度来实现精确的喷淋操作，对加工精度要求极高。再如，硅电极为刻蚀设备的核心耗材零部件，直接影响晶圆电学性能。刻蚀用硅部件包括硅

环和硅电极，硅部件制品因为周期性消耗，成为晶圆加工过程的重要零部件耗材，硅电极等硅部件的粗糙度、真圆度等参数指标直接影响晶圆的电学性能。

基于上述现状，半导体国产自主可控趋势逐步向产业链上游延伸，解决“卡脖子”问题需要完成半导体设备零部件的国产替代。

第二节　根深方能叶茂，独木正欲成林

2024年的年报以一组关键数据揭开了江丰电子的成长密码：全年营收同比增长38.57%；研发投入占营业收入比例超过5%，创历史新高。

这张成绩单，不仅印证了中国半导体材料企业的突破性成长，更揭示了在全球产业链重构的背景下，技术驱动型企业的进化路径。

一、溅射靶材：不断提升国产替代的技术领先性

回望2005年的创业起点，江丰电子切入正被日本、美国的企业完全垄断的溅射靶材领域。

2009年，江丰电子实现半导体靶材产业化生产，进入中芯国际供应链。

2012年，江丰电子的平板显示靶材通过客户验证，开启多元化应用场景。

2024年，江丰电子的核心产品超高纯金属靶材出货量位居世界第一。

这种跨越式增长的背后，是持续20年的技术纵深突破。自公司成立伊始，管理团队便深谙技术持续创新之关键，因此不断增加研发投入，以保证公司产品的创新性和技术领先。同时，公司在改进生产装备的基础上，通过消化、吸收、再创新，自主研发设计了多项独创的专有技术，通过技术革新，达到了降低成本、提高产品生产效率、保持技术先进性的目的。公司配备覆盖全球的销售服务网络和保障基地，能够及时了解客户的最新需求，对客户提出的要求进行快速、高效的响应。

江丰电子在超高纯靶材领域攻克晶粒晶向精细调控技术、大面积无缺陷焊接技术、精密机械加工技术及高洁净清洗封装技术，全面覆盖了先进制程、成熟制程和特色工艺领域。

江丰电子靶材自动化加工生产线

超高纯铜靶材及铜锰、铜铝合金靶材是目前使用最为广泛的先端半导体导电层薄膜材料之一。在其应用领域中，超大规模集成电路芯片的制造对溅射靶材金属纯度的要求最高，通常要求达到99.9999%（6N）以上，平板显示器用铜靶的金属纯度略低，分别要求达到99.999%（5N）、99.995%（4N5）以上。铜及铜合金作为导电层通常用于90~3nm技术节点的先端芯片中。特别是铜锰合金靶材制造难度高，目前只有江丰电子及头部跨国企业掌握了生产该产品的核心技术。近年来，随着高端芯片需求的增长，铜锰合金靶材的需求也大幅增长，全球供应链极其紧张。公司生产的铜及铜合金靶材主要用于超大规模集成电路芯片、平板显示器制造领域。

徒法不足以自行。新型研发机构已成为国家创新体系建设中的一支重要力量，成为科技创新与产业发展融合的新载体。2013年，姚力军博士带领创业团队牵头组建了宁波阳明工业技术研究院（以下简称阳明工研院），聚焦半导体装备及关键零部件、新材料及高端应用材料、高端医疗材料及器材、智能装备及控制系统、第三代半导体等科技前沿进行战略布局，致力成为半导体行业产业化和人才培养的高效创新平台。十多年来，阳明工研院不断追求卓越，在以科技创新推动产业创新上，走出了一条新路。如今，阳明工研院已经成为一个研发基地。截至2024年年底，阳明工研院已孵化培育了17家高层次人才创业企业，全部成长为规上企业，并有4家企业成为国家高新技术企业。以宁波创润新材料有限公司为例，其在低氧超高纯钛领域打破了美国和日本的垄断，填补了国内空白，研发生产出直径800毫米低氧超高纯钛锭，从产能、技术、工艺和单个产品规格，做到了世界领先。宁波同创普润新材料有限公司也研发出了超高纯锰，填补了我国的产业空白。

完整的研发体系，既为江丰电子奠定了技术创新的坚实基础，还持续提升着我国溅射靶材的产业能力。公司制定的“集成电路用高纯钛溅射靶材”团体标准获得“2022年度中国标准创新贡献三等奖”。

二、精密零部件：成就第二成长曲线

江丰电子持续扩展业务领域，积极拓展半导体精密零部件业务，打破国外垄断，填补设备上游零部件国产化的空白，确保了中国芯片制造企业的供应链安全。

公司建设零部件专线工厂，引育团队，聚焦核心难题，建立独立的研发、客服、制造体系，加快突破速度。2023年，公司积极推动余姚、上海、杭州、沈阳等基地的产能建设，全面布局金属和非金属类半导体精密零部件。

江丰电子还与装备和芯片公司不断加强合作，突破先进工艺技术，实现了关键核心零部件的批量化生产。随着公司多个生产基地陆续完成建设并投产，半导体精密零部件产品线迅速拓展，大量新品完成技术攻关，逐步从试制阶段推进到批量生产，新品销售持续放量。公司零部件产品已经在物理气相沉积（PVD）、化学气相沉积（CVD）、刻蚀（Etch）、离子注入、光刻、氧化扩散等半导体核心工艺环节得到广泛应用，可量产气体分配盘、Si电极等4万多种零部件，形成了全品类零部件覆盖。其中，气体分配盘、Si电极等核心功能零部件迅速放量。

半导体精密零部件

凭借过硬的产研一体技术和强大的业务拓展能力，江丰电子现已成为国内多家知名半导体设备公司和国际一流芯片制造企业的核心零部件供应商。2024年，半导体精密零部件业务已成为公司第二大业务板块，销售业绩大幅增长，实现销售收入8.87亿元，同比增长55.53%。

半导体精密零部件业务作为江丰电子的重大战略布局，公司为此投入大量资源用于新品研发、人才培养、装备购置等，已经形成了强大的核心竞争力，并得到了客户的强力支持与赞誉，具备良好的品牌口碑。

材料—设备联合开发模式，更深层的生态价值体现在江丰电子与装备和芯片公司技术协同。江丰电子开创性地改造和新建了超高纯金属溅射靶材智能化生产线，逐步实现了生产装备的自主可控和生产线的国产化。在保障产业链安全性的同时，能够对靶材的各项品质要求进行精准控制，为我国新材料的开发与产业化提供了强有力的支持。

目前，公司零部件业务仍处在发展初期，今后随着产能的逐步释放，盈利能力将稳步提升。未来，江丰电子研发项目重点将持续向零部件业务倾斜，拓展产品品类及高端化布局。2024年年中，公司旗下年产15万片集成电路核心零部件产业化项目举行开工仪式。该项目专注于石英、硅、陶瓷、碳化硅等集成电路核心零部件的生产，旨在为国内外设备厂及晶圆厂提供高质量、定制化的产品和服务。

三、垂直整合：从单点突破到生态重构

时至今日，江丰电子已是不少人眼里“成功的公司”，是全球领先技术节点的主流供应商。

而公司在发展战略上并未懈怠，拳拳之心时刻为“中国芯”而跳动。公司深知芯片导线对金属纯度要求极高，超高纯金属溅射靶材的原材料主要为高纯度的铝、钛、钽、铜、钨，其中铝、钛、铜主要从日本进口。

国际形势风云变幻，全球产业链供应链重构，使得国产靶材产业面临主要供应商集中风险。江丰电子始终坚信：国产半导体产业长期处于危与机的博弈之中，在关键拐点的决战里，核心竞争力是取胜的“唯一秘诀”。感受寒意，江丰电子主动迎接挑战，将能力边界向上游突破。

2019年，姚力军成立同创普润集团，对超高纯铝、铜、钽等制备技术进行攻坚。经过数年沉淀研发，2021年年底，江丰电子培育的上游钽材料加工工厂建成并投产。这一项目布局了多台技术领先的电子束炉，投产后将形成大规模的电子级超高纯钽生产能力。

江丰电子还在哈尔滨新区龙江学子创业园投资电子材料产业化项目试生产基地。2023年年初，超高纯钛、超高纯锰生产线投产，这又是在我国超高纯度金属材料领域的空白处

答题。

在超高纯金属领域，纯度越高，金属的延展性也越强，应用的领域也更广。但随之而来的是每提升一个N，工艺复杂度也大幅提升。但这是产业进步的方向，也是培育新质生产力的关键一步。目前，同创普润正推进布局7N9也就是纯度为99.99999%的超高纯金属。

此外，江丰电子坚持发挥龙头企业作用，从国外引进大批富有经验的科技产业人才，先后培育了“半导体设备关键零部件”“芯片CMP材料”“超精密半导体芯片加工设备”“覆铜陶瓷基板”及“碳化硅外延片”等项目。在公司的引领下，一大批科技型企业在突破封锁、补链强链道路上茁壮成长。

2024年，江丰电子的垂直整合的战略努力进入收获期，构建了全链条能力。这种布局在2024年全球原材料价格波动中展现出了抗风险能力。

第三节　二十年强劲增长的韧性之旅

“在正确方向上保持定力”，支撑一家创业企业成为今天的行业龙头，更成为推动江丰电子继续前行的精神力量。

一、不言弃，坚守产业报国之初心

江丰电子自主研发，在2005年年底就生产出了拥有完整自主知识产权的国产靶材。然而，这块有着“中国血统”的靶材不仅没有马上带来盈利，反而遭到冷遇。这是因为，尽管价格仅是国外同类产品的三分之二，但客户还是普遍怀疑来自中国的高科技产品，不敢轻易尝试使用。

2008年，全球金融危机的爆发让江丰电子雪上加霜，当时月销售额骤降至8万元，而公司的运营成本却高达数百万元。与此同时，多家跨国公司向江丰电子提出了收购意向。姚力军深知，如果将公司出售，个人可以立马实现财务自由，但中国将失去一家让芯片关键材料国产化的企业。怀着产业报国的初心，姚力军婉拒了所有收购提议。到了2008年年底，公司面临了更大的困境。供应商货款和员工年终奖亟待支付，可用资金却捉襟见肘。姚力军四处奔波借钱，终于在年关前凑齐了所需的资金，给全体员工发了工资和年终奖。

不做国家与个人利益之间的“选择题”，只做国产替代“填空题”的创业决心和战略定力，让江丰人吸引到了各方助力。

扛过至暗时刻，2009年，江丰电子迎来了转机。首先是政府雪中送炭，及时提供了300万元的贷款。随后，风险投资解决了资金的周转困境。也是这一年，江丰电子开始向中芯国际供货，产业化正式起步。此后，公司的产品质量不断提升，并逐渐赢得了国内外芯片制造企业的认可。如今，江丰电子的产品不仅在国内市场上占据重要地位，还远销北美、欧洲、日本、韩国、新加坡等地。

众人拾柴火焰高，江丰电子很快发现，正确的路永远不会寂寞。首先，浙江的高等教育与科研水平在全国范围内享有盛誉，这为科技创新提供了坚实的智力支撑。其次，浙江是民营经济的沃土，这里孕育了一大批成功的民营企业家，良好的商业环境，使得科技工作者与企业家之间的合作更加紧密，也促进了科技成果向市场的转化。最后，政府对科技创新和企业家精神的高度重视，为科技型企业家的成长创造了有利条件。浙江省科协发起的科技型企业家选育活动，不仅是对企业家个人成就的认可，还促进了全社会营造尊重知识、崇尚创新的氛围。

近年来，科技创新已经成为发展的主旋律。科研、企业和政策三支队伍形成了合力，民营企业与科技创新相结合，科学家与企业家深度融合，通过科技创新引领产业发展，确

江丰电子分析检测中心

保产业链的安全与自主可控，为区域乃至国家的经济发展注入了强劲的动力。

江丰电子的创业成功历程以实践证明，只要带着坚定的信念和不懈的努力，就能够在实现梦想的路上更进一步。

二、共成功，坚定政企协同发展观

姚力军依托自己在行业中的影响力与号召力，抓住一切会议、洽谈等机会，围绕芯片制造的关键环节，在全球范围内网罗高层次、领军型人才，共襄产业链国产化之盛举。

随着芯片制造对精度的要求越来越高，平坦化工艺成为受关注的重点，并由此催生了化学机械抛光（CMP）技术的发展，抛光垫是该技术的一项重要耗材。与江丰电子的靶材一样，CMP也是芯片链条上举足轻重的一环。2015年岁末，姚力军作为唯一的国内民营企业供应商出席业内供应商会议，惠宏业则是CMP产品技术方面的知名专家，时任国外一家芯片材料巨头的全球副总裁。姚力军在会议上不断传达“中国产业转型的需求”带来的“巨大的潜在市场”，以及“地方政府的引才政策”等。在姚力军的极力邀请下，惠宏业第一次造访余姚，代表外资企业与江丰电子在CMP领域合作。2024年，惠宏业正式掌舵润平电子，与姚力军一起站在了中国芯片产业链上。除了惠宏业之外，还有宁波赢伟泰科新材料有限公司的相红旗、宁波微泰真空技术有限公司的易骜文以及宁波创润新材料有限公司的吴景晖等，历数这些慢慢聚在余姚的人物的名字，其背后是“行业标准”“专利发明”等高精尖名词。其中，宁波创润新材料有限公司建成了国内唯一的超高纯钛金属产业基地，产品进入全球顶尖半导体企业供应链。

据初步统计，姚力军已为余姚引来100多位高层次人才、37个科研团队。余姚这个县级市如今已成为国内最大的半导体溅射靶材产业集群，2024年更成功跻身国家级特色产业集群名单。由江丰电子领军，政企协同发展使得余姚构建起独特的产业生态：宁波阳明工业技术研究院提供从技术攻关到产业化的全链条服务。

目前，江丰电子在上海投资建设同创先导半导体材料及装备产业集群，整合已有布局，打造上海同创工业技术研究院，加速技术破壁与成果转化，累计投资超过10亿元，在沪打造超大规模集成电路制造用超精密核心零部件、材料、设备综合生产基地。争取在五年内形成产值百亿元的“半导体材料及装备特色产业集群”。

宁波余姚、上海临港……我国集成电路产业集群正以星火燎原之势在芯片版图上插上更多的五星红旗。

三、同创业，坚持企业文化

优秀的企业文化是凝聚团队力量的强力磁石，也是树立品牌形象的牢固根基，更是推动公司发展的不竭动力。

高科技企业要始终注重技术研发，而高质量的发展离不开高层次的人才。江丰电子构建了以“分层次培养、矩阵式晋级与评价、靶标式引进、多渠道流动、匹配性激励”为核心的“五支柱”人力资源管理体系，通过人才引进与自主培养相结合的模式，有效实现了人力资源管理的最佳配置，形成了以高端人才引领、中青年业务骨干为主体的人才结构，打造了一支创新驱动型的高素质人才队伍。团队中拥有国家“引才计划”专家7人、国家“万人计划”5人，浙江省海外高层次人才4人、浙江省“引才计划”专家3人、浙江省万人计划2人、浙江工匠3人（其中1人已晋升浙江杰出工匠）、浙江青年工匠8人、浙江省“百千万”高技能拔尖人才1人、宁波市拔尖人才1人。江丰电子还与哈尔滨工业大学、浙江大学等高校合作，联合培养工程硕士，同时依托全国示范院士专家工作站、国家级博士后科研工作站、国家级企业技术中心等创新平台，培养造就了一批青年科技人才和卓越工程师。至2024年年底，公司有技术研发人员377名，其中本科及以上学历员工238人，占比63%，处于同行业中领先位置。

“只有看似平凡而又渺小的个体高度凝聚在一起，勤奋且忠诚地服务于共同的目标，才能成就一个伟大的企业。”江丰电子树立了“同创业 共成功，实现与员工、客户和产业链的共赢”的核心价值观。公司通过员工大会、企业展厅、座谈会、看板、宣传窗、公司内网等形式向员工传达公司使命、愿景和价值观，并通过企业门户网站、宣传广告、顾客面谈、供应商年度大会等活动向外部相关方进行全面宣传。同时注重国际化发展，“江丰”成为不同文化背景下员工追求卓越的共同选择。

此外，江丰电子一直致力于让每位员工找到奋斗方向、持续创造价值，实现物质领域和精神领域的双追求和双回报。股权激励是江丰电子对优秀员工最好的信任和回报。2009年，江丰电子就提出要在全公司范围内推行股权期权激励计划。2019年，江丰电子举行了第一期股票期权激励计划授予仪式，200名优秀员工被正式授予公司第一期股票期权，成为“江丰事业合伙人”。2022年和2025年，90余位创业合伙人获得了几十万元至近千万元不等的丰厚回报。

江丰电子的创业史是一曲产业报国的赞歌，它将激励更多的创业者：只要心怀梦想，脚踏实地，就能在创新创业的道路上走得更远、更高。

企业家专访

在长周期赛道中锻造确定性

——专访宁波江丰电子材料股份有限公司董事长姚力军

《样本》： 您觉得江丰电子的成功是一种必然还是偶然？

姚力军： 创业成功是具有必然性的偶然事件。目前，成为台积电7nm及5nm生产线的超高纯金属溅射靶材供应商的内地企业，只有江丰电子一家。也只有江丰电子一家企业，在芯片材料领域坚持了20年。必然性在于满怀持久的热情，永不放弃。偶然性体现在天时地利人和，我们在国产替代的时代中起步，在创新突破的沃土——浙江起步。

创业成功表面上是某个产品、技术成功了，实际上是创业者从科学家变成企业家的转变过程。创业者的每一天都是学习的一天，每一天都是奋斗的一天，每一天都是忘我的一天。创业者还要带动团队去转化。

创业就是从无到有、从小到大、从弱到强的创造过程，就是团结奋斗、相互促进、改变和发展自我的过程，也是一个创业者和一个创业团队从渺小走向伟大的过程，这是我对自己这些年的回顾和总结。

《样本》： 您在日本留学，获得博士学位，在外资企业做高管，日本的文化并不鼓励技术专家高管出来创业。您决心脱离成熟的体系，从零开始做一家企业，请问这份勇气和激情从何而来？

姚力军： 我1997年博士毕业，就进入了一家很有名气的跨国公司。很快，我发现这个行业是中国做材料研发的人从未涉及的。我意识到很可能面临一个巨大的机遇，要潜心在这里边好好地琢磨，然后努力成为行业专家。当祖国需要我们的时候，或者当产业发展到中国的时候，我们可以回去做这个事儿。

所以，我当时就埋下了一颗种子，有一天它一定要发芽。于是，我在公司里面潜心很多年，努力学习。我没把自己当成一个简单的职员，我把自己当成一个对所有事情负责的人，让我干什么我都干，一定都做到最好。

《样本》： 你有没有在创业过程中碰到投资人对你的不理解，有没有内部团队的同事说“不要再走下去”的时刻？

姚力军：很多时候，创业失败不是因为事儿干不成了，而是因为没法一块儿干了。比如，股东之间干掰了，合作伙伴之间干掰了，团队之间干掰了，上下游产业链合作不好了。创业者一定要有强大的协调能力，把握整体的平衡，然后引导大家向一个共同目标前进。

创业者拉着一架破车，迎着风、嚼着玻璃、流着眼泪地跑，一边跑还得一边修车加油。跑着跑着，获得了一个订单，换了个车轮，逐渐地就走出来了。极致的美好是不存在的，只有不断优化和提升。

《样本》：科技企业如何通过股权激励吸引高技术专才，真正给企业带来价值增值？

姚力军：创业企业会面临技术研发失败的风险。企业家要对此有充分的理解和准备。用人不疑，全心相信引进的人才，支持他们研发。多年来，江丰电子没有对研发人员进行业绩考核。我一直把业绩考核放在自己身上，科技人才能不能在我的帮助下把这事做出来。在江丰电子，即便我们现在已经是5000人规模的企业了，我虽不是事必躬亲，但是一定会出现在一线，出现在最弱的地方。这是一种思维方式，一种文化，当这种文化存在的时候，企业的动力是生生不竭的。

研发需要好多个团队去干一件事儿。前几年，我们的高纯铜一直做不好。我们就同时做了三个技术路线，三个团队向不同的方向发展，同时开干。每一个团队我们都给了股权。江丰电子有一个对员工的郑重承诺，就是成就员工。当你真正有这种决心的时候，你就会发现你能聚集来的是一群英雄人物。他们不是为利益，而是为了梦想来的，这样的团队才能打胜仗。任何困难时刻，都是筛选目标一致的奋斗者的机会。

《样本》：江丰电子从最初的八年一直没有盈利到目前盈利增速快速提升。在溅射靶材赛道上，全球市占率30%，已经是国际领先。但是细分领域的天花板有限，您下一步的发展战略是什么？

姚力军：我们的第一个战略（也是我们的战略根基）扎根在材料领域，服务于芯片制造和液晶显示行业。

江丰电子把原本是材料加工变成了材料提纯，把附加价值链做长，把核心竞争力做强，拥有整个产业链价值，这是我们的第二个战略。

我们的第三个战略是横向展开产品链。美国制裁政策出台后，把半导体高端零部件全部市场都让出来了。江丰电子就进入零部件这个市场。对新能源车和第三代半导体巨大的市场，我们也进行了超前的部署。

江丰电子没有搞多元化，我们做的是在同一个行业当中，利用已有的销售渠道、品牌价值、管理能力和团队去开辟更大的战场。行业逻辑和管理的模式是相通的，这是我们能够不断打胜仗的主要原因。

要干大还是要干强？结论是先干大是不行的。现金流能够维持吗？人才团队能支撑吗？管理能够迅速地覆盖吗？我觉得当今的世界，一定要先把自己做强，然后再考虑做大。

《样本》：您对如今的国家的科技创新战略有什么建议吗？

姚力军：企业是创新主体，而民营和中小企业是经济中最具活力的毛细血管。我们应该建立创新机制，使创新资源到初创和民营企业中去，使新型举国体制和产业链良性配合。

我建议各地方政府选出一批民营、中小企业，通过10年到20年时间，努力帮助它们建立研发的装备实验室；通过补贴，让更多大学生选择到中小企业和民营企业就业。

创新人才、企业家持续走出来，中国经济才能向好。我特别建议在高校的研究生课程里开设企业家精神课堂，培养那种有冒险精神、不甘于平庸、永远有自我激励、自我学习、改变自我和利他精神的高素质人才。

专家点评

以“无科创无未来”的精神重塑高科技产业链话语权

在全球半导体产业链重构与国产替代浪潮中，江丰电子以“十年亏损”的坚守，成长为全球溅射靶材出货量第一的领军企业，其发展历程不仅是中国科技企业突破“卡脖子”技术的缩影，还是一场关于科创管理、战略布局与组织活力的创新实验。

我将中国企业家分为四代。第一代是乡镇企业家，第二代是转制企业家，第三代是互联网企业家，第四代就是科创企业家。江丰电子的创始人是典型的第四代企业家，他们创业不仅是追求个人成功，还多了一分情怀。他们拥有更强的使命感，追求技术突破、产品创新，从而打破国外垄断甚或封锁，推动产业迭代升级，造福社会。成功的科创企业都遵循管理的基本逻辑，江丰电子在技术突破、战略扩张、生态创新、人才激励与企业文化五个管理维度上形成了一套实践逻辑，对中国科创企业具有启示性。

一、技术创新要在破局中筑牢根基

江丰电子的核心竞争力源于对超高纯金属材料及溅射靶材技术的持续突破。溅射靶材作为芯片制造中金属导线的核心材料，其纯度需达到99.99999%（7N9），技术门槛极高。公司成立之初，国内该领域完全依赖进口，而江丰电子通过自主研发，率先实现28nm至5nm技术节点靶材的国产化，并成为台积电、中芯国际等全球头部芯片厂商的核心供应商。

这一成就背后，是江丰电子对“动态能力理论”的实践：通过持续的技术迭代与保持一定比例的研发投入，企业构建了快速响应市场变化的创新能力。其技术路径从“填补空白”到“定义标准”，不仅打破了日本和美国企业的垄断，还将国产靶材推入全球第一梯队，印证了“无科创无未来”的底层逻辑。

江丰电子的技术突围验证了资源基础观（RBV）的核心观点——稀缺性、不可模仿性资源是企业竞争优势的源泉。其超高纯材料提纯工艺、自主装备国产化能力，正是这类资源的具象化体现。

我一直强调，科创企业要做技术突破，更要建立管理学与经济学思维。科创企业必须在研发投入与产出比上进行精细化管理，持续优化资源配置，以确保技术创新的高效推进，在全球竞争中巩固技术优势。

二、战略扩张要找准价值链定位

在巩固靶材市场地位的同时，江丰电子积极拓展半导体精密零部件业务，形成“靶材+零部件”双轮驱动。通过布局CMP抛光垫、超高纯金属原材料（如钽、钛）等上游环节，公司不仅填补了设备零部件的国产化空白，还构建了从材料到设备的全链条能力，找准了产业链上的价值点。

科技型企业一方面通过纵向整合降低供应链风险，另一方面通过横向延伸至高附加值领域，形成协同效应。然而，业务拓展和垂直整合的同时会带来新的风险，譬如质量管控难度增大、供应链风险增加等，企业需不断加强质量控制体系建设，提升供应链的弹性和韧性，以应对复杂多变的市场环境。同时，这一过程中还须警惕“范围不经济”风险。高科技企业要尽早引入“敏捷管理”框架，通过模块化组织设计提升跨业务协同效率，同时加强供应链数字化建设，以数据驱动决策优化。

三、要用生态思维引领开放式创新

江丰电子的垂直整合战略不局限于产业链延伸，还通过产业集群建设，重构区域创新生态。宁波余姚市政府的“3个500万”创业扶持政策，助力企业吸引全国乃至全球的科研团队和高层次人才；公司自身则通过孵化润平电子、赢伟泰科等关联企业，形成涵盖铜、铝、钛、钽等材料的完整靶材产业链。这种“生态型战略”是一种开放式创新：企业突破传统边界，将政府、高校、上下游企业纳入创新网络。

生态系统的复杂性必然会加剧管理负荷。企业能否快速学习并持续强化平台化治理能力，包括但不限于建立知识产权共享机制、风险共担模式，避免创新网络内耗，是必须直面的新挑战。

四、人才与文化驱动的价值共生

姚力军作为“磁铁型人才”，通过愿景塑造、资源整合与制度设计，不仅吸纳人才，还驱动组织与区域共同进化。江丰电子的人才管理实践，堪称“双因素理论”的典范。物质层面，公司自2009年推行全员股权激励，连清洁工亦可分享成长红利，2020年首期期权激励覆盖190名员工；精神层面，“同创业，共成功”的文化理念将个体奋斗与国家战略绑定，激发深层使命感。

这种“价值共生”模式，不仅降低了核心人才流失率，还塑造了独特的组织韧性。但需注意的是，随着企业规模扩大，股权激励的边际效用可能递减。未来可探索动态的多层次的激励体系，例如项目跟投、技术成果转化分红等，以适配不同阶段和不同层级员工的诉求。

江丰电子的实践表明，科创企业的崛起不仅依赖技术突破，还需要战略定力、生态思维与组织活力的协同。其以“科学家精神”为内核的领导力、以“国产替代”为使命的战略选择、以“价值共享”为纽带的文化构建，为中国企业参与全球科技竞争提供了范式参考。

面向未来，以江丰电子为代表的中国科技型企业需要持续在技术纵深、全球化能力、风险管控等方面积累组织能力，从产业链的“破壁者”进化为规则的“定义者”，真正实现“科创驱动未来”的终极愿景，掌握中国企业在高科技产业链的话语权。

企业家精神对科创企业成功尤为重要。我认为，企业家精神最大的特征与价值在于企业家的自驱力和学习力。我们的时代，需要更多像姚力军这样的科创企业家，他们以强烈的社会使命自驱，并善于站在巨人的肩膀上学习和创新，引领商业文明和社会整体进步。

陆雄文　复旦大学管理学院院长

上海长三角商业创新研究院院长

第二章
以自主创新铸就工业智能化问鼎全球之路

——中控技术股份有限公司

- **楔子：** 科技自立自强的东方启示
- **企业概况：** 中国工业AI领航者
- **创新解读：**

  第一节　中国工业自动化的觉醒之路

  第二节　从技术跟随到范式引领的历史性跨越

  第三节　领航工业AI新征程
- **企业家专访：** 勇做大变革时代科技创新的探路者
- **专家点评：** 从跨越鸿沟到超越领跑

楔 子

科技自立自强的东方启示

杭州南宋官窑的窑火已熄灭800余年，那些曾让青瓷浮现冰裂纹的神秘技艺，早已化作典籍中语焉不详的只言片语。当数字时代的曙光掠过西子湖畔，窑工们穷尽毕生心血的控温秘技，竟与一家现代企业的基因图谱遥相呼应——中国工业文明的韧性密码，早在800年前便已刻写在这片土地的温度曲线里。

1993年的杭州，“电商之都”的传奇尚未写就，而在一间不起眼的办公室内，一颗属于中国工业自动化的种子却已悄然扎根。中控技术的创立，源于一个简单而坚定的梦想——打破国际巨头垄断，让中国拥有属于自己的工业智能控制技术。

书生下海的故事也许带着理想主义的“笨拙”，实验室与工厂的距离，丈量着理想照进现实的艰辛。当中控技术自行研发的第一套国产DCS系统投运时，操作屏上跳动的汉字不仅是界面革命，更是中国工业控制系统实现“语言主权”的宣言。这支由大学教授和初出茅庐的毕业生组成的“书生军团”，硬是从跨国巨头垄断的技术铁幕上撕开一道缺口，将进口控制系统的价格拉下神坛。

从一张白纸到核心技术的掌握与引领，从打破“卡脖子”封锁到问鼎国际电工委员会（International Electrotechnical Commission，简称IEC）标准制定，从单点技术突破到构建工业AI全景生态，中控技术的奋斗轨迹恰似奔涌向前的时代洪流——每次浪涌都在重塑海岸线的模样，每朵浪花都折射着中国智造的璀璨光芒。

“这不仅是一场技术较量，还是一场民族工业崛起的马拉松。如果我们不做自主创新，中国工业控制领域将永远没有翻身的机会。”这便是中控技术创业者的初心。

回望中控技术的创业历程，恰是中国工业从“制造”迈向“智造”的缩影。它用自立自强打破垄断，用科技创新激发新质生产力，用全球化视野输出中国方案。

企业概况

中国工业AI领航者

中控技术股份有限公司（以下简称中控技术，股票代码688777）是以工业数据为基础、AI大模型为核心、全场景智能体为触手的工业AI平台型公司。作为中国工业AI的领军者，公司基于“技术+场景+生态”的立体化布局，推动流程工业从单点智能向全链路智能跃迁，构建起了涵盖技术创新、应用落地、商业协同的完整AI生态系统，核心产品已被应用在全球50多个国家和地区，覆盖化工、石化、油气、电力、制药、冶金、建材、造纸、新材料、食品等数十个重点行业的海内外3.5万多家客户，为全球流程工业实现高质量可持续发展注入了强大动力，也为人类创造更加轻松美好的生活环境作出了努力。

中控技术科技园外景

一、从“国产替代”到“创新高地”

中控技术自主研发的首个国产DCS系统问世后，不仅打破了国外垄断，还以高性能、高可靠性的表现迅速在市场中站稳脚跟。从模仿创新，再到原始创新，中控技术积累深厚的工业技术诀窍，逐渐形成了从集散控制系统（DCS）、安全仪表系统（SIS）、可编程逻辑控制器（PLC）、仪器仪表等工业AI技术实施执行的关键硬件基础，到打造“1+2+N”工业AI驱动的企业智能运行新架构，以全栈AI化的理念为客户提供“AI+安全”“AI+质量”“AI+低碳”“AI+效益”的智能化解决方案，覆盖流程工业全生命周期。从成长周期来看，其成长经历了由DCS公司、自动化公司到智能制造整体解决方案供应商，再到当前工业AI平台型公司战略转型的四个发展阶段，推动了中国流程工业的崛起与壮大，打破了国外企业对流程工业核心控制系统的长期垄断，并推动中国流程工业从依赖进口转向安全可控。

经过30多年的辛勤耕耘，在AI技术日新月异的当下，工业控制系统依然是所有工业AI技术实施执行的关键硬件基础。中控技术已累计部署工业控制系统逾10万套，约1亿个I/O点，并累计产生高达100EB的庞大工业数据资源，为超过3.5万家流程工业企业客户提供坚实的技术支撑。公司核心产品DCS在国内的市场占有率已达到40.4%，14年蝉联国内第一名，在化工领域市占率达到62.6%、石化领域市占率达到56.2%；安全仪表系统（SIS）在中国市场占有率达到31.2%，三年蝉联国内市场占有率第一名。2024年，中控技术营收突破91.39亿元，净利润达11.17亿元。公司在自动化领域已构建起庞大的解决方案阵容和齐全完整的技术、业务体系，并且仍在持续巩固自己的市场优势。

此外，中控技术连续多年入选工信部智能制造系统解决方案供应商和示范企业，从0到1创新性研发的高速现场总线EPA技术，成为中国自动化领域首个被IEC批准的国际标准，相关技术还被纳入德国国家标准，并获得国家技术发明奖、国家科学技术进步奖等多个奖项。

2020年11月，中控技术成功登陆上海证券交易所科创板，成为智能制造领域的“硬核”代表；2023年4月，公司在瑞士证券交易所正式挂牌上市交易，全球化战略进入全新阶段。

二、从“智能控制”到“智造未来”

中控技术秉持“让工业更智能，让客户更成功”的使命以及“成为工业AI全球领先企业，用AI推动工业可持续发展”的美好愿景，面向工业3.0+工业4.0，重塑自动化、数字化、智能化的技术体系。

近几年来，中控技术还提出了“技术创新+模式创新”的双轮驱动战略。公司持续深耕工业控制技术，探索AI、大数据、边缘计算在工业场景中的深度应用，通过开放合作，推动与高校、科研机构以及上下游企业的联动，共同打造互联互通的产业链。

面对新一轮科技革命和产业变革，公司率先布局人工智能，全力投入“工业AI+数据”新产品及新技术的研发及应用，中控时间序列大模型TPT的横空出世，激发了流程工业的产业技术革命，全面推广“1+2+N”工业AI驱动的企业智能运行新架构，推动人工智能在流程工业领域广泛应用，深入参与全球先进制造业自动化、数字化、智能化变革，打开了流程工业人工智能的全新局面。

另外，机器人业务也是中控技术近几年工业AI战略重点布局的赛道之一。公司培育出全行业场景下机器人方向的新业务、新技术，发布以“AI+平台+安全巡检”、供应链物流、协作机器人装备为核心的流程工业机器人解决方案“Plantbot”，完成Plantbot Studio综合调度管理平台V1.0开发。通过整合“AI+机器人”技术，运用包括四足机器狗、人形机器人等新技术产品，赋予机器人出色的感知、决策与执行能力，使其能在巡检与操作、供应链物流、装备协作及AI视觉等复杂多变的作业环境及场景中广泛应用，使得工厂中的各种设备、系统和机器人一起相互连接，形成智能化网络，达到安全增效、全面提升客户的数字化水平的目标。

2024年，基于安全、可靠、可信的工业级AI，中控技术自主研发推出了新一代通用控制系统UCS及首款产品Nyx，以软件定义、全数字化、云原生的设计理念，释放自动化的无限潜能。时间序列大模型TPT彻底颠覆了工业应用分散、数据应用碎片化等难题，构建出“以一个TPT模型为基座，打造一个软件支撑多种应用”的新模式。这不仅为流程工业提供了新的增长引擎，还使得中国智能制造在全球产业链中上升至价值链的高端。

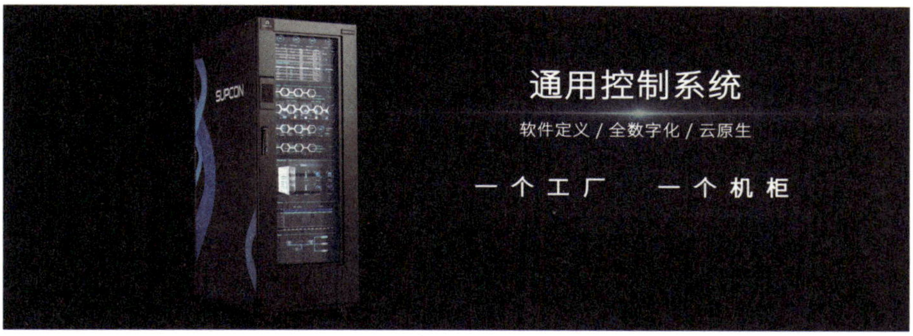

中控技术通用控制系统UCS

“此心光明，亦复何言”，中控技术30余载创业长跑，默默记录着中国知识分子最深沉的技术浪漫主义。这正是历史赋予中国企业的使命——用自主创新的炬火，照亮人类工业文明的新大陆。

创新解读

第一节 中国工业自动化的觉醒之路

在世界工业文明的版图上，工业自动化始终是一把衡量国际竞争力的标尺。历史上工业革命参与的深度和广度，决定了一个国家和民族在全球经济社会发展中的维度和高度。中国工业自动化从受制于人，到逐步追赶，再到超越领先，经历了一个漫长而艰辛的过程。

这是一场关于梦想与未来的征途。

一、时代激流：攥在巨头手中的“制造业皇冠”

流程工业被视为衡量一个国家综合实力的重要标杆，而自动化控制技术是其生产安全、高效的关键保障。在经济全球化的时代浪潮中，自动化技术已成为制造业皇冠上的璀璨明珠。然而，这颗明珠却长久地被攥在国际工业自动化巨头们的手中。

20世纪80年代，中国流程工业领域掀起了首轮自动化改造的浪潮，许多企业纷纷斥巨资从霍尼韦尔、横河电机等公司引进自动化控制系统，代价高昂。跨国巨头也将核心技术牢牢掌控在手，通过高度集成化的系统解决方案，形成稳固的技术壁垒，并通过严格的知识产权保护、严密的服务绑定和技术更新策略，进一步强化了对技术与市场的控制力，牢牢掌控了产业链的关键环节。这种“技术垄断—市场依赖”的循环模式，进一步加深了中国制造业对跨国企业的依赖程度，使得核心控制软件和关键部件长期无法实现国产化替代，在全球竞争中处于被动地位。

中国本土企业在自动化技术与装备上难以自立门户的主要原因在于：一方面，自动化核心技术研发门槛极高，涉及精密仪表、控制系统、芯片及软件平台等多个维度；另一方面，国家早期工业基础薄弱、研发投入不足，导致中国自主技术起步晚、发展缓慢，难以快速缩短与跨国巨头之间的技术鸿沟。中国的流程工业自动化之路，便是在这样的背景下艰难起步的。

当前，中国制造业正处于新型工业化的关键窗口期，对流程工业自动化、数字化、智能化技术的自主掌控，将决定中国未来工业体系的竞争力。面对时代激流，中国企业必须坚定地走自主创新之路，以彻底摆脱技术依赖为目标，将制造业皇冠上的明珠牢牢掌握在自己手中。

二、硬核突破：开辟智能控制的中国路径

突围之路虽布满荆棘，但也孕育希望。

1993年，中控技术创始人褚健带着从海外学成归来的知识和视野，决心用科技为中国制造业赋能。彼时，欧美国家在工业自动化领域已遥遥领先，中国制造业在技术和装备上与国际水平差距显著。然而，正是这种差距，让他们清醒地意识到："只有掌握核心技术，才能摆脱受制于人的命运。"

这并非一句空洞的口号。技术创新，是驱动这场嬗变的原始动力。面对国外巨头牢固的技术壁垒和市场垄断格局，中控技术选择了一条看似艰难却富有远见的道路——坚持自主研发核心技术。

这场技术突围战呈现出独特的中国路径：发展新质生产力成为中国创造科技和经济奇迹的内在驱动力，为中国工业自动化企业提供了强大的发展动能；政策导向打造出了一个适应新质生产力发展的良好市场环境，激发企业的投资热情和技术研发的积极性，创新能力持续提升。

长三角地区汇聚了中国最完整的产业链、最活跃的科技创新体系和最优质的商业环境。这里不仅是中国制造业的心脏地带，更是世界级智能制造中心的重要培育地。长三角一体化发展战略为企业提供了充足的市场空间和发展机遇，是中控技术成长和崛起的现实土壤。区域内产业链的高度整合与协作，不仅加速了技术的迭代更新，也让中国的工业自动化企业能够借力提升自身的全球竞争力。

以中控技术等为代表的中国工业领先企业，正在加快技术创新和模式创新的步伐，通过不断突破传统自动化技术的瓶颈，拥抱工业AI，研发具有自主知识产权的前沿技术，使得中国在全球高端制造领域的地位不断上升。

在未来，谁能在新质生产力的浪潮中占据高地，谁就能定义下一个时代的工业规则。随着产业链的成熟壮大，特别是在流程工业与人工智能的深度融合方面，中控技术已经能够在国内外市场上与国际巨头竞争，用"AI+数据"的创新力量，带动产业的智能化转型，在更广阔的市场上形成独特的竞争力，为全球工业生产方式的升级贡献中国力量。

"希望通过我们的努力，可以问心无愧地说一句：中国能有今天，我们这一代人作出了重要的贡献。"中控技术创业者们的誓言掷地有声。

第二节　从技术跟随到范式引领的历史性跨越

在数字洪流与钢铁动脉的交汇处，一场关于技术主权的觉醒正在激荡东方。中控技术凭借非凡的魄力与执着，走出了一条卓越的自主创新之路。从核心技术的艰苦攻关，到商业模式的灵活革新，再到积极融入全球产业竞争的广阔视野，中控技术不仅成功打破了跨国公司的技术封锁，还为中国制造业的智能化转型树立了标杆，书写出关于技术自立与产业振兴的时代篇章。

浪潮激越澎湃，而潮水涌动的方向，已然指向星辰大海。

一、技术升维：重构工业自动化的底层逻辑

如果一个企业没有从0到1的关键技术的探索和研发，那么它的生命力就不会强大。从第一套国产DCS诞生，中控技术全力对标国际一流产品的核心技术，开启了与世界一流企业同台竞争的新局面，实现从跟跑到并跑，甚至局部领先的重大突破。

当前，智能制造正迈向少人化、无人化和自主化运行的新发展阶段，核心在于加速推动AI技术在工业场景中的大规模落地应用。依托深厚的专业知识、丰富的数据资源、先进的模型算法以及多样的应用场景，中控技术率先提出了“1+2+N”工业AI驱动的企业智能运行新架构（以下简称“1+2+N”新架构）。其中，“1”代表1个工厂操作系统，实现统一工业数据集成，为工业AI奠定强大的数据基座。“2”包括两个核心大模型，一是时间序列大模型TPT（Time-series Pre-trained Transformer），打造工业AI模型基座，深度挖掘工业数据价值，实现生产过程自动化（Process Automated，PA），帮助用户实现生产过程安全、高效、高质的自主运行；二是超图大模型HGT（Hyper Graph Transformer），作为企业运营的“智慧中枢”，通过超边概念处理多元关系数据，深度赋能研产供销服全链路，实现企业运营自动化（Business Automated，BA），帮助用户实现企业的卓越运营。“N”代表N个覆盖工业全场景的工业Agents/APPs，它们如同智能工厂中的“特种兵”，能够在各自的垂直领域内发挥专长、协同作战，让工厂变得更聪明、更智慧。

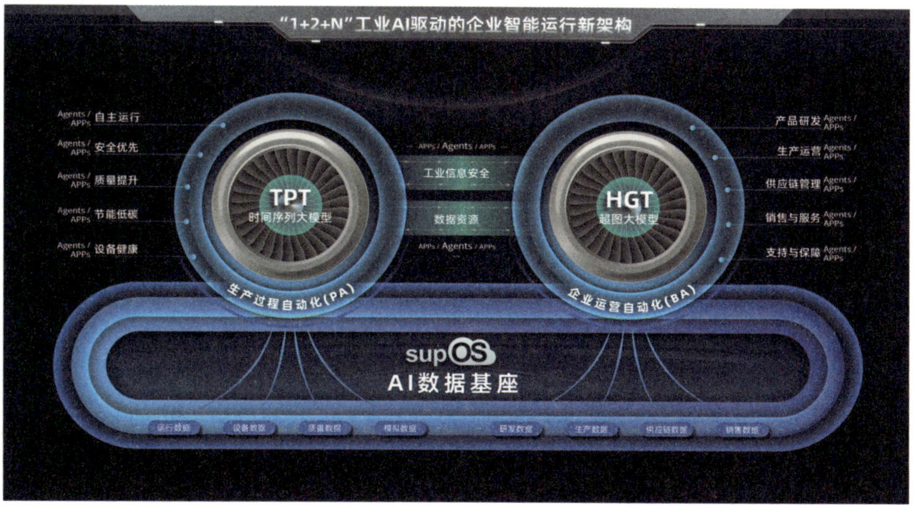

中控技术“1+2+N”工业AI驱动的企业智能运行新架构

在“1+2+N”新架构中，运行、设备、质量、模拟四大核心数据构成了全要素数字底座。面向核心数据收集，中控技术通过推出的集散控制系统（DCS）、全设备智能感知平台（PRIDE）、全流程智能质量监控系统（Q-Lab）、流程工业过程模拟与设计平台（APEX）获取数据，经统一集成治理后，为两个大模型提供了精准的决策燃料，最终支撑垂直场景中实现从“经验规则”到“AI自主”的智能跃迁，形成“数据驱动感知、模型赋能决策、应用闭环优化”的完整价值链，实现工业智能从局部优化到全局自治的质变。

如果说传统自动化是“器官移植”，那么中控技术要做的就是“基因编辑”，以未来关键技术研究作为技术创新的里程碑，在近几年演化出更宏大的叙事模式。

就像数码相机取代胶卷相机一样，中控通用控制系统UCS将业内沿用半个世纪的DCS传统技术架构彻底颠覆，重构了工业控制的“神经体系”。UCS打破了传统DCS系统架构复杂、成本高、算力有限的瓶颈，以全新的技术架构和产品力，通过全数字化、云原生和软件定义的技术创新，运用“一个工厂、一个控制机柜”的极简结构，让成百上千台的控制机柜消失。其中，机柜室空间减少90%，线缆成本下降80%，建设周期缩短50%，通信速率提升100倍以上，极大地降低了客户的成本和建设周期。这一开创性成果奏响了跨时代的技术革命序曲，释放出自动控制的磅礴力量。

中控技术时间序列大模型TPT以海量的工业时序数据为基础，打造出一个全新的工业AI平台，让生产装置配上“智慧大脑”，能够像专家一样自主思考与交流，并监督和优化装置运行。这种基于工业AI平台的运行方式彻底颠覆了工业问题的传统解决方法和模式，帮助用户实现工厂的最优运行目标。目前，TPT已经在氯碱、热电、石化等装置上取得了突破性应用。

控制系统的最高境界，是让机器拥有工匠般的直觉。这种将千年匠艺精神编码为超级比特流的能力，使中控技术用完全自主的UCS系统和大模型TPT赢得了“工业控制领域的珠穆朗玛峰”的美誉，标志着中国工业自动化技术迈入代际超越阶段。

二、范式革命：技术派的模式新论

中控技术的模式创新，是一种面向服务价值的技术生态重构和范式变革：将技术创新置于商业模式创新的底层支撑，而商业模式的迭代又反哺技术研发投入。其构建的“技术创新→商业模式迭代→再反哺技术研发”的良性闭环，使其从传统自动化产品供应商跃升为以工业AI生态构建为核心的引领者。

当很多传统自动化企业还在投标现场鏖战时，中控技术已用“场景化体验”击穿客户心智的最后一厘米。

随着中国经济的快速发展，流程工业企业逐渐呈现大型化、园区化、集群化发展趋势，客户需求也在不断发展和升级。中控技术坚持以客户为中心的导向，深度培育AI技术在流程工业领域“技术创新+模式创新”的双轮驱动发展，首创“线下PlantMate 5S店+线上PlantMart商城”一站式工业服务新模式。

中控技术创新商业模式

截至2024年年底，中控技术已建立覆盖中国678家化工园区和沙特、泰国、加拿大、哈萨克斯坦、马来西亚、印度尼西亚等海外国家的200家线下PlantMate 5S店〔5S即销售

（Sales）、服务（Service）、备品备件（Spare parts）、专家咨询（Specialists）、解决方案（Solutions）〕，缩小服务半径，缩短响应时间，更加敏锐地感知客户需求，反哺场景化解决方案不断升级。

线上PlantMart商城创新融合企业中心与商城中心双核架构——企业中心深度整合客户管理系统、设备运维、检维修工单及供应链数据，实现全要素数字化管理；商城中心汇聚SUPCON自研产品、第三方产品、智能软件及行业知识库，构建多维度产业生态。该商城是中控技术“AI+数据”落地的助推器，以智能化、可视化、数据驱动为特色，为客户搭建专属数字门户，以实现多源数据贯通，公司还推出AI SaaS服务平台，提供智能软件在线支持，并通过会员制交互体系沉淀工业知识资产，持续推动工业电商从传统交易向“数据增值+智能服务”的生态级平台演进。

2024年，中控技术还推出了创新的商业模式——工厂会员（PlantMembership）订阅制，以降低客户的投资成本，并全方位满足其多样化的需求。订阅制引入Token作为代货币，以产品价值重新定义软件价格，客户登录平台即可实现“购买、激活、兑换、签收、开票”等全自助使用，流程更加规范化、标准化、高效化、平台化。该业务发布当年，即与华谊、天辰、通威等数百家大客户签约，实现了业务从无到有、再到亿级的重大突破。这一商业模式创新，大大深化了中控技术与客户之间的长期合作关系，推出仅3个多月，就与600多家国内外客户开启了订阅制模式的合作，累计订单快速增长。

当然，中控技术的技术创新与商业模式创新的融合并非简单的叠加。当客户轻触屏幕调出云图时，跳动的不仅是实时数据，更是“技术赋能商业场景、商业需求牵引技术突破”的有机互动，最终实现生态级价值重构。

中控技术的模式创新方法论，恰似一场工业时代的“量子纠缠”——既传承了南宋官窑对匠艺极致追求的精神底色，又闪烁着数字时代的比特辉光；既延续着长三角“四千”精神的商业基因，又焕发出万物互联时代的生态智慧。

三、闪耀世界：中国方案的全球叙事

国内市场稳步增长，但中控技术并未满足于此，而是从中国品牌走向世界舞台，再到中国方案扎根全球。公司以主动出击的姿态，加速全球化布局，通过技术创新、并购整合、本地化运营等策略，主动拥抱世界，进一步打开增量空间，在海外市场实现从订单增长到品牌跃升的跨越。

面对全球化竞争的浪潮，中控的全球化战略展现出独特的“中国智慧”：内循环筑基、外循环突破、超循环升维。

近几年来，除了在技术领域的突破性创新研发外，中控技术还从顶层管理和整体运营实现国际化业务的快速扩张，从海外市场点状结构的打法，进化到系统性设计整个海外架构，定义国际化运作策略、人才布局、管理模式、交易模式等。公司创新的“技术标准+场景方案”出海模式，让中国首次在工业控制顶层架构领域掌握话语权。

基于“全球化思考，本地化行动”的策略，中控技术通过新加坡国际运营中心及遍布东南亚、南亚、中亚、中东、非洲、欧洲、美洲等区域的全球服务网络，以工业AI“中国方案”敲开国际高端市场的大门。同时，公司强化海外本地化运营能力，以提供更加卓越的服务体验满足海外客户需求，走出了一条从海外突围到构建全球竞争力的新路径。

2024年，公司全面推进中控品牌在全球的影响力，加速扩张海外市场与区域的覆盖，海外业务收入7.49亿元，同比增长118.27%，国际业务再次迈上新的台阶。目前，公司已与沙特阿美（Saudi Aramco）、英国石油公司（BP）、壳牌（Shell）、巴斯夫（BASF）、沙比克（Sabic）、沙特国际海事工业集团（IMI）、科威特国家石油公司（KPC）、马来西亚国家石油公司（PETRONAS）、因多拉玛（Indorama）等众多国际知名企业开展深度合作，携手共建大型数字化项目。

为实现更深层次的本土化服务，中控技术已在新加坡、哈萨克斯坦、沙特阿拉伯、荷兰、日本、印度等国家设立了子公司，并正在不断提升这些子公司的本地化运营效能，深度挖掘所在市场的广阔潜力，不断增强全球化布局的运营能力。

在过去的全球竞争过程中，中国企业一直是遵循欧美标准来引领自身发展，而今天已经到了中国企业向全球输出行业标准的时候。中国工业自动化企业已经从“产品出海”跃迁至“范式出海”新阶段。全球工业舞台上的“中控方案”，不仅仅是企业的成功，还是一种全新的“中国叙事”。它展示了中国科技企业如何以自身技术实力、全球视野、协同共赢的智慧，塑造属于自己的国际竞争力。

第三节　领航工业AI新征程

中国工业自动化的崛起和强大，注定是技术的长征。当工业4.0的浪潮裹挟着不确定性席卷而来，中控技术仍在探索更敏捷的组织、更开放的生态、更深远的价值，从而开启一场前所未有的工业AI革命。

或许，这就是生命体的真谛：永远保持生长姿态，永远与时代共呼吸。

一、组织进化：从机械体到生命体的嬗变

当工业革命的齿轮碾过农耕文明的暮色时，人类曾痴迷于将组织锻造成精密的机械体——螺丝钉各安其位，齿轮严丝合缝，在效率的轰鸣声中，连呼吸都带着钢铁的凛冽。然而，在中控技术的进化图谱里，人们窥见了一种更深刻的觉醒：真正的组织不应是流水线上沉默的钢铁结构，而应成为一片会呼吸、能感知、可以自我生长的生态雨林。

从创业之初，中控技术的基因里便镌刻着一种辩证的矛盾统一：既要像机械般精密运转，又要如生命般持续进化。当全球工业迈入智能化与低碳化交织的新时代，这家企业已悄然蜕变为一家“有血有肉”的生命体——不仅以技术驱动生产，更以文化重塑组织，以使命定义未来。

始于2017年的“烈火计划”包含七个关键词——创新（Innovation）、绝不说“不”（Never Say No）、战斗精神（Fighting）、执行力（Execution）、变革（Revolution）、追求卓越（Number One）、全员参与/全方位涉及（Overall），旨在全面激发员工创新、拼搏与奋斗的精神，激活组织，缔造中控技术全新的生命活力。

这场“烈火计划”并非简单的战略调整，而是中控技术一次从组织基因到文化血液的深度重组。

在研发体系的革新上，“烈火计划”展现出极为炽烈的锋芒。公司将“卡脖子”技术的突破写入组织基因，启动创新体系改革，让创新不再是实验室的闭门造车，而是与市场需求血脉相连的活性细胞。

文化的淬炼，则是这场“烈火计划”中最具人文意味的篇章。公司领导者深谙，组织的生命力不仅源于技术突破，更植根于每个个体的价值觉醒，好的企业要为大家提供一个孕育伟大梦想的舞台。变革的目标，是让每个个体在创造中感受尊严，在协作中体会温暖，在奋斗中看见远方，是一群人以“开心、充实、有价值、受尊重”为信念的集体奔赴。

“烈火计划”同样烧向了更深远的社会价值维度。科技的价值在于它能解决社会问题，而不仅仅是创造利润。当一家公司开始用技术红利反哺社会，它的组织进化便超越了单纯的商业逻辑。从智能制造环保解决方案，到能源管理技术推广，推动流程行业数绿升级，携手客户共同打造资源节约型、环境友好型社会，是中控技术最大的绿色价值。依据“中控技术社会减排贡献量化方法学1.0”测算，2019—2024年间，中控技术正式投运的项目在全生命周期内帮助客户避免了3.3亿 tCO2e。

公司还荣膺MSCI ESG评级A级，彰显了自身在环境管理、社会责任与公司治理方面的卓越表现，成为全球工业领域可持续发展的典范。

“烈火计划”寥寥四字，却暗含了组织进化的终极隐喻——唯有在烈焰中烧尽冗余，方能重塑筋骨、焕发新生。他们不再追求“永不磨损”，而是让组织像青草般在裂缝中生长，像候鸟般在季风里重构队形。

面对复杂多变的经济环境和激烈的市场竞争，为了进一步提升组织活力，打造公司凝聚力，中控技术于2021年发起了新一轮组织变革，激发变革动能，促进变革和业务深度融合，对准业绩差距和能力差距，同时提升端到端价值创造能力，完善流程型平台化的组织建设。以问题为导向，中控技术对公司治理、战略管理、人力资源、销服管理、集成产品开发、集成供应链、集成财经服务、数字化转型等方面进行了深化变革，并形成公司新的使命：“让工业更智能，让客户更成功。”

企业的使命不应止于利润表，而应刻进时代进步的年轮。真正的生命体，必然与更广阔的社会肌理同频共振。

二、裂变共生：构建穿越周期的价值生态

传统企业往往聚焦于硬件销售，而新一代领跑者已进化为“生态架构师”。如果说技术创新是中控技术崛起的基石，那么生态构建则是它未来发展的蓝图。

工业控制技术的未来不仅在于单点技术突破，还在于构建跨行业、跨领域的协同创新生态，集聚合作伙伴的力量，实现技术共享与创新的最大化。中控技术聚焦战略方向和业务重点，左手硬科技，右手深场景，构建“技术领先性+场景穿透力+生态领导力”三位一体的品牌升级体系，打造工业AI领军品牌形象。

“中控生态”的最大特点，可以概括为“赋能”与“价值”，“1+2+N”企业智能运行新架构是中控生态的基础技术架构，“线下PlantMate 5S店 + 线上PlantMart商城+工厂会员订阅制”一站式工业服务新模式则是其基础商业架构，这两者为赋能合作伙伴、实现共创共赢奠定了坚实基础。

线上线下融合的智能化资源服务生态圈，让中控技术从“解决方案供应商”进化为“价值共生平台”。如同一个拥有自主神经系统的生命体，既能敏锐感知行业痛点，又能快速调动资源响应，中控技术的商业模式的护城河不再是产品性能，而是生态网络的协同效率。

为保障合作伙伴权益，中控技术还提出了“三维四支柱”模型实现伙伴共赢，为生态建设保驾护航。“三维”分别代表平台赋能、价值共创、机制保障，“四支柱”代表着公司

在研发、供应、销售、服务的四大方向上提供的具体权益保障，为生态合作的可持续发展提供支撑。

中控技术始终清楚地认识到，只有通过深刻的智能转型和生态发展，才能在国际市场上获得更大的竞争优势。中控技术的目标是从过去的小溪小河游向大江大海，而“Clustar・星河计划”正是中控技术转型的关键驱动力之一。

“Clustar・星河计划”为中控技术实现生态化发展明确了目标，规划了路径。由此构建的全球生态合作网络，使得中控技术不仅能够快速响应客户需求，还能够为中小企业提供可复制、可裁剪的轻量化、数字化解决方案。通过新加坡设立的国际运营公司以及遍布东南亚、中东、非洲、欧洲、美洲等区域的本地化服务，中控技术已经成功吸引了大量合作伙伴的积极响应，与沙特阿美、英国石油公司、壳牌、巴斯夫等众多国际知名企业开展深度合作，携手共建大型数字化项目，快速延伸产业链上下游，为全球客户提供敏捷、高效、创新的产品与服务，生态系统日渐壮大。

“Clustar・星河计划”不仅是中控技术在生态化发展上迈出的关键一步，还是在全球工业4.0浪潮中的重要战略举措。它不仅涵盖了技术创新和产品开发，还包含了对全球合作伙伴关系的深刻理解与再造。通过构建一个开放、协作、多赢的生态系统，中控技术意在突破传统的竞争格局，为流程行业提供一个共同发展的平台和新典范。

回望中控技术的生态进化之路，技术创新不再是单点的突破，而是生态网络的基础设施；商业模式不再是利益的博弈，而是价值共生的协作机制。这种内在逻辑的深刻性，体现在三个维度的融合：其一，以数据流动与价值共享的共振，促进数据价值的持续释放，构建起“越使用越智能，越共享越增值”的正向循环；其二，硬件开放与生态繁荣的共生，在工业控制领域播下“种子”，吸引全球开发者共同培育应用生态；其三，商业成功与文明责任的统一，将技术创新升华为社会价值的创造，证明真正好的商业生态必然与人类福祉共生共荣。

今日的中控技术，已站在工业智能化的“奇点”时刻。当全球制造业仍在智能化转型的迷雾中摸索时，中控技术用“技术—模式—生态”的三位一体进化，让价值流淌于生态网络，探索出一条穿越周期的路径，在工业进化的星海中树立了属于这个时代的鲜明坐标。

三、战略转型：拥抱AI时代广阔未来

2022年11月ChatGPT横空出世，世界迎来了AI技术的里程碑时刻。

意识觉醒、时空感知、因果推理、自主进化——这种将工业知识沉淀为“数字本能”

的能力，正在用AI重构工业进化的坐标系。技术嗅觉敏锐的中控技术决策者迅速意识到，AI和公司长久以来追求“挖掘数据价值”的方向之间具有高度契合性，对工业数据分析和利用的能力储备已经迎来拐点。自动化技术从“替代人手”转向“扩展人脑”，全球工业版图在数据洪流中剧烈震荡。

如果说DCS的突破是中控技术的第一次跃迁，那么2024年启动“ALL in AI”战略，面向全球发布“成为工业AI全球领先企业，用AI推动工业可持续发展”的全新愿景，则标志着中控技术将开启向工业智能服务商的全面转型。未来的中控技术将不再是DCS公司，也不再是传统自动化公司，而将成为一家工业AI公司。实际上，中控技术将愿景转为发展工业AI，看似是一个业务转型，但如果穿透历史的纵深，梳理公司的长期发展脉络，就会发现其一以贯之的战略连续性。而这，也正是中控技术在历史转型期奋力一跃的胆略和信心之源。

2024年5月，中控技术将DeepSeek大模型的V2版本作为即将发布的超图大模型（HGT）的联合推理引擎及语言大模型基座。HGT包括BA全域图数据集、多模态感知、思维链强化、多元复杂信息的深度关联挖掘能力、多智能体协同技术等五大核心技术，以及工业Agents/APPs快速构建、全业务链路智能体、工业级分析决策三大颠覆性应用场景。这是中控技术继时间序列大模型TPT之后又一个倾力打造的工业数智化的“核动力引擎”，为工业智能化注入了新的活力，率先实现从生产运行到企业运营全链路的智能跃迁。

机器人业务是中控技术工业AI战略重点布局的赛道之一，近几年，业绩平均每年以近三倍的速度迅猛增长。2024年，中控技术作为第一大股东投资入股浙江人形机器人创新中心，联合该领域专家及高端人才，共同培育全行业场景下人形机器人方向的新业务、新技术，并先后发布了首款全域自研人形机器人整机“领航者1号”和“领航者2号NAVIAI”。目前，领航者2号NAVIAI及即将发布的第三代人形机器人已完成DeepSeek-R1测试，其深度推理和复杂逻辑分析能力为人形机器人提供了强大的技术支撑。公司还运用包括四足机器狗在内的新技术产品，赋予机器人出色的感知、决策与执行能力，使其在巡检与操作、供应链物流、装备协作及AI视觉等复杂多变的作业环境及场景中广泛应用，提供“机器人空地联合”解决方案，以此获得了沙特阿美、日本三菱、泰国PTTGC、马来西亚恒源、巴西SENAI等国际高端客户的青睐。

未来中国的流程工业将不再是跨国公司的追随者，而是全球产业发展的引领者。从“一无所有”时的艰难启程，到向上攀登时的繁花似锦；从自主创新的核心技术突破，到深度融合智能制造和AI技术，以中控技术为代表的中国工业自动化企业，必将在全球舞台上展现出更加强大的竞争力。

钱塘江潮水年年如约，而江畔的科技创业史诗业已翻开新篇章。创业者们当年在实验室解析进口设备图纸的身影，与南宋官窑工匠控制窑温的专注目光，在人类工业文明的长河中奇妙重叠。这或许正是中国式创新的终极隐喻——最先进的技术革命，永远生长在最深厚的文明根系之上。

企业家专访

勇做大变革时代科技创新的探路者

——专访中控技术股份有限公司董事长、总裁崔山

《样本》：中控技术的发展历程，就是“走难而正确的路，走必须走的路，甚至走不被看好的路”这样一个艰难探索的过程。请问中控技术选择迎难而上的核心动力是什么？

崔山：中控技术选择迎难而上的核心动力来自我们对产业发展责任的使命担当和对客户需求的洞察。工业自动化与智能化的发展事关国家产业安全和竞争力提升，正是这种坚定的使命感引领我们勇于探索前人未走过的路。面对质疑甚至困难重重时，正是这种内在的责任感推动我们敢于挑战。

从创立到现在的30多年间，中控技术经历了由DCS公司、自动化公司到智能制造整体解决方案供应商，再到当前工业AI平台型公司战略转型的四个发展阶段，推动了中国工业的崛起与壮大。中控技术做工业AI并不是为了赶时髦、追热点，而是基于中控多年的工业积累，着眼长远的布局，把我们的技术经验、数据积淀、知识积累与用户需求结合在一起，打造更加贴近行业痛点、更加高效的工业AI技术和产品。助力用户创造价值，是中控技术的出发点，也是现阶段工业AI发展的必然选择。“让客户更成功”这句话，经常挂在中控人的嘴边，希望通过我们的解决方案促进产业链上下游企业的协同创新发展，也能够提升客户的国际竞争力。

《样本》：中控技术在战略上一直具有前瞻性。请问是什么原因，让中控技术能够在时代激流中始终锚定正确方向？

崔山：中控技术战略方向的持续前瞻性，首先源于创始人褚健教授为中国流程工业埋下的“创新基因”。创始人褚健教授作为中国流程工业自动化领军者，带领团队扎根行业30余年，形成了对技术演进、客户痛点和产业变革的精准预判体系。其次是得益于创新驱动发展战略。我们以“技术创新×模式创新”的乘数效应突破产业边界，通过不断建立和完善的市场反馈体系，打造“线下PlantMate 5S店 + 线上PlantMart商城+工厂会员订阅制”一站式工业服务新模式，确保自身时刻能够感知并抓住行业发展的先机，敏锐捕捉潜在的趋势与变化，提前进行布局。这种能力并非偶然，而是建立在多年实战经验和体系化战略

研究之上。最后是战略定力与进化能力的平衡。公司历经四次战略升级——从DCS国产化突围到工业4.0整体解决方案，再到如今向工业AI公司转型，始终坚守“一米宽、百米深”的深耕理念。在流程工业领域，我们已服务全球50多个国家的3.5万多家客户，积累了100EB的工业数据，这为AI战略转型构筑了独特的场景和数据壁垒。

这种战略前瞻性不是偶然，而是源于我们始终将自身发展融入国家新型工业化进程，在解决难题中锻造核心竞争力。中控技术的每次转型，都是对产业需求的超前响应与技术能力的厚积薄发。

2024年开启的工业AI战略，本质是让知识、数据与场景实现“核聚变”，紧密围绕客户的核心诉求，旨在通过工业AI为用户创造更大的价值，为全球流程工业实现高质量可持续发展注入强大动力。这也是中控人肩负的时代使命。

《样本》：中控技术注重以技术创新推动商业模式变革，请您谈谈这两者之间的有机关联和内在逻辑。从实验室研发到规模化落地，公司如何通过创新机制加速技术商业化？

崔山：技术创新与商业模式变革的内在逻辑在于，技术创新是基础，商业模式变革则是创新成果落地并实现规模化的关键。技术只有通过商业化才能真正体现其价值，而商业模式的革新又能为技术发展提供更大的空间和更多资源。

创新是创业公司的基础和灵魂，中控技术应该永远是一个创业公司，哪怕未来公司规模不断扩大。2024年研发费用达9.78亿元，同比增长7.73%，占营收的10.70%。公司累计已有专利及软件著作权1476项，研发人员占比为39.05%，并与浙江大学、上海交通大学等知名高校共建联合实验室，构建产学研生态。

我们通过建立敏捷高效的创新孵化机制和市场导向的项目决策机制，从前期的实验室创新，到中试验证、市场反馈，使技术更快地贴近市场，持续推动创新成果快速迭代，加速技术的商业化进程，全链路构建协同的创新生态，实现规模化的产业落地。

《样本》：流程工业以“敢于押注技术长周期”著称，但创新必然伴随着失败的可能性。您如何定义“可接受的失败成本”？决策纠错机制是怎样的？

崔山：我们定义的可接受的失败成本，是指在可控范围内且不危及公司整体战略的风险投入，是能够形成有效的经验反馈和组织学习，从而在战略层面转化为未来成功的基石。

敢于押注技术长周期，本质上意味着企业需要承受一定的风险。我们构建了一套严格且动态的风险管控体系，设立了严格的项目阶段性评估机制与快速响应的纠错机制，每个项目都必须经过技术和市场的双轨评估、阶段验收与持续监测，以确保及时止损并快速调整方向，以合理的投入换取突破性创新。

同时，我们也很相信年轻人。比如我们的TPT团队就是一支年轻、有闯劲的团队，他们在完全没有前人指路的状况下，着眼未来发展趋势，完成了从0到1的创举，展现了不懈的创新精神。他们敏锐洞察到自然语言大模型（LLM）在工业核心场景的不足，首创以时间序列数据为语料的预训练模式。通过海量传感器数据（如温度、压力等）构建跨装置泛化能力，解决了传统模型"一场景一模型"的碎片化问题。这种以工业本体特征重构AI架构的思路，在全球流程工业领域尚属首次。

《样本》：作为中控技术的领导者，您如何平衡"保持战略定力"与"推动组织敏捷性"？公司在组织升级变革、团队创新、人才培养、员工激励等方面有哪些特色和优势？

崔山：我始终强调战略定力与组织敏捷性的有机结合。战略定力能确保我们方向明确，而组织敏捷性则引领我们快速响应市场变化。

中控技术将创新作为组织升级的核心要素，强调创新必须成为每一位中控人血脉里流淌的DNA，塑造思维方式和行动准则。公司的创始团队是来自大学的优秀教师和毕业生，具有先天的学习型组织基因，这赋予了我们持续自我革新与自我迭代的能力，使得企业在组织变革、人才培养和创新激励方面更具灵活性和前瞻性。"烈火计划"等内部创新激励机制极大激发了员工的创新与拼搏精神，推动公司组织的年轻化、敏捷化，进一步提升了效率和创新活力。

面对复杂多变的市场环境和技术迭代，管理层最重要的能力包括深刻的产业洞察力、战略落地执行力和跨领域协作能力。对新一代管理层，我最看重的是持续学习能力、变革管理能力以及团队协作精神，从而确保公司在技术产品创新、管理革新和市场竞争中勇敢坚定、追求卓越，主动挑战更高的目标，不断刷新和超越自我。

《样本》：中控技术已经走过了三个"十年"的发展历程，在进入第四个"十年"之际，中控技术加快战略转型，将公司愿景改为"成为工业AI全球领先企业"。如果用一个关键词定义中控技术未来十年的发展方向，您会选择什么？为什么？

崔山：如果用一个关键词定义中控技术未来十年的发展方向，我会选择"工业AI"。因为未来推进工业，特别是流程工业的技术方向必将围绕工业AI展开，它不仅反映了技术发展的趋势，也代表了中控技术战略重心的全面转型。我们将聚焦于人工智能驱动的工业自动化创新，并从组织架构、人才储备、能力打造、研发投入及市场拓展"ALL in AI"，全方位提升公司的全球竞争力，致力于成为全球工业AI领域的引领者，助力流程工业实现跨越式发展。

专家点评

从跨越鸿沟到超越领跑

中控技术的发展史，是一部中国高科技企业从追赶到超越的奋斗史。在全球工业自动化的版图上，中国企业曾长期扮演着追随者的角色。然而，中控技术却以一场坚定的“非线性跨越”，完成从“填补空白”到“定义标准”的蜕变，不仅在流程工业控制领域打破了国际巨头的垄断，更以工业AI与全球化生态的双轮驱动，站上了新一轮工业革命的潮头。

国产替代不是简单的替换产品，而是要构建起一个从底层技术到顶层解决方案完全自主可控的产业链。中控技术的技术引进与本土化重构，正是“二次创新”理论的经典实践——通过对国际先进技术的“二次创新”，结合中国工业场景，一举改写了流程行业对进口设备的高度依赖。这种“站在巨人肩膀上”的创新，看似是追赶者的常规路径，其中却另有奥秘。中控技术的独特之处在于并不是将国产替代视为终点，而是将其作为跃向更高维度的基石——对自动化技术体系进行颠覆式重构。从追赶到超越，其真谛在于跳出既定的技术轨迹与既定的技术范式，在非线性的技术范式转变期，用更高、更宽、更前瞻的技术视野和布局开展技术创新，抓住新的技术路线带来范式转变的“机会窗口”，实现对领先者的超越。这种“穿越周期”的创新，完美诠释了“技术生命周期管理”与“跨周期能力构建”的核心逻辑。

中控技术的商业模式进化同样令人瞩目，其模式创新展现了“价值网络重构”与“全球化治理”的实践智慧。如果说早期产品销售是企业生存的“第一曲线”，那么其服务化价值创新模式的推出，则标志着公司从产品制造商向生态构建者的华丽转身。在数字经济纵深发展的当下，技术创新与商业模式创新的“双轮驱动”日益强劲，企业竞争正从单一要素比拼转向“技术洞见×商业设计”的复合能力较量。这种融合创新不仅重塑着产业价值链，更催生着新的价值创造模式，其终极形态将是技术网络与商业生态的量子纠缠式发展。“硬科技+软服务”的价值延伸，催生企业从硬件销售向“解决方案+数据服务”转型，不仅提升了客户全生命周期价值，更通过数据沉淀反哺技术迭代，形成正向循环，将价值创造的影响力、创新标准的影响力、生态协同的影响力、国际品牌的影响力，转化为更加强大的市场竞争力，重塑全球工业自动化行业的新格局。

在穿越周期的非线性时代，变革和拥抱不确定性已经成为组织演化的新常态。通过“烈火计划”的锤炼和“中控共同纲领”的践行，中控技术以企业文化凝聚起组织的强大信念和动力源泉，统一起中控人的核心价值观。他们立志推动工业文明持续变革和进步，把中控技术打造成一家真正受人尊敬的、为客户创造更高价值的企业。当一家企业学会在创造价值时也孕育文明、在追逐利润时也修缮生态，它便完成了从工具理性到生命诗学的奋力一跃——这或许就是中国制造向“中国智造”进化时，最激励人心的精神胎动。

中控技术的成长史恰是中国制造业转型升级的微观镜像。从跟随到定义、从产品打造到服务升级的新范式塑造，他们以卓越的创新能力和市场洞察力，正在重新定义自动化的边界，用AI这把“金钥匙”开辟穿越工业4.0的大道。他们用实践证明，中国企业的创新之路绝非简单的“弯道超车”，而是一场需要战略定力、技术穿透力与生态重塑合力的“换道超车”新征途。中控技术的战略演进，深刻体现了“创新管理C理论”中从“二次创新”向“超越追赶”的跃迁过程。当“非线性跨越”融入工业智能化的星辰大海，中控技术“超越追赶”的故事或许才刚刚开始——在重塑全球工业版图的进程中，真正的领跑者永远不会停下“穿越周期”的脚步。

吴晓波　浙江大学社会科学学部主任

第三章

智造之光："双碳"时代装备王者的全球智造版图

——无锡先导智能装备股份有限公司

- **楔子：** 探索者的星辰大海
- **企业概况：** 新能源装备王者的全球智造生态
- **创新解读：**

  第一节　黄金十年：新能源装备行业助力绿色革命高维突变

  第二节　新质引擎：从技术深潜到生态共建

  第三节　智造哲学：打造"长期主义后花园"
- **企业家专访：** 筑牢全球新能源装备基石
- **专家点评：** 新能源装备领域"卖铲人"的典范

楔　子

探索者的星辰大海

在无锡这片孕育了工商文明的土地上，一个现代化的智能制造基地正以工业齿轮的精密与新能源的澎湃动能，勾勒着全球能源智能装备转型的恢宏蓝图。先导智能，这家从太湖之畔崛起的企业，用25年时间完成了从电容器设备厂到全球新能源装备领军者的蜕变。犹如一位不知疲倦的探索者，先导智能在新能源装备的星辰大海里锚定航向，引领着全球绿色工业革命的浪潮。

作为全球唯一一家能够提供锂电池、光伏、氢能等新能源智能装备整线解决方案的企业，先导智能的核心竞争力源于“整线哲学”的深度实践，以完全自主知识产权的整线技术，打破日、韩、德的垄断，成为锂电池、电动汽车领域国际巨头的战略合作伙伴。不仅如此，先导智能还在整线设备的基础上首创“全价值链+全生命周期”的新智造解决方案，围绕“超级生产线、智慧智造、零碳智造、全球智造”四大概念打造核心竞争力。公司以高研发投入在全球建立了四大研发中心，关键技术的突破覆盖多领域。客户工厂通过LEADACE系统实现“无人化”生产，设备效率提升20%，能耗降低15%，成为工业4.0标杆，并重新定义了高端装备的技术基准。2024年，公司锂电池装备全球市占率突破30%，每3条锂电池生产线就有1条由先导智能赋能。

先导智能的实践揭示了高端装备制造业的长期主义逻辑：技术上至少提前三年布局，以“三代”技术策略与“业财一体化”系统为底座，生态上实现全球化布局，在全球化中平衡文化差异、提升运营效率，展现出文化融合与精准运营的能力；将商业成功与社会责任深度融合，ESG管理获多项奖项充分印证了技术创新与责任担当的共生关系。

当新能源产业进入深水区时，先导智能以技术精度与人文温度，为“中国智造”走向全球树立了价值范式。如同一束强光，穿透传统制造的迷雾，照亮了新能源装备的未来——那里有技术的深度、全球的广度，更有一家中国企业对“智造强国”的执着与担当。

企业概况

新能源装备王者的全球智造生态

25年前，在无锡新吴区的一间破旧的厂房里，无锡先导智能装备股份有限公司（以下简称先导智能，股票代码300450）创始人王燕清以电容器设备研发为起点，开启了智能制造的探索之路。2015年，先导智能在深交所上市。截至2024年，总资产达360亿元，目前市值超过300亿元，已成为全球新能源装备领域的标杆企业。

一、企业基因：从太湖之畔到全球智网

先导智能的成长，是一部不断突破的奋斗史。从最初为日本松下、TDK等国际巨头提供设备配套，到2008年大胆跨界锂电池领域，再到2015年成功登陆深交所，技术突破始终是其发展的核心驱动力。2017年，先导智能全资收购珠海泰坦新动力，一举打通锂电池前中后段全产业链，成为全球唯一拥有100%完整自主知识产权的整线方案商。

自2018年起，先导智能加速全球化布局，搭建起"无锡总部—全球研发中心—区域制造基地"的三级网络。截至2024年年底，已成立18家海外分子公司，为全球头部客户提供服务。2024年，先导智能以166亿元营收跻身全球新能源装备第一梯队，海外业务占比达24.3%。在德国，通过收购高端装备制造工厂，建立欧洲技术中心，交付周期缩短50%；在东南亚，以马来西亚、新加坡为支点，为全球顶尖车企、锂电池企业的海外工厂提供整线方案，成为区域新能源产业链的关键一环。

二、数字密码：生长的力量

先导智能的强大，源于对研发的执着投入。仅2024年一年，公司研发费用就超过11亿元，占总营收的14%，6000人的研发团队中硕博比例超20%，在多地建立研发中心，累计获得授权专利3000余项。在锂电池装备领域，全球首台"激光焊接一体机"量产，锂电整线效率提升30%；固态电池整线解决方案实现全球首条交付。在氢能装备上，公司自主研发的膜电极卷对卷生产线，提升电堆集成效率50%，打破了国外垄断。

作为技术领先与人文关怀的双重标杆，先导智能在发展自身的同时，也积极履行社会

责任，累计培养了超5000名技术人才，设立了1200万元教育奖学金，并向家乡捐资235万元。先导智能曾获评“ESG先锋奖”“ESG创新奖”，并获中国民营制造业500强、财富中国科技50强、国家创新示范企业等多项国家级荣誉。其主导制定多项行业标准，成为“中国制造”向“中国智造”升级的典型代表。

先导智能研究院

三、全球化布局：新能源装备“地球村”

先导智能的全球化布局有其始终遵循的基本原则，先导人总结为“三本化”。第一，研发本地化。公司在德国设立研发技术能力中心，吸纳国际顶尖人才，实现技术标准与市场需求的无缝对接。第二，制造本地化。通过海外基地建设，将核心设备的本地化生产比例大幅提升，规避贸易壁垒，降低物流成本。第三，服务本地化。公司建立覆盖全球的24小时响应机制，在欧洲、东南亚等地配置专业售后团队，设备维护效率提升40%。

先导智能将欧洲视为高端市场的战略支点。2022年，公司收购德国高端装备制造工厂，升级为欧洲技术能力中心，实现全链条本地化服务。2024年，欧洲物流中心仓启用，大幅缩短设备交付周期。此外，与西门子合作，推动“中国方案”与“德国制造”融合。

在北美，先导智能采用“技术定制+本土合作”策略，与高校合作开发符合北美标准的设备，为某知名企业德州超级工厂交付的4680电池整线，精度和良率极高，成为中国装备企业在美国高端制造的标杆。

从太湖之畔的自动化实验室，到横跨20国的全球智造网络，先导智能用25年时间证明：所谓"全球领先"，不仅是市场份额的扩张，还是技术标准的输出、生态价值的共建。在新能源革命的浪潮中，这家企业正以"深耕智造，行稳致远"的定力，筑牢全球新能源装备的基石，为人类迈向绿色未来提供"中国智造"的解决方案。

先导智能员工对装备做最终测试

创新解读

第一节　黄金十年：新能源装备行业助力绿色革命高维突变

在“双碳”目标与全球能源转型的共振中，全球能源格局得以重构，中国新能源装备产业加速融入全球产业链，形成了“政策协同—技术输出—生态共建”的良性循环，并迎来爆发式增长。

一、持续技术创新，打造全球竞争力

通过《新能源汽车产业发展规划（2021—2035年）》《氢能产业发展中长期规划（2021—2035年）》等政策的发布，国家明确了新能源装备作为战略性新兴产业的定位，引导产业链向高端化、智能化升级转型。截至2024年，中国风电累计装机量突破510GW，光伏装机超840GW，分别占全球总装机量的38%和60%以上，成为全球新能源装备市场的核心驱动力。中国锂电装备企业凭借全产业链优势，占据全球30%以上的市场份额，在技术输出和产能布局上形成“一超多强”的竞争格局。这一成就不仅源于国家的政策红利，更得益于中国企业在技术深潜和产业化应用上的持续突破。

在市场扩容与技术突破的共振下，全球新能源装备市场规模在2024年突破1.9万亿元，其中中国贡献了超过60%的增量。其中，在光伏领域，先导智能的3D视觉贴合技术将电池片焊接效率提升至0.3秒/片，TOPCon整线转换效率突破26.5%，推动光伏度电成本降至0.15元以下，较2015年下降了70%。而在锂电领域，先导智能的4680大圆柱电池设备国产化取得关键进展，整线良率达99.8%，叠片效率提升至0.35秒/片，较传统工艺提速50%，成为多家头部企业的核心供应商。以先导智能为代表的氢能装备则通过膜电极卷对卷生产线的自主研发，打破德国垄断，单槽产氢量达2000Nm³/h，助力国内产业链降本30%。

风电和光伏作为成熟赛道，头部企业通过规模效应和技术迭代巩固优势。金风科技有限公司、远景能源有限公司等企业在风电整机市场占据全球前四，其16MW海上风机单机容量较2015年提升了3倍，成本下降40%。在光伏领域，隆基绿能科技股份有限公司、晶科能源股份有限公司等企业通过薄片化硅片、银包铜技术降低材料消耗，210mm大尺寸硅片市占率超60%，推动组件功率突破670W。储能和氢能等新兴领域则呈现爆发式增长，2024年，中国储能锂电池出货量同比增长60%，海外订单超120GWh，占全球市场的90%以上。同时，氢能电解槽产能快速扩张，碱性电解槽单槽规模从500Nm³/h提升至2000Nm³/h，成本较2020年下降50%。

在新能源行业的技术竞争中，固态电池和氢能电解槽成为新焦点。部分龙头企业已实现全固态电池量产全线工艺覆盖，开发出硫化物、氧化物等多体系解决方案。而在氢能领域，中车株洲电力机车研究所有限公司推出的新一代柔性绿电制氢系统，集成制氢电源、电解槽和能量管理系统，在离网制氢场景下实现了直流电耗低至3.898kWh/Nm³，中标三峡纳日松、国华宁东等多个GW级项目。

这些技术突破不仅提升了中国在全球产业链中的地位，还推动行业技术壁垒从单一设备向整线解决方案的跃升，重塑了全球新能源装备的竞争格局，更让中国企业从"技术输入者"转变为"价值输出者"。然而，当技术优势开始转化为市场话语权时，全球能源转型的深层矛盾也逐渐显现——政策壁垒与本地化要求交织，成本压力与技术迭代共振，中国新能源装备产业在享受增长红利的同时，正面临着"从本土领先到全球适配"的新课题。与此同时，全球主要经济体对新能源产业链的重构诉求，正推动着行业竞争从单一技术比拼升级为"政策合规、生态协同、本地化服务"的系统性较量。

二、双碳共振下的全球化突围与生态重构

2024年，全球新能源装备市场规模突破5000亿美元，中国以风电装机510GW（占全球38%）、光伏装机840GW（占全球60%）、锂电装备市占率30%的绝对优势，成为全球产业链的核心枢纽。政策协同效应显著，2020年，我国发布了《新能源汽车产业发展规划（2021—2035年）》，将新能源装备列为战略性新兴产业，2024年研发投入突破1800亿元；欧盟《欧洲汽车工业行动计划》设立了电池联盟基金，要求2030年本土锂电池产能满足40%需求；美国《通胀削减法案》则通过补贴政策重构了北美供应链。这种政策共振催生了"技术出海"的多元化模式。比如，某知名企业与福特在美国共建电池工厂，采用"技术授权+本地化生产"规避关税；先导智能在德国设立欧洲物流中心仓，海外客户设备交付周期大幅缩短，本地化率提升至60%。

目前，中国企业的全球化布局成效显著，2024年新能源装备出口额同比增长24.3%，美洲、欧洲、东南亚逐渐成为核心市场。当然，贸易保护主义的抬头为出海之路增添了巨大阻力。欧盟对中国电动汽车启动反补贴调查，拟征收17.4%～38.1%关税；美国也限制

了中国光伏组件的进口，迫使企业在越南、马来西亚布局产能，2025年更是发起了令全世界哗然的关税贸易战。明道若昧，道长且阻。想当然的政策壁垒无法击垮人类命运共同体的理想，更阻止不了中国企业的发展之路。中国企业正从“产品输出”转向“能力输出”，通过合规体系本土化、技术标准互认、构建韧性供应链的闭环生态等措施，降低对单一市场的依赖。

新能源装备行业的竞争本质，正从“设备差价竞争”升级为“生态价值竞争”。中国企业通过“技术深耕+场景适配”，推动全球产业链从“技术孤岛”走向“协同网络”。比如，阳光电源针对中东沙漠气候开发的“耐高温光伏逆变器”，通过智能除尘算法，将发电效率提升5%，已成为沙特NEOM项目的指定设备，提供更有针对性的场景化解决方案；由先导智能为全球知名矿业和可再生能源公司福德士河（Fortescue）量身定制的首个自动化电解槽工厂正式投产。该设施是全球首批配备了自动化装配线的设施之一，达产后每年可生产超过2GW的PEM电解槽，为全球清洁能源的生产提供了巨大的支持。当技术创新与人文关怀形成共振，冰冷的工业设备便被赋予了“可持续发展”的温度——这正是中国新能源装备产业在全球化进程中构建的独特竞争力。

因此，从政策壁垒下的合规破局，到生态共建中的价值升维，中国新能源装备产业的全球化之路，本质上是一场“技术理性”与“全球适配”的深度对话。当3D视觉焊接技术在德国工厂精准运作，当绿电制氢设备在澳大利亚沙漠高效运转，中国企业正用“技术精度”与“人文温度”重新定义全球产业分工。未来的竞争，不仅是设备性能的比拼，还是生态系统的较量——那些能在政策缝隙中找到平衡点，在技术输出中融入本土价值的企业，终将在双碳时代的全球共振中，谱写出属于中国智造的新篇章。

第二节　新质引擎：从技术深潜到生态共建

在新能源装备产业的技术跃迁与生态重构中，先导智能以“谋新重质”为创新理念，以“三个一代”战略为核心，通过技术深潜与生态共建的双重驱动，构建起覆盖新能源全产业链的创新体系。这一体系不仅重塑了全球新能源装备的技术标准，还以“中国智造”的底层逻辑，为绿色工业革命提供了系统性解决方案。

一、"三个一代"成就新质标杆

先导智能的技术布局始终领先市场需求两到三年，形成了研发一代、储备一代、量产一代的创新链条。正是这一策略，使先导智能成为全球新能源装备领域的技术策源地。

作为全球顶尖新能源车企4680电池核心设备供应商，先导智能以激光焊接+AI瑕疵检测技术实现了纳米级精度，整线良率突破99.8%。其自主研发的干法电极设备通过高刚性、高精度辊压系统，成膜温度均匀性≤±0.5℃，面密度精度误差±1%，处于行业领先水平。公司帮助宁德时代建立的"灯塔工厂"，通过LEADACE系统，实现100%质量追溯，单电芯生产周期大幅缩减，较传统工艺效率提升30%。

在欧洲市场，先导智能为宝马、大众等客户定制的全极耳圆柱电芯生产线，可搭配先导自主研发的LEADACE智能工厂系统实现单电芯100%实时在线溯源，读码NG率降低至0.005%以下，焊接不良率减少30%。这些技术突破不仅打破了日本和韩国企业的垄断，更推动了中国锂电设备在全球高端市场的份额从2020年的15%提升至2024年的35%。

如何用AI为传统焊接工艺赋能？先导智能的工程师以焊接为切入点，发起了一场工业场景的精准效能革命。先导智能将20年行业经验沉淀为AI焊接优化算法，通过实时采集焊接电流、电压、温度等300+维度数据，构建起覆盖10万+焊接样本的知识库。公司自主研发的激光焊接一体机，通过AI视觉检测系统，将焊接缺陷率从0.5%降至0.05%，设备稼动率提升至85%以上。这种"AI+工艺"的深度融合，不仅实现了从"经验驱动"到"数据驱动"的转变，还使先导智能成为全球唯一能够提供焊接全流程数字化解决方案的设备商。

固态电池革命无疑是下一代电池的整线破局口。先导智能早早布局此赛道，经过多年潜心研发，在全固态电池领域，固态电池极片及固态电解质膜的制备工艺是电池制造的核心，不同的工艺将在极大程度上影响固体电解质膜的厚度和离子电导率。对此，先导智能聚焦"低能耗、低成本、高性能"的干法电极技术，自主研发干法电极设备，搭载多项先导自主研发系统，综合提升薄膜质量及离子电导率，全自动化工序保障电池良率与降本增效。

在混料段，先导干法电极高效混料机采用创新结构设计，可实现材料的高效混合与分散，且无须使用溶剂，避免因溶剂蒸发引起的电极分层，提升电极均匀性；先导干法粉体综合测试仪搭载自主研发的专用测试分析软件，可满足客户在配方开发、材料测评、工艺验证及质量评价等多场景的检测需求，助力干法电极工艺从实验室走向大规模量产。

在成膜段，基于多年辊压设备制造经验，先导干法成膜复合一体机可实现间隙双面同步复合，连续成膜，高效生产，且由于搭载高刚性、高精度辊压系统，设备可达到1μm以内的辊跳动，实现成膜的高度一致性，温度均匀性≤±0.5℃，处于行业领先水平。

同时，为进一步提升传统湿法涂布工艺下的固体电解质薄膜质量，先导创新研发超薄电解质膜制备设备，具有高生产效率、高生产质量、高自动化等显著优势。特别是在涂布环节，先导智能已研发出超薄全固态电解质涂布设备，可实现20μm以内的薄膜涂布，关键部件采用创新结构设计，为实现全固态电芯能量密度达到400Wh/kg以上且安全投产保驾护航。

先导智能自主研发的膜电极卷对卷生产线，成功攻克了超薄柔性聚合物基材的高速连续化操控难题，实现了膜电极卷对卷封装段的高精度生产。设备性能对标国际一流水平，助力国产燃料电池膜电极的生产效率大幅提高。在光伏TOPCon/BC领域，先导智能交付的GW级数字化整线电池转换效率超26.5%；针对钙钛矿技术，涂布、划线设备已进入中试阶段，为下一代光伏技术商业化铺路。

创新实践的另一个关键，是从“单一技术突破”向“整个产业链赋能”的升级。技术攻坚的同时，先导智能还深度参与客户的技术变革和低碳转型，打造出“全价值链+全生命周期”的低碳智造解决方案，在帮助全球客户提升效率、降低成本的同时，也带动了整个新能源产业链的协同升级。这种“技术深耕+生态共建”的模式，不仅让客户受益，更让中国装备在国际市场有了话语权。

二、人与机器的共生之舞

在智能制造的演进中，先导智能构建了数字孪生、AI赋能、标准护航三位一体的技术生态，实现人与机器的深度协同。这一技术体系不仅突破了传统制造的边界，更在技术精度、应用广度、行业影响力三大维度上形成了与竞争对手的显著差异。

先导智能将数字孪生技术应用于工厂的制造管理中，自主开发的数字化全流程研发平台，贯穿从客户需求到产品交付的全业务环节。通过数字孪生设计方式，在虚拟空间完成设备仿真、工艺验证和产线优化，使研发周期缩短40%，试错成本降低50%。

从“制造”到“智造”的蜕变，是一个智慧与勇气并行的长期过程。先导智能年均研发投入占比超11%，研发人员占比为30%，在中国的无锡、上海、珠海，以及德国等地建立了全球研发中心，形成“基础研究—应用开发—产业化”的创新链条。其AI技术应用涵盖三大方向：生产端通过AI视觉检测系统实现锂电池极片缺陷识别精度0.5μm，检测速度达5m/s，较人工效率提升20倍；运维端基于数字孪生的预测性维护系统，通过振动、温度等传感器数据，提前预警设备故障，使维护成本降低30%；决策端则利用AI工艺优化模型，通过大数据分析，为客户提供定制化参数方案，使整线综合效率提升15%。

先导智能还建立了国家级CNAS标准实验室和省级技术中心，覆盖人工智能、机器视觉、激光技术等12个领域，累计主导制定23项国家标准、37项行业标准。例如，锂电池设备领域，主导制定“锂离子电池极片激光切割设备技术要求”，推动行业设备精度从±10μm提升至±5μm；氢能装备领域，参与制定“碱性水电解槽技术规范”，建立了国产氢能设备的性能评价体系；智能制造领域，发布“新能源装备数字化车间建设指南”，为行业智能化转型提供了方法论。这些标准的制定，不仅提升了中国新能源装备的技术门槛，还使先导智能成了全球新能源装备领域的“规则制定者”。正是“技术精度领先、应用场景完整、标准体系完善”的三重优势，使先导智能在智能制造领域建成了难以跨越的“护城河”。

三、数字化智造新生态

站在“双碳”目标的历史节点，先导智能以“数字孪生设计平台”和“全流程质量云管理系统”为核心，构建起覆盖研发—生产—服务的数字化生态，推动智能工厂效率提升。不仅如此，通过“新质引擎”动力，实现自身从“设备供应商”向“生态构建者”跃迁——它不仅是全球新能源装备的技术标杆，还是推动人类迈向碳中和的价值标杆。这种标杆意义，既体现在技术创新的高度，也体现在生态价值的厚度，为中国智造在全球产业链中的角色升级提供了参考范式。

公司通过MES、ERP、SCADA等系统的无缝对接，实现了从订单管理到产品交付的全流程数字化系统集成；通过供应商协同平台（SRM），将采购周期从45天压缩至28天，库存周转率提升25%。在生产执行方面，公司通过MES系统实现生产数据实时采集，使订单交付周期缩短30%，产品合格率提升至99.5%。售后服务方面，公司则是基于物联网（IoT）的远程运维平台，响应速度从24小时提升至3小时。

不仅如此，先导智能的数字化生态已延伸至产业链上下游，与上下游伙伴共创生态价值。比如，在上游材料端与多家知名企业联合开发材料—设备协同仿真平台，通过AI算法优化材料配方与设备参数的匹配性，使材料利用率提升10%；在下游应用端则为宁德时代、LG新能源等客户提供数字化工厂托管服务，通过远程运维和数据分析，帮助客户降低能耗15%，人力成本减少40%。在产学研合作方面，与清华大学、上海交通大学等高校共建联合实验室，在固态电池、氢能电解槽等领域开展前瞻性研究，累计孵化技术成果27项。

从4680大圆柱电池的整线突破到固态电池的全球首倡，从AI焊接的精准效能到数字化生态的价值共创，先导智能以“技术深潜”重构行业标准，以“生态共建”赋能全球转型。这种单点突破与系统创新的辩证统一，不仅成就了先导智能的全球领先地位，更揭示了新能源装备行业的底层逻辑：唯有通过持续的技术深耕与生态协同，才能在绿色工业革命中占据战略制高点。

先导智能在技术战略上将继续聚焦于固态电池、AI智慧工厂氢能电解槽、钙钛矿光伏等前沿领域，投入30亿元建设未来技术研究院。在资本战略方面，公司推进“A+H”双资本平台建设，通过港股上市加速半导体装备、氢能关键材料等领域的布局，目标是未来海外业务订单占比达到50%。在生态战略方面，先导智能构建“装备—材料—服务”的产业联盟，与宁德时代、隆基绿能等头部企业联合研发，打造从设备到应用的全链条解决方案，推动全球新能源产业向“零碳智造”进化。站在“双碳”目标的历史节点，先导智能正以“技术+资本”双轮驱动开启新征程。

先导智能员工在车间调试装备

第三节　智造哲学：打造“长期主义后花园”

在新能源装备产业的技术跃迁与生态重构中，先导智能以科技与人文的交响、前瞻与落地的平衡、实力与温度的共鸣为核心，构建起独具特色的“长期主义后花园”。这一哲学体系不仅重塑了全球新能源装备的价值逻辑，更以"中国智造"的底层思维，为绿色工业革命提供了系统性解决方案。

一、科技与人文的交响乐

先导智能的智造版图，本质上是技术理性与人文关怀的有机融合。硬科技与软生态的辩证统一，是先导智能在全球化征程中的核心命题。作为全球唯一能够提供新能源智能装备整线解决方案的企业，先导智能以技术深潜构建起不可撼动的行业壁垒。与此同时，在全球化进程中，先导智能以尊重与融合化解文化冲突，形成独具特色的"跨国智造双螺旋"。

在德国奈拉的工业重镇，先导智能的欧洲工厂里，每天上午都会响起咖啡机的研磨声。身着工装的德国工程师们端着马克杯聚在休息区，这是他们雷打不动的"咖啡时间"。而在隔壁的调试车间，来自无锡的技术团队正与本地同事配合，井然有序地调试各工段设备——这种看似矛盾的场景，正是先导智能全球化征程的缩影：在保留本土文化基因的同时，植入中国制造业的效率密码。

2022年对德国高端装备制造工厂的全资收购，是先导智能欧洲战略的关键落子。这家曾为宝马、戴姆勒提供精密设备的老牌企业，带来的不仅是±0.02mm精度的激光焊接技术，还有对欧洲工业4.0标准的深刻理解。先导智能没有像传统并购那样进行"文化清洗"，而是让德国工程师继续主导技术研发，同时引入无锡总部的数字化管理系统，例如为大众集团萨尔茨吉特工厂设计的20GWh产线。德国团队负责核心工艺优化，中国团队负责开发和调试，实际投产时产能爬坡周期缩短30%。这种"技术双引擎"模式，让先导智能在2022年成为大众设备份额超过65%的供应商，甚至参与其240GWh超级工厂的规划。

这样的故事在先导智能的全球多个研发生产基地持续发生。依靠和谐包容的人才策略和平等专业的工程师文化，先导智能建立起全球化的人才网络，通过无锡、上海、珠海、德国建立全球研发中心，吸纳国际顶尖人才。

先导智能的实践揭示了一个朴素的真理：真正的全球化，不是技术的单向输出，而是不同工业文明的双向赋能。在高端装备制造领域，技术精度决定入场资格，而文化温度决定扎根深度。这种"技术+文化"的双螺旋策略，或许正是中国智造从"走出去"到"扎下去"的关键密钥。

二、前瞻与落地的平衡术

提前三年播种，当市场需求爆发时，技术已枝繁叶茂——董事长王燕清的这一理念，揭示了先导智能技术前瞻性与商业落地性的辩证逻辑。我们知道，仅仅有前瞻性的眼光显然是远远不够的，商业落地性是成功的另一个决定性因素。先导智能以“三本地化”策略（研发、制造、服务）实现了技术前瞻性与市场需求的无缝对接。

在欧洲市场，先导智能通过德国技术中心，开发适应欧洲工业4.0标准的智能工厂系统，设备交付周期大幅缩短。2024年，为宝马公司、大众公司提供的定制化锂电产线，通过本地化研发满足欧洲严苛的工业标准，在东南亚市场，以马来西亚、新加坡为支点，辐射印尼、越南、老挝、泰国等市场，为全球顶尖锂电池、新能源汽车客户的海外工厂提供整线解决方案。

为保障战略落地，先导智能构建了业财一体化数智系统，以财务经营主线驱动数字化转型，夯实运营底座。自2023年启动的财务数字化转型项目，通过业财系统的高度集成、项目生命周期财务管理的落地，实现了自动化和智能高效运营。该项目荣获“2024年鼎革奖-财务转型典范奖”，使财务处理效率提升40%，决策支持响应速度从24小时提升至4小时。同时，公司全力打造智能化企业绩效管理体系，实现业财连通的经营分析。例如，通过AI算法优化供应链成本，使采购周期从45天压缩至28天，库存周转率提升25%。从研发到交付的全流程质量云管理平台，则助力公司实现每一台装备100%质量追溯和管控，将产品合格率提升至99.5%。

当然，比商业化落地更考验企业智慧的，还是对未来的前瞻性把握。未来三到五年，面对全球新能源的爆发期，先导人明确了“全球化+平台化”两条腿走路的基本策略。首先，先导智能会继续砸重兵在技术研发上。在锂电领域，全固态电池整线方案已经进入量产验证阶段，这是下一代电池的核心赛道；而在光伏领域，N型设备产线全面升级，像0BB串焊机、XBC串焊机这些创新设备，已经在隆基、晶科的海外工厂投入使用，效率比传统设备高20%。其次，先导智能明确要进一步跟海外的优秀企业进行深度绑定、强化合作。比如跟美国ABF合作20GWh的锂电产线，跟法国蒂亚玛特公司（Tiamat）搞钠离子电池技术，这些合作不仅能让先导智能的设备符合当地标准，还能借助对方的渠道快速打开市场。再次，先导智能会进一步强化重点区域布局。如果中国电池企业去欧洲、中东、南美建厂，先导智能就提前在当地把研发中心和服务网点铺开，等着当地项目落地就能快速响应。最后，先导智能计划把全球服务网络织得更密。德国的物流中心仓的建立只是开始，接下来会在东南亚、北美建更多本地仓，保证设备配件24小时到位，售后团队48小时到现场——做装备制造业，服务响应速度就是竞争力。

正如先导智能董事长王燕清所言，先导智能的逻辑很简单：客户需要什么，我们就提前三年布局什么；全球市场缺什么，我们就带着中国方案补什么。四大核心思路不是口号，而是实实在在从车间里磨出来的竞争力。期待未来，先导智能打好这套组合拳，让中国智造在全球新能源装备市场持续站稳C位。

三、实力与温度的奏鸣曲

智造向善的公益理念，使先导智能在商业成功之外，更成为全面绿色转型的价值标杆。作为国内新能源装备领域首家公布碳中和目标的企业，先导智能以用能高效化、电气化、清洁化、数字化为四大支柱，系统推进低碳转型。

截至2024年年底，在国内，先导智能也在稳步推进屋顶分布式光伏项目建设，自有工程车实现100%电气化，进一步降低了运营碳排放。

先导智能在各个维度，都践行着节能降耗减排的诺言。在产品层面，公司推出"全价值链+全生命周期"新智造解决方案，帮助客户全工艺流程节能降耗。例如，先导智能率行业之先，开启产品碳足迹认证，帮助客户从源头实现碳目标。在供应链层面，通过建立供应商碳排放追踪机制，设计绿色采购策略，推动全供应链低碳转型。2024年，公司通过购买I-REC国际通用绿证，抵消了上一年度7000兆瓦时的外购电力消耗排放。

安全与环保从来都是企业发展的生命线。先导智能通过智能化安全监控系统，将安全事故率大幅降低，获评"ESG先锋企业"。例如，在德国工厂引入AI视觉检测系统，实时预警设备故障，使维护成本降低30%。为了加速环保创新，推动氢能装备国产替代。同时，通过设备微环境精细化控制技术，使锂电池生产过程中的VOCs排放量减少50%。

先导智能员工在调试设备

先导智能的公益理念不仅体现在资金捐赠上，还将社会责任深度融入企业创新基因、融入技术创新与产业实践。推进技术普惠实践的同时，先导智能还推动生态价值共建，与清华大学、中国科学院物理所等联合成立固态电池创新联合体，推动行业标准制定，降低技术应用门槛。截至2024年，该联合体已孵化技术成果27项，惠及100余家产业链企业。先导智能通过“技术创新—产业协同—价值共享”的三维模式，实现了从单向捐赠到可持续赋能的价值跃迁，为高端装备企业的社会责任实践提供了新范式。

从太湖之畔的自动化实验室，到横跨20个国家的全球智造网络，先导智能用25年时间诠释了长期主义的深层内涵。站在“双碳”目标的历史节点，先导智能正以智造哲学为指引，从“技术标杆”向“价值标杆”迈进——是全球新能源装备的隐形冠军，更是人类迈向碳中和的探路者。

企业家专访

筑牢全球新能源装备基石

——专访无锡先导智能装备股份有限公司董事长王燕清

《样本》：公司在近年来的跨行业投资与全球化布局中精准踩住了每一个关键节点，您认为核心因素是什么？

王燕清：先导智能的战略密码其实很朴素：靠技术积累看懂行业，靠奋斗赢得客户，靠专注执着铸就标杆。创业早期，我们花了七年时间把高压电容器卷绕机做到替代美国希尔顿，实现了国产设备从跟跑到领跑；后来又用七年时间把锂电装备市占率做到全球第一。我们的逻辑也很简单：要么不进这个领域，要进就砸资源、拼技术，必须做成行业标杆，这就是先导智能的"第一基因"。

我们从最开始搞高压电容器卷绕机，到现在能做锂电、光伏全产业链的整线方案，二十多年就没离开过设备技术这个根儿。真正钻进去，把每个工艺环节摸透，知道哪儿容易"卡脖子"，哪儿能提效率，才能在新能源装备这个复杂的领域里找到创新的点。我常说，先导智能每一步业务扩展全是被客户的需求"逼"出来的。客户对技术要求特别严苛，我们就把质量管控嵌入每一道工序——小到一个螺丝的公差，大到整线的稳定性，都按国际最高标准来。现在先导智能成了全球最大的新能源装备制造商。回头看，正是当年对"高端制造定位"和"满足客户需求"的极致追求，才使得我们有今天的成就。

《样本》：先导智能提出"全价值链+全生命周期"的新智造解决方案，围绕"超级生产线、智慧智造、零碳智造、全球智造"打造"护城河"，这个战略是如何出台，又是如何落地的？

王燕清：新能源行业已进入"交钥匙工程"时代。主要是基于两个大的行业判断。首先，新能源行业早就过了"单打独斗卖单机"的阶段，现在客户要的是整线交付能力——从原材料进厂到成品下线，甚至包括后续的运维服务，都得一站式搞定。其次，全球都在搞"双碳"，制造模式必须往绿色化、智能化转型，这不是选择题，而是必答题。所以2023年我们提出四大核心概念，就是从材料研发、生产工艺、绿色能耗到全球交付，把电池制造全流程串联起来，帮客户实现"智能制造+低碳生产"两手抓。

说到落地，其实先导智能这些年一直在攒家底。比如超级生产线，我们早在给某知名企业做整线时就在打磨，现在能做到从电极涂布到电池组装的全流程自动化，效率比行业平均水平快30%；智慧智制造这块，我们自研的LEADACE穹顶系列智能平台，通过智能算法赋能锂电精益制造，围绕设备预测性维护和产品质量提升两个核心方向，已开发出超过50个AI应用场景；零碳智造更不用说，先导智能率行业之先发布了碳中和计划，承诺到2030年年底将在公司核心运营层面实现碳达峰，到2035年年底在核心运营层面实现碳中和，同时，先导智能致力于绿色产品设计的优化与革新，通过高碳原材料的替代、产品耗材的减少以及工艺制造流程的优化，从源头降低产品的碳足迹。同时，公司积极推进产品碳足迹的测算与核查工作，有力支持下游客户减碳目标；全球智造则是跟着客户出海节奏走，德国工厂去年刚启用物流中心仓，欧洲客户下单后交付周期直接砍半。这一切都是我们持续打造“护城河”的举措。

《样本》：先导智能一直靠科技创新推动产业创新，核心产品技术全球领先。谈谈您对企业家创新精神以及先导智能产业自信提升的实践和思考？

王燕清：过去十年，中国新能源产业从“技术跟随”迈向“全球引领”的黄金时代。面向未来，先导智能仍会把创新作为核心驱动力，在固态电池、氢能装备这些新赛道持续深耕。我们的目标很明确：让“中国创新”成为全球能源转型的核心动力，用技术自信支撑产业自信，让世界看到中国制造业的硬实力。

我觉得企业家精神的核心是“敢为人先”的勇气和“长期主义”的耐力。2010年前后，全球锂电设备基本被日本和韩国的企业垄断，当时松下提出要把设备效率从20ppm提升到30ppm，这在业内几乎是不可能的任务。我们团队闭关两年反复调试，硬是把核心技术啃下来了，成为松下的供应商。这些年，对技术的极致追求使我们在固态电池、TOPCon/BC光伏这些前沿领域始终能“提前半步”布局——比如2015年光伏行业低谷时，大家都在收缩，我们反而投入TOPCon设备研发，2023年相关订单超过20GW，这就是提前布局的价值。

《样本》：未来三到五年，公司在欧美、亚洲新兴市场等国际市场业务战略布局上，有哪些差异化策略？在产能布局上，先导智能将怎样结合当地政策、成本因素等进行安排呢？

王燕清：面对“绿色经济主导、技术加速迭代、区域市场分化”的趋势，先导智能把“技术引领、精益敏捷、全球发展”作为战略主线，用自身的确定性来应对全球经济的不确定性。

首先，在应对地缘政治挑战方面，合规是基础。我们会严格遵守中国和目标市场的法律法规，跟海外客户、合作伙伴保持紧密沟通，确保所有出口业务合法合规。其次，在市场策略上，我们会区分成熟市场和新兴市场。欧美属于成熟市场，尤其是欧洲，是公司海外业务的重心。我们依托德国总部，2022年全资收购了一家欧洲自动化企业，2024年启用了欧洲物流中心仓，构建了"能力中心+物流网络"的双支撑体系，专门为宝马公司、大众公司这些客户提供定制化的高端智能装备解决方案，发挥技术标准引领的优势。而东南亚、中东、墨西哥等新兴市场，需求增长也非常快。我们在当地设立分支机构，一方面紧密对接中资企业的海外基地，另一方面服务本土客户持续优化成本，实现设备的快速交付和技术适配，以快速响应抢占市场先机。目前，我们在全球有18家海外分子公司，未来会继续深化"技术本地化+服务前置化"策略——在高端市场靠技术标准说话，在新兴市场靠快速响应占位，助力全球新能源产业的低碳转型和效率提升。

专家点评

新能源装备领域“卖铲人”的典范

先导智能自2015年登陆创业板以来，以“技术立企、创新驱动”为核心战略，在全球新能源产业链中扮演了“卖铲人”的关键角色。

公司深耕锂电池、光伏、氢能等高端装备领域，凭借高精度、高自动化的设备研发能力，成为多家行业巨头的核心供应商。

在锂电池装备领域，先导智能全球市占率超30%，核心设备如卷绕机、涂布机技术指标国际领先，支撑全球超70%的动力电池产能；在光伏设备领域，单晶硅切片机市占率超40%，薄片化切割技术助力客户硅片厚度突破100μm以内；在氢能装备领域快速布局，电解槽设备已进入国电投、隆基氢能等头部企业供应链。

2015年上市后，公司通过IPO及定增累计融资超50亿元，研发投入常年占营收10%以上（2022年达18亿元），累计申请专利超2500件（其中发明专利500余件）；全球员工超1.5万人，研发团队占比为30%，其中硕博人才超2000人，形成“工程师红利”驱动创新的独特模式。这一系列成就背后，先导智能的发展路径为科技型企业提供了三大核心启示。

一、坚守装备制造主业，以“质”而非“量”定义竞争力

新能源产业链分为上下游两大阵营：一是生产终端产品的“淘金者”（如N型TOPCon电池、储能系统企业），二是为“淘金者”提供工具的“卖铲人”（装备制造商）。先导智能选择了后者，通过技术深耕而非规模扩张构建护城河，其底层逻辑在于以下方面。

（一）产业分工的本质差异

装备企业是“技术金字塔”的底座。装备制造是典型的技术密集领域，设备精度、稳定性和定制化能力直接决定下游产品的良率与成本。例如，锂电池卷绕机的速度从12ppm（每分钟产出数）提升至30ppm，可将客户产能提升150%，而精度误差需控制在±0.1mm以内，技术壁垒极高。

产品企业是“规模经济”的主战场。光伏组件、动力电池等终端产品依赖产能扩张和成本控制。以宁德时代为例，其动力电池产能从2016年的8GWh扩张至2022年的

400GWh，但毛利率从40%降至18%（2023年数据），凸显规模化竞争的红利与压力。

（二）先导智能的"以质取胜"策略

技术定制化：针对客户工艺差异（如特斯拉4680大圆柱电池与比亚迪刀片电池），提供非标设备解决方案，避免陷入价格战。

全产业链覆盖：从锂电池前段（电极涂布）、中段（电芯卷绕）到后段（化成分容），实现整线设备自主化，单机设备毛利率超40%，远超行业平均水平。

抗周期能力：即使下游产能过剩（如2023年光伏行业库存积压），装备企业仍可通过技术迭代（如TOPCon电池设备升级）维持订单增长。

这一路径启示，在技术密集型领域，"卖铲人"的生存法则在于持续攀登技术高度，而非盲目追逐市场规模。

二、上市企业的规范性，构建跨越式发展基石

企业成长路径可分为两类：一类是通过上市融资加速扩张（如先导智能、宁德时代），另一类是保持非上市状态以规避股权分散风险（如华为）。先导智能的选择证明，上市虽然并非唯一路径，但对企业规范性、公信力和资源整合能力的提升具有不可替代的价值。

（一）上市企业的"规范性红利"

融资能力：2015年上市后，先导智能通过定向增发、可转债等工具累计融资超50亿元，支撑其常州、德国智能工厂建设，产能扩张速度提升300%。

公信力背书：上市公司的财务透明度和治理规范性，使其成为宁德时代等客户的"首选合作伙伴"，订单获取周期缩短50%。

人才吸引力：股权激励计划覆盖超1000名核心员工，2022年人均薪酬达25万元，高于行业均值30%。

（二）与非上市路径的差异化逻辑

华为模式：通过内部股权激励和银行信贷维持控制权集中，适合需要高度战略自主性的企业。

先导智能模式：借助资本市场快速整合资源（如收购珠海泰坦以补足锂电池后段设备能力），更适合技术迭代快、资本需求高的装备行业。

先导智能的经验表明：上市不仅是融资工具，还是企业治理升级和全球化竞争的入场券。

三、多元化创新，锻造高质量增长引擎

先导智能的多元化创新并非盲目跨界，而是围绕核心技术能力的横向延伸与纵向深

化，其策略包括以下方面。

（一）人才战略：全球引智与本土培育并重

“工程师文化”驱动：创始人王燕清出身技术背景，公司管理层中研发人才占比超60%，形成“技术决策主导”的治理结构。

全球化人才网络：在德国慕尼黑、美国底特律设立研发中心，引进半导体设备、工业软件等领域专家，团队国际化比例达15%。

产学研融合：与清华大学、弗劳恩霍夫研究所共建实验室，将学术成果转化为设备原型（如氢能电解槽膜电极技术）。

（二）数智化转型：从装备制造到工业互联网

智能工厂：应用数字孪生技术模拟设备运行，交付前调试周期从3个月压缩至1个月。

工业互联网平台“先导云”：接入超10万台设备，通过大数据分析预测故障率，客户设备停机时间减少40%。

AI赋能制造：机器视觉系统实现电芯缺陷检测准确率达99.9%，替代90%的人工质检岗位。

（三）研发投入：技术储备与风险对冲

高强度投入：2022年研发费用为18亿元，占营收的11.5%，其中30%投向氢能、钙钛矿等前瞻领域。

技术复用逻辑：将锂电池设备的精密控制技术迁移至光伏切片机（精度提升至±5μm）、半导体封装设备，研发成本降低20%。

风险分散：布局氢能电解槽、储能系统集成等新业务，2023年新兴业务营收占比突破15%，降低对锂电设备的依赖。

先导智能的成功，本质上是“技术信仰+资本赋能+治理创新”三位一体的成果。其启示在于：专注技术深水区——在产业链分工中找准“卖铲人”定位，以技术高度定义竞争维度；善用资本杠杆——通过上市构建资源整合能力，但需以规范治理为前提；动态多元化——围绕核心能力延伸创新边界，避免陷入“伪创新”陷阱。

在碳中和与工业4.0的浪潮下，先导智能的发展路径为中国科技企业提供了一个可复制的高质量发展范式：以技术为锚点，以资本为风帆，在全球产业链中争夺“不可替代性”。这一逻辑，或将重绘未来十年中国制造的全球竞争力图谱。

王培红　东南大学长三角碳中和战略发展研究院副院长
东南大学能源与环境学院教授

第四章
创新无界，进无止境

——苏州迈为科技股份有限公司

- **楔子：** 姑苏烟雨中，破茧成蝶时
- **企业概况：** 泛半导体领域高端装备创新者
- **创新解读：**

  第一节　从追赶者到领跑者的蜕变

  第二节　破壁、开拓、领航，创新之路这样炼成

  第三节　技术突破+责任担当，锚定绿色发展方向
- **企业家专访：** 初心如磐，奋楫笃行
- **专家点评：** 如琢如磨，追求极致

楔　子

姑苏烟雨中，破茧成蝶时

苏州，一座枕在太湖臂弯里的城市，也是一方能让理想生根的沃土。做“苏州工匠”何其有幸——这里有太湖烟波的灵动，有运河古韵的沉淀，有园林雅致的精微，更有千年丝绸之路上流淌的开放基因。她以水为魂、刚柔并济，用吴侬软语讲述着硬核创新的故事。

2010年，周剑带着数人从鹏城来到吴江，在太湖之滨开启了一场与光共舞的创业长跑。当第一台自主研发的丝网印刷设备在临时厂房点亮指示灯时，没人料想到这个零起步的团队，会在当年迅速撕开国际巨头垄断的裂缝，更不会想到他们能用六年时间就做出了国内市占率第一的产品——太阳能电池丝网印刷整线装备。他们以“敢为天下先”的勇气，以自主创新为笔，在光伏设备领域绘就了惊艳世界的画卷。

2019年，当传统PERC电池技术的量产光电转化效率接近瓶颈时，迈为股份又通过自主创新，迅速研制了国内首套高效率、大产能、低成本的异质结高效电池整线设备，率先实现其国产化，并于2021年获得该设备的全球市占率首位；当别人在传统赛道追逐时，他们已将目光投向新型显示与半导体封装的技术高峰；当常人满足于单点突破时，他们用真空、激光、精密装备三大技术平台编织创新网络。就像专为工匠生产刻刀的大师，在半导体封装关键设备领域，基于晶圆混合键合工艺，迈为股份首创性地开发了3D封装成套工艺设备解决方案，打破技术壁垒的同时降低产业链成本。

如今的迈为股份，正如金鸡湖畔蓬勃生长的东方之门，既传承着苏州园林“咫尺之内再造乾坤”的智慧，又展现出“一纵一横通天下”的格局。太湖的水汽氤氲着创新灵感，运河的波涛激荡着进取精神，这座城市用2500年的文明积淀，托举起中国高端装备制造的新高度。在这，人们看到的不仅是技术的突破，还是一个民族工业品牌在长三角这片热土上，书写着属于这个时代“天工开物”的创新篇章。

企业概况

泛半导体领域高端装备创新者

苏州迈为科技股份有限公司（以下简称迈为股份，股票代码300751）于2010年9月成立，是一家集机械设计、电气研制、软件开发、精密制造于一体的泛半导体高端装备制造商。

公司面向太阳能光伏、显示、半导体三大行业，立足真空、激光、精密装备三大关键技术平台，研发、生产、销售智能制造装备，主要产品包括全自动太阳能电池丝网印刷生产线、异质结高效电池制造整体解决方案、OLED柔性屏激光设备、MLED全线自动化设备解决方案、半导体晶圆封装设备等。

迈为股份凭借卓越的技术实力和优质的产品质量，在全球范围内赢得了广泛认可。公司已在新加坡、美国等地设立了销售网络和服务中心，产品远销世界各地。

迈为股份总部产研中心，占地283亩

一、零起步，光伏异质结电池设备全球领先

2010年，公司成立之初便成功研制出国内首套太阳能电池丝网印刷整线量产设备，并于2012年取得第一项发明专利和软件著作权。此后，迈为股份不断深耕技术，提升产品性能。2018年，公司太阳能电池丝网印刷生产线全球市占率跃居首位，并延续至今，填补了国内相关技术领域的空白。

2018年11月9日，迈为股份在深交所创业板上市。2018年至今，公司的太阳能电池丝网印刷生产线全球市占率位居第一；2019年，公司率先实现了异质结高效电池生产线的国产化，2021年，异质结整线设备首次出口海外，彰显了迈为股份在全球光伏装备制造业中的领先地位。同年起，该设备全球市占率位居第一并延续至今。2023年，公司成功研发了双面微晶异质结高效电池技术及其整线制造装备，推动了异质结电池量产转换效率的大幅提升，为光伏行业带来了更先进的降本增效方案。

迈为股份以强大研发团队与先进实验室为基石，立足真空、激光、精密装备三大技术平台，建成了国家企业技术中心、江苏省企业技术中心、江苏省工程技术研究中心、国家级博士后科研工作站、江苏省工程研究中心、半导体精密装备先进技术研究院这六大研发机构。截至2024年年底，公司累计取得了640项专利及197项软件著作权。顶尖的技术、卓越的产品及优质的服务，让迈为股份受到行业的高度认可，荣获国家技术发明奖、国家

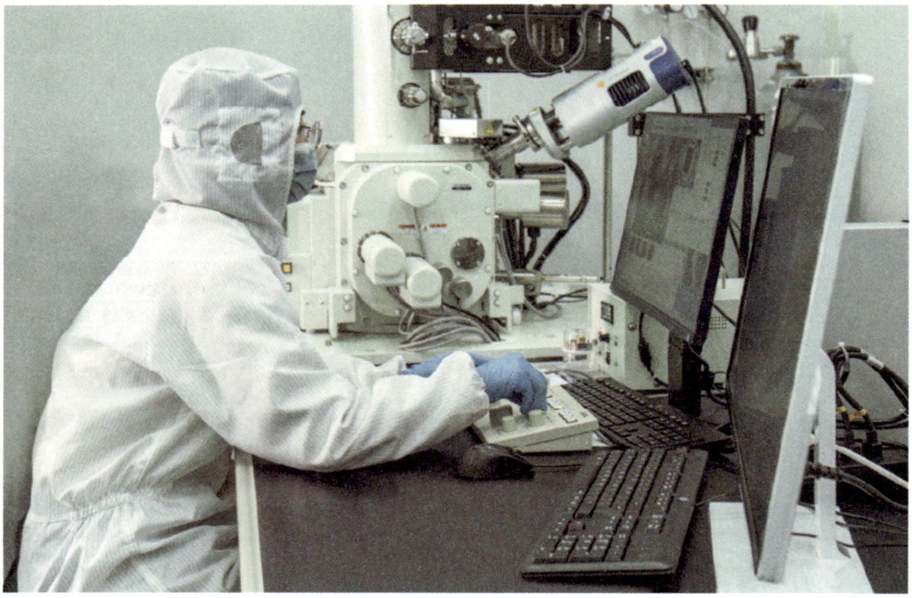

迈为股份实验室——分析检测中心

制造业单项冠军产品/企业、国家技术创新示范企业、国家能源领域首（台）套重大技术装备项目、江苏省企业技术创新奖等国家级、省市级奖项共计三十余项，公司还获评2024年《财富》亚洲未来30强、2024年《财富》中国科技50强，并连续四年（2021—2024年）获评胡润中国500强，五度蝉联上市公司金牛最具投资价值奖。

二、再出发，瞄准泛半导体高端装备领域

迈为股份将目光瞄准了显示与半导体行业，并持续拓展业务版图。基于真空、激光、精密装备三大核心技术平台，公司面向太阳能光伏、显示、半导体三大行业提供智能制造高端装备，涵盖OLED柔性屏激光设备、Mini/Micro LED整线工艺解决方案、半导体晶圆封装设备等，加速推进泛半导体领域的国产化进程和技术升级。

在显示行业，迈为股份自主研发并且率先实现了OLED G6 Half激光切割设备、OLED弯折激光切割设备的国产化，产品量产稳定性、产量、良率均处于行业前沿水平，有效实现了国产化替代。特别是针对Mini/Micro LED技术商业化落地的需求，公司提供了全面的整线工艺解决方案，助力客户提升生产效率和产品质量。

在半导体行业，迈为股份已成为半导体封装工艺整体解决方案开拓者，集“核心部件、高端装备、关键耗材、先进工艺”于一体，聚焦半导体泛切割、2.5D/3D先进封装，提供封装工艺整体解决方案。公司不仅率先实现了半导体晶圆激光开槽、激光改质切割、刀轮切割、研磨等装备的国产化，还自主研制了主轴、超精密升降台等核心部件及磨轮、刀轮等主要耗材，巩固了产业链的安全与稳定。此外，在晶圆键合设备领域，公司成功开发了全自动晶圆临时键合设备和晶圆激光解键合设备，以及全自动混合键合设备等多款新产品，进一步满足了行业对高密度、小尺寸、高性能产品的需求，助推半导体器件微型化和更高集成度。

展望未来，迈为股份将继续以技术创新为核心，深化在光伏、显示、半导体三大行业的战略布局，扩大三大基地的制造能力，打造“中国智造”标杆。同时，公司将持续推进国际化战略，努力实现营收与利润的稳健增长，为全球客户提供更加优质的泛半导体高端装备及相关技术解决方案。

创新解读

第一节　从追赶者到领跑者的蜕变

无论是化石燃料、风能还是地热能，其本质都是太阳能的不同转化形式。在这场全球能源转型浪潮中，太阳能光伏发电以其清洁、高效、可持续的特性，正成为推动能源革命的核心力量。中国光伏产业用短短20余年时间，实现了从技术引进到全球引领的跨越式发展——从无到有，从默默无闻到全球第一，从“借船出海”到“扬帆远航”。这一跨越不仅是技术突破的奇迹，还是中国企业在充分国际竞争环境下，通过自主创新突破重围的典范。在原料、技术、市场和设备等产业基础领域，中国光伏产业同样完成了从无到有、从追赶到领跑的华丽转身。探究这些“破壁者”的崛起密码，“硬核创新”始终是最关键的注脚。

一、技术突破：从“四头在外”到全球领先

中国光伏产业的早期发展，曾因技术落后陷入“四头在外”（原料、技术、市场、设备）的困境。中国光伏产业的萌芽是2001年无锡尚德的成立，被誉为“中国光伏之父”的施正荣，在2001年带着积累了14年的光伏专利技术和产业经验回国创业，此时，全球光伏产业正处于高速增长期，德国“屋顶计划”等政策推动了对光伏组件的全球采购需求。在中国，当时生产的光伏产品90%以上出口到国外市场，对外依存度极大。这一阶段的中国光伏产业，本质上是“借船出海”的模式：依赖国外市场、技术和资本。正如一位能源专家所言：“一个没有根儿的企业，全靠海外市场支撑，原料、技术、市场以及设备全在海外，能有主动权吗？”当时，全球光伏产业的技术高地被欧美企业垄断，中国企业的核心设备和材料几乎全部进口。

2010年以后，中国光伏企业开始加速技术迭代。迈为股份正是这一年开始创业，与国内同行一道，通过不断自主创新，追赶并超越国外同行，使中国光伏产品在国际市场上具备了价格与性能的双重竞争力。

时至今日，中国光伏产业正加速向下一代技术高地进发——异质结与钙钛矿电池正成为技术突破的“双子星”。异质结技术凭借29.2%的理论效率上限、优异的效能优势、广

阔的降本空间及低碳足迹特点，已成为新一代高效N型技术重要路线之一，2021—2024年，国内异质结电池产业化进程显著提速。

而钙钛矿与晶硅叠层电池的理论光电转化效率可达43%。2025年，我国光伏企业在晶硅-钙钛矿叠层电池领域再创佳绩，实验室效率攀升至34.85%。以行业领军企业迈为股份为例，其建设的4MW钙钛矿-异质结叠层电池实验线，已在标准182mm×182mm硅片上实现29%的叠层电池效率，展现出强大的技术转化能力。随着异质结技术在转换效率、生产成本和产业链协同方面的持续突破，这一技术路线正加速向市场渗透，有望成为推动光伏行业新一轮“效率革命”的核心引擎。

光伏设备的国产化是技术突破的关键。早期，光伏生产设备（如硅片切割机、电池片镀膜设备）几乎被欧美企业垄断。如今，中国设备厂商已实现从“跟跑”到“领跑”的跨越。以丝网印刷设备为例，迈为股份最新一代双头双轨太阳能电池丝网印刷生产线，印刷产能可达9600片/小时，碎片率可小于0.2%，印刷精度可达±6μm，显著提升了客户端电池制造的产能及良率，打破了海外垄断，完全实现了国产化。激光切割设备，奥特维、杰普特等企业推出的激光划片机，精度达微米级，显著提升组件良率。真空镀膜设备，迈为股份的PECVD设备已应用双面微晶技术实现HJT电池的高效镀膜，助力客户量产效率趋近26%。

迈为股份太阳能电池丝网印刷机

二、国产化率的跃升：从“中国制造”到“中国智造”

中国光伏产业的市场逻辑经历了从“出口导向”到“内需驱动”的根本性转变。这一过程既受国际政策环境的影响，也与国内市场需求的爆发密切相关。

2005—2012年，中国光伏组件90%以上出口欧美市场。无锡尚德的崛起正是这一阶段的缩影。然而，过度依赖海外市场埋下了隐患：2012年欧美“双反”调查导致中国光伏企业出口骤降，尚德因现金流断裂破产重组。这一事件暴露了“四头在外”模式的脆弱性——技术受制于人、市场单一、产业链控制力薄弱。

中国光伏产业自2013年起开启“双循环”发展新格局，国内市场与国际市场协同发力。早在2009年，国家能源局启动的“金太阳工程”就为国内光伏应用埋下种子；到2021年，“整县推进”试点工作更将分布式光伏发展推向新高度。在政策大力支持下，2024年中国光伏新增装机量已占据全球约55%的市场份额，稳居世界第一大光伏市场。

当前，全球光伏市场呈现多元化的格局。中国、欧洲和美国依旧是主流增量市场，2025年光伏新增装机预计占全球所有增量的71.6%。不过在高基数效应下，其增速逐步放缓，装机占比呈现下滑态势。中国光伏企业积极开拓全球版图：在东南亚市场，越南、印度等国光伏需求呈现爆发式增长；在“一带一路”沿线国家，非洲、中东等地区的分布式光伏项目正成为中国企业开拓的“新蓝海”。这种“以内促外、以外带内”的发展模式，不仅彰显了中国光伏产业的全球竞争力，更构建起多元化的市场格局。尽管中国光伏企业占据全球主导地位，但行业内部竞争加剧。2024年，光伏组件价格一度跌破0.6元/W，利润空间被大幅压缩。企业开始探索差异化竞争路径，如向下游电站运营延伸，构建“制造+运营”一体化模式；通过钙钛矿、HJT等新技术抢占高端市场，避开价格战。

国产化率的提升是中国光伏产业崛起的核心标志。从设备到材料，从工艺到标准，中国企业正逐步掌控产业链话语权。

以硅片制造设备环节为例，晶盛机电目前8–12英寸大硅片设备已基本实现国产化。除检测环节外，国产设备以其优异性能、优质服务以及供应链安全优势，已逐步占据主要市场。

在芯片制造设备环节，受益于政策支持与产业需求驱动，我国设备产业生态加速完善，国产化程度快速提升。当前，去胶、清洗、刻蚀设备国产化率较高；CMP、热处理、薄膜沉积等设备近年取得关键突破；量测、涂胶显影、光刻、离子注入等设备的国产化率仍待提升。

在电池片设备方面，迈为股份的异质结（HJT）整线设备覆盖制绒清洗、PECVD真空镀膜、PVD真空镀膜、丝网印刷全流程，客户包括通威太阳能、阿特斯、华晟新能源等头部企业。

组件封装设备方面，先导智能的串焊机、叠焊机已实现国产化替代，良率提升至99.9%。

核心材料的自主可控从另一个维度保障了国产化率的提升。2024年，中国多晶硅产量占全球80%以上。国内企业的逆变器设备出货量，占据全球市场份额前五，技术指标领先国际。

如今，中国光伏产业已构建起以标准与专利为核心的“软实力”护城河，实现了从技术跟随者到全球引领者的历史性跨越。由中国主导制定的IEC 61215光伏组件测试国际标准已获得全球广泛认可，彰显了中国在光伏领域的话语权。专利布局方面更具突破性——《光伏产业专利发展年度报告（2024）》显示，截至2023年年底，中国光伏专利申请总量突破16.6万件，有效专利保有量达7.3万件，积淀且构筑起坚实的技术壁垒。

目前，中国光伏产业在原材料、核心技术、市场规模及设备制造等全产业链环节都名副其实独占鳌头，引领全球。这种全产业链优势的形成，为半导体、人工智能等高端制造领域突破技术封锁提供了宝贵经验。虽然目前在半导体高端制造等部分领域，我国仍处于追赶阶段，但光伏产业的崛起之路证明：通过持续的技术创新和专利布局，从“跟跑”到“并跑”再到“领跑”的跨越完全可能实现。未来，这种发展模式将继续为中国高端制造业突破“卡脖子”困境提供可复制的成功路径。

无数的经验和教训揭示——技术创新是核心竞争力，而产业链的自主可控是根本。

第二节　破壁、开拓、领航，创新之路这样炼成

为解码“杭州六小龙”背后的科技生态，浙江省政协原副主席、浙江省科技厅原厅长周国辉所著的《有为与有效》一书中指出：在坚持正确的科技和产业方向与路径的前提下，专注和长期主义是企业成功的两大法宝。

创新是企业永葆生机的核心密码，需要长期的专注与坚守。然而，创新极富挑战性，其结果具有高度的不确定性。只有大胆创新、专注创新的企业家方能成功屹立于时代潮

头。它更多取决于企业家的想象力和判断，是在坚持不懈的创新实践中不断积淀的智慧精华。

作为国民经济的主体，制造业承载着立国之本、兴国之器、强国之基的历史使命。其中，高端智能装备堪称“中国制造”最关键的“底盘技术”。然而现实表明，在这一战略领域，仅有1%的领军企业能够实现生产工艺革新与新技术突破。这一数据既揭示了我国制造业的短板，也指明了未来转型升级的突破方向——唯有培育更多具备原创能力的创新主体，才能真正实现从“制造大国”向“制造强国”的跨越。

周剑和他的团队，向着这个1%的目标，踏上艰难而又神圣的创新之途。

一、迎难而上的“创新者”

迈为在公司初创时就确立了“自主创新”路径，不模仿、不擦边侵权，以“自主研发+技术迭代”为核心的发展路径，重点突破了高精度丝网印刷设备的核心技术壁垒，而非依赖模仿或授权。在高端装备领域，迈为股份也是少有的没有发生与海外公司涉及专利侵权或知识产权纠纷的企业。

迈为股份在创业的第一年独立设计、研制出了国内首套太阳能电池丝网印刷整线设备，并成功将其推向市场。2012年，迈为股份又取得与丝网印刷相关的第一项发明专利、第一项软件著作权。而后数年，迈为股份对标实力雄厚的国外友商，太阳能电池丝网印刷生产线从追赶、并跑到赶超，终于在2016年跃居国内市占率第一，2018年实现全球市占率第一，并延续至今。

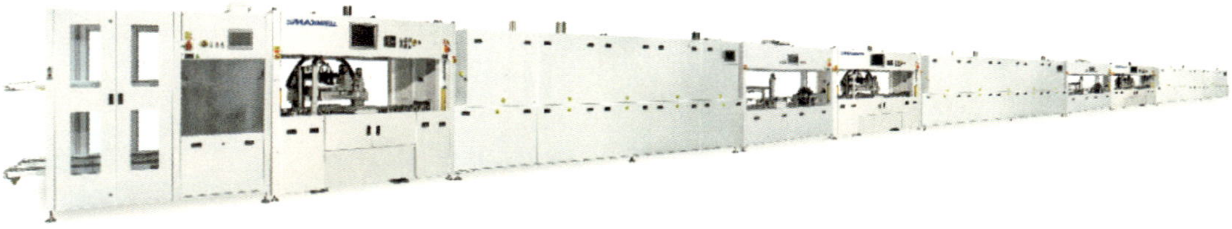

迈为股份太阳能电池丝网印刷生产线

迈为股份的每一个技术突破，都镌刻着迎难而上的创新印记；每一次升级，都彰显着自主创新的硬核实力。

2020年6月，瑞士光伏设备制造商Meyer Burger（梅耶·博格）公司正式宣布，从生产设备供应商转变为电池和组件制造商。新闻的背后，业内人都明白一个事实——梅耶·

博格在光伏设备的市场竞争中已无法立足，退出了光伏成套生产线设备的竞争，从而转型组件制造。

剖析迈为股份逆风生长的原因，除了“创新”，还是“创新”，迎难而上的“创新”。这种迎难而上的创新精神，不仅铸就了持续领先的产品优势，更推动着公司不断突破技术边界——当丝网印刷设备市占率问鼎全球时，当PERC电池量产效率逼近理论极限时，迈为股份总能以归零心态开启新一轮技术突围，在光伏技术迭代的浪潮中始终勇立潮头。早在2019年前，迈为股份就选择了HJT异质结高效电池技术作为公司在光伏设备发展的战略方向。并于2019年，成功实现核心真空镀膜设备（PECVD、PVD）的国产化，推出第一代HJT电池整线设备。这些设备突破了多项“卡脖子”核心技术，包括Inline多腔体准动态PECVD镀膜技术、分层高品质非晶硅钝化镀膜技术等，大幅提升了HJT电池的量产效率，同时有效实现成本控制。2021年，迈为股份的PECVD真空镀膜量产设备不仅被纳入国家能源领域首台套重大技术装备项目，异质结高效电池整线设备还实现了首次对外出口，跃居全球市占率第一。

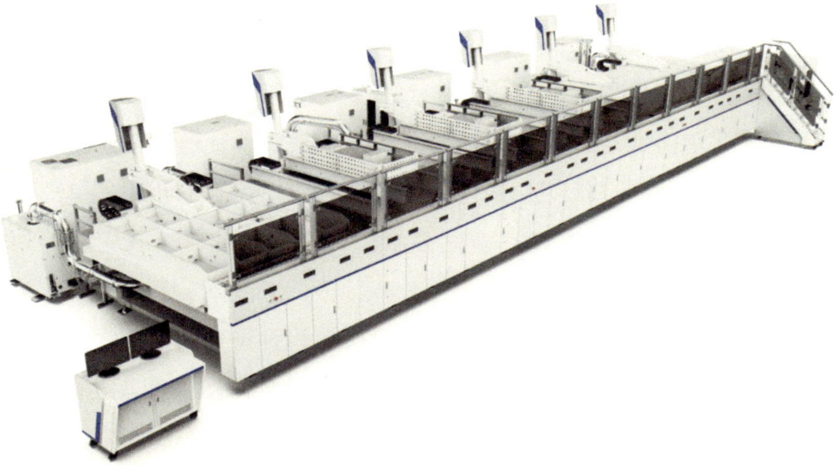

迈为股份异质结电池PECVD真空镀膜设备

2022年，迈为股份进一步扩大出口规模，与海外客户签订了4.8GW HJT整线设备订单。

迈为股份的反向出口不仅推动了中国光伏产业链的技术升级，也加速了全球HJT技术的产业化进程。通过设备出口，中国企业从“进口替代”转向“技术输出”，助力海外客户实现降本增效，同时巩固了中国在光伏高端装备领域的话语权。

2024年4月，迈为股份全新GW级双面微晶异质结高效电池整线设备交付给全球光伏电池头部企业，6月首片电池下线，8月具备稳定量产能力，有望成为行业中最先进的异质结产线。

回望中国光伏装备的逆袭之路，是一部波澜壮阔的国产化奋斗史。曾几何时，我国光伏产业的核心设备几乎全部依赖进口，关键技术被国外企业牢牢垄断。而今，通过持续自主创新，中国装备企业已实现从硅料提纯到组件封装的整线装备自主可控，彻底打破了国外技术封锁。这场装备革命带来的是全方位的产业跃升：国产化设备的广泛应用，更使得光伏产业的生产成本大幅降低；国产设备的不断进步，推动了光伏产业的技术升级和产业链完善。从多晶硅、硅片到电池、组件，各环节的设备国产化率不断提高，使得中国光伏产业在全球市场中占据了重要地位。更令人振奋的是，中国光伏装备已出口至全球60多个国家和地区，成为推动世界能源转型的"中国力量"。

二、进无止境的开拓者

元宇宙、人工智能……一个个崭新的高科技呼啸而来，但这些高科技要落地，没有半导体都是空中楼阁。这就是基础逻辑。

迈为股份在研制丝网印刷设备后，把真空技术、激光技术，以及精密装备的技术，打造成三大底层平台，然后依次沿光伏、显示和半导体三个领域迈进，三个方向，三三得九刚好形成了一个九宫格战略，迈为股份的产品战略是从单赛道变为三个赛道齐步发展。元宇宙最核心的显示技术是AR，Micro-LED极有可能成为具有颠覆性和变革性的下一代主流显示技术，并进一步拓展到AR、空间显示、可穿戴设备、车载应用等领域。而半导体技术的背后就是装备与材料。

在光伏设备领域稳健发展的同时，迈为股份前瞻性地布局开发了显示行业的OLED设备、Mini/Micro-LED设备，以及半导体行业的晶圆封装设备，实现了核心装备的国产化，可以说迈为在元宇宙等窗口打开前，已经布局卡位，当一个新应用开花落地，新的技术竞争力与业务增长点也已悄然成长。

自2018年起，迈为股份在OLED装备领域展现出了创新实力，成功打破了国外设备长期以来的垄断地位。公司在国内首次自主研发出FLC、E-peeling等先进设备，实现了国产化替代。

与此同时，Mini LED和Micro LED作为下一代显示技术，已经成为行业内的普遍共识。在Mini LED技术商业化的进程中，迈为凭借其卓越的研发能力，成功研发出高精度印刷、飞行刺晶和激光键合等关键技术以及整线装备。这些技术和装备在效率、性能和良率等方面具有明显的优势，目前已经顺利进入量产阶段，为Mini LED技术的大规模应用奠定了坚实的基础。

迈为股份 Mini LED 飞行刺晶巨量转移设备

在 Micro LED 领域，迈为股份更是积极与战略合作客户携手共进，共同挑战研发相关工艺。经过不懈的努力，迈为股份成功开发出激光剥离、激光巨量转移和激光键合等核心制程关键设备。

在半导体集成电路装备领域，当国外封装设备和材料在市场上占据绝对优势时，迈为股份全力开发国产磨划工艺和键合工艺涉及的关键装备，以满足国内市场的迫切需求。

在半导体磨划关键装备领域，迈为通过自主研发核心部件、整机集成以及关键耗材，成功打破了长期以来的技术壁垒。公司成功研制并量产了一系列封装设备，包括半导体晶圆研抛一体设备、晶圆激光开槽设备、等离子体晶圆切割设备、晶圆扩片设备、IGBT 晶圆研磨设备、全自动晶圆临时键合设备、晶圆激光解键合设备等。其中，晶圆激光开槽设备量产并交付超过百台纳秒级激光设备，产品标准化程度与良品率保持行业标杆水平。

针对不同材料（如 Si、SiC、玻璃基和 EMC）的晶圆减薄需求，迈为成功攻克了高硬度碳化硅晶圆减薄及砂轮制备的技术难题，提供了多种规格的磨轮，有效提升了晶圆加工的稳定性、品质及使用寿命，为我国半导体产业链的安全提供了坚实可靠的保障。

随着高性能芯片的需求大增，前道工艺制程不断逼近物理极限，通过降低线宽来提高晶体管的集成密度变得越发困难。与此同时，地缘政治引发的贸易战和科技战，使得我国在半导体先进制程方面无法获得全球关键技术和装备。关键时刻，以Chiplet（小芯片）为代表的2.5D/3D先进封装路线成为实现突破的重要技术路线。然而，该领域的键合设备市场被奥地利EVG、德国SUSS、日本TEL等企业占据了全球90%以上的市场份额。

面对如此强大的竞争对手，迈为毫不畏惧，先后开发出临时键合设备、激光解键合设备、熔融键合设备，为国内先进封装技术及产品的发展提供了至关重要的支撑，照亮了我国先进封装技术前行的道路。

来看看2024年迈为股份在显示和半导体赛道上的创新业绩：公司与多家新型显示客户建立稳固合作，Micro LED激光剥离设备、巨量转移设备赢得固体激光领域国内市占率第一，助力推进了Micro LED的产业化进程和新型显示行业的高质量发展；成功研发并交付国内首款(干抛式)半导体晶圆研抛一体设备，成功研发并推出半导体键合工艺装备。

三、高端装备的超越者

创新是一件长期的事，点滴成海、星火成炬。

迈为股份，把创新作为一种坚守的长期主义。周剑曾说："如果研发是装备企业的核心，那创新就是研发的核心。"

回顾迈为股份的发展历程，"创新"两字贯穿始终。迈为股份真空事业部负责人齐学军举了一个例子，就是车间里正在调试的生产线设备，有一个部件是运载硅片的载板。就这么一个不醒目的小小载板，迈为的研发部门前前后后换了无数种材料，更是差不多用了两年时间才最终定型，最后用的含有碳纤维的复合材料。为什么要这么折腾？因为这块小小的载板，强度、表面凹陷、吸热散热等，相关技术参数一定要控制在特定的范围内。"当时我们试了各种材料，用了两年时间才将它定型，最终迈为股份在这块载板上申请了好多个专利。"

在迈为股份最早的吴江开发区庞金路老实验室里，还能看到当初CVD的第一台原型机，当年在这个实验室里，研发人员用一年半的时间，使整个设备的迭代超过了10个版本，一代又一代更迭升级。所谓创新，就是失败和汗水一次一次堆起来的。在迈为股份上市后，即绘制了清晰的创新路线图——以九宫格战略矩阵精准布局技术攻关方向。在这张战略蓝图中，光伏主赛道与真空技术、激光技术、精密装备三大核心技术交叉形成的六大关键产品（包括PECVD、激光SE等）已全部实现技术突破（蓝色标注），标志着公司在核心装备领域的全面突围。

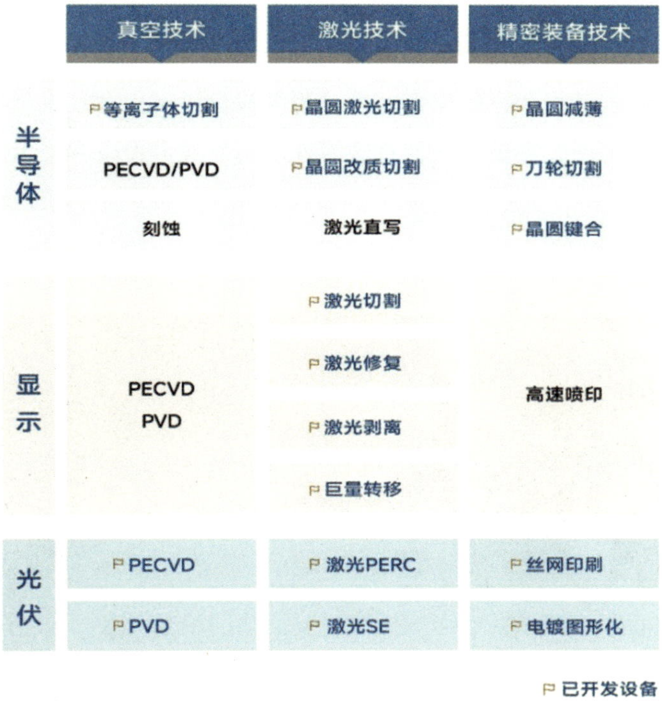

迈为股份企业战略九宫格

迈为股份以HJT整线设备全球市占率第一的成就，印证了中国智造在新能源领域的巅峰实力。而向上仰望“显示”与“半导体领域”的星辰大海，“高速喷印”“刻蚀”“激光直写”等黑色标注的“技术珠峰”仍待攀登——这不仅是中国企业突破日本和德国巨头技术垄断的关键战役，更是孕育下一代大国重器的创新摇篮。当国产PECVD镀膜技术突破显示面板纳米级精度控制的关键瓶颈，当激光直写设备在晶圆上刻出自主创新的“中国精度”，迈为的战略版图将超越单纯的技术路线，蜕变为中国高端装备撬动全球产业链的“技术杠杆”。每一个被攻克的“技术珠峰”，都是中国制造向全球价值链顶端攀登的坚实脚印。

在全球半导体产业价值链条中，装备领域的战略地位日益凸显。最新媒体报道数据显示，2024年全球半导体市场规模突破6559亿美元，同比激增21%；同期半导体设备市场规模达到1171.4亿美元，同比增长10%。在全球市场中，中国以495.5亿美元的半导体设备销售额（含进口）占据42.3%的份额，五年蝉联全球最大市场。与市场规模形成鲜明对比的，则是我国半导体装备的自主化程度：尽管中国已连续15年保持全球制造业第一大国地位，据相关媒体报道，半导体设备国产化率仍不足15%。尤其是光刻机、检测量测等关键设备领域存在严重进口依赖这种“市场大而不强”的现状，在AI浪潮席卷全球、下游应用（消费电子/物联网/工业互联/汽车电子）蓬勃发展的背景下更显突出。如何提升关键设备自主创新能力，已成为我国半导体产业必须突破的战略课题。

作为中国半导体装备国产化的先锋力量，迈为股份正以三大技术路径重构全球竞争格局，自主创新、不懈创新、突破极限，打破海外巨头对关键设备和技术的垄断，形成自己的技术护城河。这些努力正推动中国半导体装备从“替代性创新”向“引领性突破”跃迁。

迈为股份半导体晶圆激光改质切割设备

第三节　技术突破+责任担当，锚定绿色发展方向

周剑董事长曾深刻指出：“衡量企业价值的标尺，从来不是规模大小，而是创造的社会价值。”这一理念已成为迈为股份作为泛半导体高端装备创新领军者的核心指引。作为深耕泛半导体领域高端装备制造的创新型企业，迈为股份始终将可持续发展理念融入战略内核，以自主创新为引擎，以社会责任为基石，推动企业与环境、社会共生的高质量发展。并在“技术突破”与“责任担当”的双轮驱动下，迈为股份构建了独具特色的ESG发

展范式，夯实着企业在HJT装备等领域的全球领先地位，彰显着中国制造企业在追求商业价值与社会价值平衡上的战略智慧。

迈为股份正以实实在在的技术创新和责任实践，重新定义新时代高端装备企业的价值维度。

一、以创新为根：企业文化驱动高质量发展

企业文化是企业的灵魂，是推动可持续发展的内在动力。迈为股份始终将“追求极致”与“精益求精”作为品牌基因，以“一切为了用户”的初心，打造了“创新、效率、温度、分享”的文化底色。

迈为股份的创新基因源于其对技术突破的执着。在企业文化中，“创新”被赋予更深层次的内涵。

周剑对于“用户需要”的关切，细微到会去听公司销售人员带回来的“客户的抱怨”，并从中敏锐捕捉创新灵感。“这个痛点有意思，立即约见他们的设备经理。”在他眼中，每一条客户投诉都可能隐藏着一个未被满足的市场需求。这种将用户吐槽转化为产品创新源泉的实践和崭新的“用户思维”，实现了从“被动响应”到“主动预见”的用户需求管理跃迁。

“精度、良率、产能”——这组看似简单的关键词，已内化为迈为人的技术基因，成为流淌在每位员工血液中的质量信仰。半导体行业高端产品的工序差不多有1000道，每道工序的良率哪怕降低千分之一，就将最终导致产品品质不足，就意味着产品质量、成本等一系列的竞争力衰退。

产能则意味着时效，在迈为股份的价值观中，“成就客户，负责·合作，效率·创新，温度·分享”。当迈为股份每进一步提升电池的转换效率、良率及产能，就意味着为使用设备的生产客户带来巨大的效能和收益。

迈为股份以“责任创造价值”为核心，将这三个维度的黄金标准镌刻进企业DNA。在追求技术极致的同时，公司构建了独具特色的责任价值体系：坚持安全第一，完善安全管理；通过精益求精的态度和工艺，提升产品质量与客户体验；通过全面供应链管理与相关方合作，构建共赢价值链生态。

二、以人才为本：构建“硬科技”人才战略

人才作为创新生态系统的核心要素，构成了企业可持续发展的根本驱动力。

在泛半导体这一技术密集型领域，迈为股份深知“技术攻坚需人才先行”，通过“引、

育、用、留”四位一体的人才战略，打造全球领先的创新团队。

引才，聚焦前沿领域，打造国际化团队。公司以“三大基准技术”（真空、激光、精密装备）为牵引，吸引全球顶尖人才。截至2024年年底，公司拥有5520名员工，其中技术人员3043人，专职研发人员1552人，博士、硕士占比超12%。进行国际化布局，在美国、新加坡、马来西亚等地设立技术服务团队，数百名工程师驻场支持全球客户。

育才，以“迈为学院”赋能终身学习。“迈为学院”是公司人才培养的摇篮。通过“内训+外训”双轨制，构建覆盖全岗位的知识体系。内部培训方面，公司建有内训师队伍，开设内部培训课程，利用公司内部资源对员工进行岗前、在岗业务培训，以及各项法规、公司规章、制度等培训，帮助员工成长和提高。外部培训方面，通过聘请外部讲师、组织员工参加外部培训等方式，为不同层级员工制定富有针对性的专项培训，拓宽员工的思维视野，提高员工专业技能和综合素质。公司每年都根据发展战略、人员情况制定相应的培训计划，为员工搭建良好的职业发展通道，为公司发展储备人才。

用才，以技术攻关激发创新活力。迈为股份为人才提供“舞台”，让技术成果转化为产业价值。如“项目制激励”，设立“光伏创新大赛”“光伏金专利奖”“大众改善奖”等机制，鼓励员工参与技术突破。

留才，以文化认同凝聚核心团队。公司通过“股权激励+职业发展”双路径等激励方式，增强人才归属感。

迈为股份的“温度文化”，就是将“以人为本”的理念转化为具象化的组织实践。“企业之大，不在于规模，而在于对社会价值的贡献。”周剑强调，迈为股份将员工视为最宝贵的财富。

在迈为股份，员工培训覆盖率为100%，技术人才晋升通道持续完善，女性管理者占比稳中有升。设立“健康之家”心理咨询室，全年开展心理测评4744人次，实施压力疏导活动11场，覆盖情绪管理、人际沟通等主题。补充医疗保险、节日福利、婚育奖励等制度，让员工“体面工作、幸福生活”。

迈为股份，正通过“有温度的文化”激发组织活力，为高科技制造企业的人文建设探索提供了创新范式。

三、以责任为魂：环境与社会责任的全球实践

在迈为股份的“绿色办公”行动中，对没有打印要求的文件提倡双面打印，将公司的通知、公告等信息尽量不用纸张而是用电子公告栏发布，公司园区内提供了众多充电桩，方便员工使用新能源车辆……

“真正的工业文明，是科技与自然的和谐共舞。”迈为股份将“绿色发展”视为使命，通过技术创新减少碳足迹，以“硬科技”助力全球碳中和目标。

作为新能源领域的领军企业，迈为股份始终秉承绿色理念，在企业战略、研发创新、经营管理以及生产过程中将低碳排放、低能耗、低资源消耗、低污染以及维护生物多样性等环境因素作为企业运营所关注的核心内容和重点目标，将环境气候风险管理与公司内部风险管理相整合，加强对环境气候风险的识别，建立环境和气候风险防控措施及各类风险源应急管理体系，应对环境气候挑战，抓住绿色产业机遇，不断推动能源转型和能源结构优化。

迈为股份践行从生产端到全生命周期的低碳转型。迈为股份以“清洁能源制造+低碳产品服务”双轮驱动，构建覆盖设计、生产、交付的智慧能源管理体系。

迈为股份将社会责任延伸至供应链与社区，构建共赢的产业生态。如“供应链管理”，建立供应商环保准入机制，要求提供环评文件，并定期开展反贿赂培训。

在“透明治理”方面，迈为股份连续四年获评深交所信息披露A级，建立举报机制，反腐败培训覆盖全员，构建透明可信的治理生态。

每一份对创新的坚持、对环境的敬畏、对社会的回馈，终将汇聚成推动人类文明进步的力量！

最硬核的工业力量，也是最温柔的生态伙伴。这种“刚柔相济”的制造哲学，正是新时代中国工业文明的生动注脚。在太湖的碧波映照下，迈为股份正在书写一个高端装备制造企业从“商业成功”到“社会价值创造”的进化故事，开启新的篇章。

企业家专访

初心如磐，奋楫笃行

——专访苏州迈为科技股份有限公司董事长周剑

《样本》：迈为股份的英文名“MAXWELL”如何定义？其中有什么深刻含义？

周剑：迈为股份英文名“MAXWELL”是英文max（极致）与well（令人满意）的组合，顾名思义，追求极致，精益求精。

围绕“一切为了用户”的初心，迈为股份团队秉持坚持不懈的创新精神，在技术研发上勇攀高峰，在创新创造上突破边界，在产品品质上精益求精，在客户服务上超越期待，在企业价值上持续进化。

对于迈为股份而言，品牌的核心正是对技术创新的专注与执着，是在自主研发、开拓创新的道路上勇往直前，永不止步。“极致”+“令人满意”，前者是我们做事的态度，后者是我们产品的品质。我们始终坚信，只有专注于技术深度、执着于研发创新，才能为客户创造不可替代的价值。例如丝网印刷设备的国产化之路，我们用了四年时间打磨产品，从2011年首套设备交付到2014年赶超进口设备技术水平，其间经历了无数次的工艺优化和升级迭代，通过自研自创的多项关键技术，包括高精度栅线印刷定位及二次印刷技术、卷纸柔性传输技术等，我们最终实现了产能、碎片率、印刷精度等指标的全面领先。

在客户导向方面，我们以“客户需求”为研发驱动，致力为客户的产品制造提供整体工艺解决方案。为此，我们建立了六大实验室，总面积超过5万平方米，不仅仅钻研装备，还从客户角度出发，围绕材料、量产性、成本等重点进行延伸研发，努力突破上下游的技术阻塞环节，持续助推先进技术的产业化。

另外，我们根据公司产品和服务特点，确定公司的质量目标：产品交付合格率为100%；交货期满意率为90%，相关方满意率为90%。这些都正是“极致+令人满意”的结果实施路径。

《样本》：迈为股份以“坚持不懈的创新”应对行业挑战，在技术攻坚中有哪些关键经验？

周剑：我们坚信创新不是选择，而是生存法则。在技术攻坚中，我们努力做到以下三个坚持。

首先，我们坚持长期主义。2021年起，我们每年的研发投入占营收的9%以上，2024年达9.51亿元。以异质结电池装备的研发为例，2019年1月我们研发立项，整个团队不分昼夜地埋头苦干，同年4月出原理样机，5月获得客户试用订单，9月设备搬入客户端，11月初首片电池下线，2020年客户端稳定量产，从而实现了当时世界上最大规模的单线年产能250MW的异质结电池生产线。随后的5年里，我们持续在异质结技术及设备上深耕、迭代，单线年产能再从400MW、600MW，进一步提升至当前的1.2GW，同时推动电池工艺的进步，从非晶、单面微晶至双面微晶，为客户实现了大产能、高效率、低成本的异质结电池制造，为光伏行业带来了降本增效的可靠方案。值得一提的是，公司在苏州吴江建立了行业顶尖水平的异质结电池/组件实验室，充沛的研发投入和资深的研发团队是我们保持HJT设备领先地位的重要支撑。目前，我们的实验室已承担多项国家级、省级科技项目。

其次，我们坚持跨界协同。我们通过“真空+激光+精密装备”三大技术平台，纵向深耕光伏设备全链条，横向开拓显示与半导体封装市场，构建高端装备平台型竞争力，实现跨领域创新。

最后，我们坚持与客户、行业伙伴合作共创，可概括为“深度协同研发、需求导向创新、成果价值共享”。在光伏领域，我们携手通威太阳能、华晟新能源等客户共同优化异质结设备、改进生产工艺，探索切实可行的降本之路，共同推进HJT产业化进程；在显示领域，作为天马新型显示技术研究院的设备供应长期合作伙伴，我们与其在激光巨量转移、激光剥离、激光键合设备及工艺领域协力开发，致力于共同开创基于TFT（薄膜晶体管）技术的Micro LED技术新纪元；在半导体领域，我们面向战略客户的核心工艺需求，成功首创3D封装成套工艺设备解决方案，为客户实现“磨划+键合”量产保障，为先进封装技术的应用发展注入了新动能。

《样本》：未来，迈为股份在泛半导体高端装备领域有哪些布局？如何实现从“国产化”到“全球化”？

周剑：未来，迈为股份仍将坚持自己的战略方向，在光伏、显示、半导体领域，保持高效的研发创新效率，稳健成长，致力于成为全球领先的泛半导体高端装备制造商。

在光伏行业，丝印设备领域，我们将紧密结合下游行业的发展趋势和客户的个性化需求，进行新机型的研发，完善设备的性能和稳定性；异质结领域，我们将持续巩固异质结电池设备优势，并进一步开发、完善钙钛矿-异质结叠层电池生产线、电池铜电镀制程生产线，推动高效电池的产业化。同时加大对海外设备市场的布局拓展，提升全球市占率，助推全球清洁能源转型。

在显示行业，新型显示领域，我们将继续以Mini LED整线工艺解决方案、Micro LED整线工艺解决方案引领MLED量产新工艺，驱动产业“智”造升级。OLED设备方面，我们将继续以激光设备助力第8.6代AMOLED产线项目的建设，同时开发OLED PECVD等真空设备。

在半导体行业，我们仍将集“核心部件、高端装备、关键耗材、先进工艺”于一体，聚焦半导体泛切割、2.5D/3D先进封装，提供封装工艺整体解决方案。通过不断强化的磨划与键合装备阵容，提升客户端封装产品的质量、良率和生产效率，强化国内半导体封装供应链的安全与稳定。

迈为股份的使命是通过创新推动行业进步，为客户提供最先进、最稳定、最具性价比的设备及最优良的服务。我们的企业价值观，是“成就客户，负责・合作，效率・创新，温度・分享”。

我们希望以先进技术助推行业发展，用高端装备焕新科技生活。我们坚信每一分对创新的坚持、对环境的敬畏、对社会的回馈，终将汇聚成推动人类文明进步的力量。

专家点评

如琢如磨，追求极致

《诗经》云：“如切如磋，如琢如磨。”这表达了中国传统的工匠精神，以及对于极致的追求。中国当代的工匠精神更是一种对完美的执念，迈为股份的英文名“MAXWELL”是英文max（极致）与well（令人满意）的组合，顾名思义，是追求极致，精益求精。其核心产品太阳能电池丝网，凭借精湛的工艺，做到了全球市占率第一。

2010年9月，公司创始人周剑带着数人的创业团队在苏州吴江成立了吴江迈为技术有限公司，也就是苏州迈为科技股份有限公司的前身，自此踏上一段波澜壮阔的征程。迈为股份生产的太阳能电池丝网印刷设备，应用于太阳能光伏产业链的中游——电池片生产环节，对电池片的产量、良率和转换效率等关键指标有着重要作用。企业成立之时，国内光伏产业正处于发展阶段，市场高度依赖进口美国 Baccini、德国 ASYS、英国 DEK 等海外厂家的产品。面对丝网印刷设备领域的国内技术空白，周剑下定决心扭转这一局面。通过夜以继日的技术攻关，公司于成立之初便成功研制出国内首套太阳能电池丝网印刷整线量产设备，取得第一项发明专利和软件著作权，并成功将其推向市场。此后，迈为股份不断深耕技术，提升产品性能。至2018年，其太阳能电池丝网印刷生产线全球市占率已跃居第一，并延续至今，填补了国内相关技术领域的空白。

周剑董事长作为一个有理想、有抱负的中国企业家，始终把创新作为一种坚守的长期主义。当迈为股份把丝网印刷做成世界第一后，他又开始了二次创业，将下一个目标瞄准HJT异质结高效电池技术，再次经历从0到1的探索，迈为股份再次获得成功。2021年至今，迈为股份的异质结高效电池生产线全球市占率第一。2024年，公司首创的双面微晶异质结技术实现了光电转换效率的显著提升，使异质结电池量产转换效率跃居全球前列。同年，异质结设备首次出口海外，彰显了迈为股份在全球光伏装备制造业中的领导地位。

除了在光伏行业的相关设备上表现卓越，迈为股份还将目光瞄准了显示与半导体行业，持续拓展业务版图。在显示行业，迈为股份成功破局，自主研发并且率先实现了OLED G6 Half激光切割设备、OLED弯折激光切割设备的国产化，产品的量产稳定性、产量、良率均处于行业前沿水平，有效实现了国产化替代。特别是针对Mini/Micro LED技术商业化落地的需求，迈为股份提供了全面的整线工艺解决方案，助力客户提升了生产效率和产品质量。

在半导体行业，迈为股份已成为半导体封装工艺整体解决方案的开拓者，集“核心部件、高端装备、关键耗材、先进工艺”于一体，公司聚焦半导体泛切割、2.5D/3D先进封装，提供封装工艺、整体解决方案。半导体行业高端产品的工序差不多有1000道，每道工序的良率哪怕降低千分之一，就将最终导致产品品质不足。“良率”是公司最为关注的指标，迈为股份将“极致”与“令人满意”作为品牌基因，不放过任何一个细节之处。欲成精品，必先用心。公司不仅率先实现了半导体晶圆激光开槽、激光改质切割、刀轮切割、研磨等装备的国产化，还自主研制了主轴、超精密升降台等核心部件及磨轮、刀轮等主要耗材，巩固了产业链的安全与稳定，率先实现了晶圆切割、键合设备的国产化，满足了行业对高密度、小尺寸、高性能产品的需求。

执着专注、精益求精、一丝不苟、追求卓越。在激烈的市场竞争和转型升级压力下，“工匠精神”被赋予以创新为导向、以技术为生命、以质量为追求的新内涵。迈为股份立足真空、激光、精密装备三大技术平台，截至2024年年底，公司已累计取得了640项专利及197项软件著作权。公司凭借顶尖的技术、卓越的产品及优质的服务，受到行业的高度认可，并荣获国家技术发明奖、国家制造业单项冠军产品、江苏省创新型领军企业等荣誉。

技术创新的道路永无止境，我相信，以创新和工匠精神为底色的迈为股份，将继续在中国光伏和半导体行业发展历程中书写更为辉煌的篇章，不断突破“卡脖子”领域，推进泛半导体领域的国产化进程和技术升级，促使产业的进步，在“中国制造”和“中国创造”的版图上攻关攻坚，励志前行。

汤哲辉　安永大中华区审计服务市场联席主席主管合伙人

第五章

引领全球智能“缝制”未来的“北斗星”

——杰克科技股份有限公司

- **楔子：** 夜空中最亮的星
- **企业概况：** 全球缝纫机之王
- **创新解读：**

  第一节　从“缝补”到“智联”：服装装备行业的破局与重构

  第二节　效率与智能革命的行业“先锋”

  第三节　更开放、更包容、更自信

- **企业家专访：** 创新不是选择题，而是生存题
- **专家点评：** 以技术升级产业，用供给创造需求

楔 子

夜空中最亮的星

在中国“制造之都”台州，一家名为杰克科技的企业，正以自己的力量，悄然推动着中国服装装备这个传统行业从“中国制造”向“中国智造”前行。

30年来，杰克科技一直扎根于服装装备赛道，不管行业周期如何起伏波动，始终保持战略定力，将“技术创新”作为企业发展最关键的内核，持续领跑全球智能工业缝纫机领域14载，以绝对优势蝉联市场占有率冠军宝座，堪称全球服装装备行业的标杆企业。尤其是进入数字化时代，杰克科技以前瞻性的眼光，超前布局智能化、自动化生产格局，对内持续创新变革，以技术创新反哺体系创新，在传统产业转型升级、深入推动科技创新和产业创新深度融合等方面，交出了独属于杰克科技的高分“答卷”。

值得一提的是，杰克科技还是中国服装装备行业民企开启海外收购兼并的“先锋”。过去十余年，杰克科技将发展的“藤蔓”伸向世界各地，成功并购并消化吸收海外技术，且融入本地的供应链产业链体系，同时与企业自身的“智造”战略紧密结合，在参与全球供应链重构中，向高附加值、智能制造等高端方向升级。

大音希声，大象无形。从一家家庭式的“小作坊”，到坐拥全球14个研发中心的全球化集团企业，再到赛道上“绝对第一”的隐形冠军，杰克科技正以“达则兼济天下”的胆魄，集全球智慧，勇挑“中国智造”的大梁，在“中国制造”以至于全球制造业这片浩瀚的星空中，做最闪耀的“北斗星”。

企业概况

全球缝纫机之王

杰克科技股份有限公司（以下简称杰克科技，股票代码603337）始于1995年，总部位于素有中国“制造之都”美誉的浙江省台州市，是全球智能化服装成套装备行业产销规模最大、综合实力最强的企业之一，也是行业唯一一家集PDM、APS、MES、WMS、人工智能融合于一体的智能制造软件系统，以及集服装面辅料智能仓储、智能裁剪、AI排产吊挂、智能缝纫等软硬件于一体的智能化服装成套装备服务商。

公司主营产品包括智能工业缝纫机、智能裁床及铺布机、衬衫及牛仔智能自动缝制设备等，营销网络遍布全球170多个国家和地区，在全球范围内拥有8000多家经销商，产品服务于服装、鞋业、箱包、家具、皮革、汽车、航空等多个领域。自2010年以来，杰克科技连续14年稳坐全球工业缝纫机市场销量的“头把交椅”，是当之无愧的全球缝纫机之王。

杰克科技公司总部

一、唯专唯精，把主业做到极致

今天，全球每生产3件衣服，就有1件来自“杰克产品造”。绝对领先的背后，是过去

30年来，杰克科技扎根于服装装备领域的专注与坚持。

杰克科技将成为全球服装产业最信赖的合作伙伴视为企业的发展愿景，由此树立起“客户第一”的价值观念，不断优化升级各项快速服务举措，搭建科学的快速服务流程和先进的信息管理平台，实现规范、系统的客户服务管理，为客户提供售前、售中、售后一站式全套解决方案服务。

杰克科技的“血液”中拥有强烈的创新“基因”。背靠数十亿元的营收体量，企业每年将7%以上的销售收入投入产品研究与开发中，并打造了一支超千人规模的研发团队。截至2024年，杰克科技共拥有有效专利和软件著作权3254项，连续13年专利申请数居行业前列。同时，企业还积极寻求与斯坦福大学、浙江大学等国内外知名高校和研究机构开展产学研合作，共同推动技术创新。

作为行业龙头，杰克科技坚持以标准塑标杆，主持起草行业标准9项，参与制定国家标准2项、行业标准39项；主持起草浙江制造团体标准2项，参与制定浙江制造团体标准2项，主持起草中国缝制机械协会团体标准1项，参与制定中国缝制机械协会团体标准3项。

近年来，杰克科技载誉不断，先后获得“国家技术创新示范企业”“国家企业技术中心”“国家级制造业单项冠军示范培育企业”“国家知识产权示范企业”“国家院士工作站”“国家博士后工作站”“国家绿色工厂”“国家5G工厂”“浙江省科技领军企业”“浙江省未来工厂”等多项荣誉称号。

二、逐浪“智造”，再创增长新曲线

近年来，杰克科技以创新为驱动，顺应服装制造行业智能化之势，积极布局智能成套，探索第二成长曲线，业务方向主要涵盖高端缝机、智能吊挂及软件、智能仓储等，以此推动企业产品和服务进一步升级。

通过布局绿色化铸造线、无人化精工线、数字化装配线、自动化打包线、智能立体仓库，杰克科技率先将数字化、智能化技术运用于自身的发展。根据服装行业“小单快反”的特征，以及服装企业不同阶段的需求，杰克科技制定了“爆品”战略，并研制出了如全球首款“会说话”的智能缝纫机A4、“日缝百款不停机”的智能平缝机“快反王”、百倍厚梗不降速的智能包缝机“过梗王”等爆品，成为拉动增长的主引擎之一。其中特别值得一提的是，融入了AI技术的“快反王”，发布一年销量便达到50万台，单品市场占有率达45%。

凭借技术创新、全球化营销渠道等先发优势以及智能化生产的超前布局，杰克科技不仅巩固了自身的智能化服装装备业务，还进一步构建起新的增长点。2024年，杰克科技的高端AI缝纫机原型样机、“杰克1号”人形机器人等融合了“机器人+AI+缝制机械”的智能高端产品研发取得实效进展，在“突破高端”的攻坚战中迈出了坚实的步伐。

在市场布局方面，杰克科技在很早就实施了内销与外销协同发展的战略方针。凭借对市场的深度耕耘以及持续的产品创新，2024年公司国内市场营收达31.28亿元，同比增长28.57%；依托遍布全球170多个国家和地区的营销网络，杰克科技的海外市场表现同样亮眼，全年实现营收29.44亿元，同比增长3.30%。

在具有针对性的全球战略牵引下，杰克科技不断纵深推进、扩大版图，在全球超过170个国家设立了超过8000家经销网点和10000多家服务网点。如今，海外业务也正在成为企业的核心增长点。如在泰国、越南、柬埔寨等国家，杰克科技建立起了头部客户样板，通过“营销铁三角”模式和联合创新，推动大客户联合创新模式从国内走向海外，产业结构也在资源倾斜与本地化运营的战略支持下不断升级。

从2012年仅占全球市场份额10%的新兴力量，至2018年跃升全球第一，杰克科技书写了中国企业出海的辉煌篇章。

创新解读

第一节　从“缝补”到“智联”：服装装备行业的破局与重构

历史一再证明：新旧交替是时代演进的内在逻辑，但传统与新兴产业从来都是相生共荣的辩证统一体，并无绝对的界限分野。

以与缝制设备血脉相连的纺织业为例：这项人类最古老的生产活动，自新石器时代萌芽至今已跨越7000年的岁月长河。而今，全球纺织服装产业仍保持着数万亿规模的巨大市场活力。可见，不论是传统产业、新兴产业还是未来产业，推动经济社会发展和生产生活变革的动力，从来都是与经济社会发展的阶段性特征、社会结构需求，尤其是技术迭代升级水平等相因相生。

在数字化转型的澎湃浪潮中，传统制造业正焕发出星辰大海般的无限可能。作为国家战略重点发展的智能服装装备行业，正在为构建现代化产业体系提供关键支撑和创新动能。

一、传统产业发“新芽”

20世纪90年代，乘着改革开放的春风，外企和资本陆续进入中国，服装装备产业结构的大调整，促进了中国服装装备行业的大发展。到21世纪初，我国已成为世界上主要的服装装备生产国家之一，可生产的服装装备品种近千个。此后，伴随国内经济模式的转变，中国迎来了国民消费升级的“黄金二十年”。

需求牵引供给，华经产业研究院的数据显示，2017—2022年，在行业产品更新换代与下游行业景气度提升的双轮驱动下，我国缝纫机产量在2021年达1000万台，百家缝纫机产量为933万台，创下历史最高值。

到2023年，受全球经济增长放缓和通胀收紧等多方面因素影响，我国工业缝纫机总产量约为560万台，同比下降约11%。与此同时，人们对美好生活的强烈愿望和需求却不断增长，来自供给侧的产业升级先行于消费升级的发展逻辑越发显现。

尤其是随着新一轮科技革命和产业革命不断向纵深发展，传统产业的高端化转型升级，对满足消费需求、促进经济持续增长具有重要意义。同时，作为现代化产业体系的基底，传统产业的转型直接关乎现代化产业体系建设全局。

反映到服装装备行业，国家层面其实早有顶层部署予以支持。2017年，工信部提出将缝制机械、智能缝制及基于物联网的云平台技术列为消费品工业产业关键共性技术；2020年，工信部、国家发展改革委等15个部门在联合印发的《十五部门关于进一步促进服务型制造发展的指导意见》中，提出综合利用5G、物联网、大数据、云计算、人工智能、工业互联网等新一代信息技术，推进生产制造系统的智能化、柔性化改造；2023年，国家发展改革委修订发布《产业结构调整指导目录（2024年本）》，将智能缝制机械及关键零部件开发制造列入该目录，从政策层面鼓励传统制造业向高端化、智能化、绿色化、融合化转型升级；2025年，实施近一年的“两新”政策（推进大规模设备更新和消费品以旧换新）宣布进入“加力扩围”的新阶段，这意味着扩大内需有了新路径，传统产业转型升级也有了更大的国家红利。

虽然历经了小周期波动，行业发展有所承压，但随着市场需求回暖、叠加国家红利的持续释放，2024年我国工业缝纫机行业总产量回升至685万台，同比增长22.32%，累计出口额34.24亿美元，同比增长18.39%。

可以坚信，在坚持以创新为驱动的传统产业转型的命题下，服装装备行业的“天花板”还在上升，只要紧扣国家战略和时代命题，“老树发新芽”只是春生还是夏长的快慢问题。

二、数智化重塑未来

时至今日，纺织服装产业比以往任何一个历史阶段，都更加注重效益提升和成本控制。如在产业链上游，对原材料零部件的价格更加敏感，反映到产业链中游，则更渴望能通过智能化、自动化的智能缝制设备，实现人力上的降本增效，增强企业核心竞争力。以纺织服装产业常见的“小单快反”模式为例：先通过生产不同款式的产品进行市场测试，再通过产品销售情况进行返单，从而避免生产浪费。然而，反馈到生产环节中，这种模式会让企业的反应时间越来越紧迫，对企业的技术能力、生产响应速度、成本管理等精益化管控能力提出了更高的要求，这种情况就倒逼着缝制设备企业必须找到新的技术手段，以优化生产流程、提升生产效率。换句话说，作为服装装备企业，谁能掌握智能制造、数字营销等新技术，谁就能优先掌握市场的先机。

以近年来步入发展快车道的东南亚服装纺织行业为参照，其工厂的设备更新周期已缩短至3~5年，对能效、精度、智能化的要求持续提升。日本老牌缝制设备名企——重机公司，2024年将合规纳入数字化转型重点之一，启用了新版全球ERP系统和数据报告系统，在企业内部实现管理可视化和数据驱动的决策。同时，顺应技术趋势，他们还在合规管理中开发并应用机器视觉和AI检测系统，保证出厂产品100%符合技术规范和安全标准。无独有偶，德国杜克普公司的工厂通过AI自动优化生产排程，将交付周期缩短了20%。

数字化转型的紧迫性，更深层次还源于全球政经格局的深刻变革。当前，全球产业链正经历结构性重组：美国主导的“脱钩断链”策略与持续的贸易摩擦，加速了“逆全球化”趋势，导致国际贸易体系日趋碎片化。这一变局正在重构全球的市场生态，叠加内外需市场疲软、产销规模收缩、管理及制造成本攀升等多重压力，中国服装装备行业正面临前所未有的经营挑战，企业盈利空间持续承压。

毫无疑问，“不确定”下唯一可以确定的是：加速制造业数字化、智能化转型升级，向高附加值产业攀升，既是行业发展的大势所趋，也是中国企业的“破局”之道。在全球最大的工业缝纫机生产和出口基地——浙江省台州市，数字化正在带动当地的缝制设备产业集群向“新”而行。台州以链主型企业杰克科技为引领，打造了专为缝制企业服务的“缝制设备产业大脑”平台，连接近400家缝制设备企业。企业通过在产品上安装芯片、电机，使下游的加工制造企业具备数据集成和共享的基础，“产业大脑”通过集成、汇总和贯通这些数据，将原本存在于上下游企业之间的信息壁垒打通。同时，通过共享行业数据的方式，贯通了技术合作的渠道，让行业上下游企业之间的协同更紧密。

工业“碳达峰”，也在倒逼着缝制机械行业要加快数字化、智能化的步伐。据测算，全球缝制机械行业每年总耗能超过800万吨标准煤，其中1/3在中国。随着全球对绿色制造的重视，推动低能耗缝制机械和环保生产技术成为行业创新的重点，以无害化、集约化、减量化、低碳化和循环化等绿色属性突出的产品设计理念和方法，构建从基础原材料到终端消费品全链条的绿色产品供给体系，终将成为占据新竞争的高地。

作为充分市场化的长周期行业，全球服装装备行业正由单纯的工业机械制造，向缝制类智能高端装备制造和整体解决方案的方向快速转变。对中国服装装备企业而言，抓住数字化、智能化这一时代机遇，才能重塑自己的核心竞争力。

在“双循环”战略深化实施与“一带一路”倡议持续推进的协同效应下，中国服装装备行业正迎来全球化发展的新机遇。以杰克科技为代表的行业领军企业，通过数字技术赋能传统制造优势，正在加速国际化布局，并逐步确立全球服装装备行业的领导地位。

第二节　效率与智能革命的行业“先锋”

杰克科技2024年的年报显示：报告期内，企业实现营业收入60.94亿元，同比增长15.11%；归母净利润为8.12亿元，同比增长50.86%。

杰克科技的主营产品更是全面开花：智能工业缝纫机实现营收52.64亿元，同比增长14.69%；智能裁床及铺布机实现营收6.26亿元，同比增长14.36%；衬衫及牛仔智能自动缝制设备实现营收1.82亿元，同比增长25.12%。

“隐形冠军”不再“隐形”的背后，是杰克科技三十年如一日坚守主业、以技术不断突围，助推产业变革的久久为功。

一、从7%研发投入到单品全球45%的市场占有率

杰克科技创立之初的1995年，国外百年品牌如美国胜家、日本兄弟、日本飞马等名企，早已将中国相关市场的份额蚕食殆尽，量大面广的国产缝纫机企业，多以家庭小作坊的形式，散落在长三角、珠三角的隐没处。

初出茅庐的台州飞球（杰克科技前身）靠手工组装家用缝纫机，以价格竞争的“低姿态”战术切入市场。1999年，杰克科技踏上工业用缝纫机赛道，从只谋一时的“战术求生”转变为“战略突围”，走差异化、竞争化道路，并实现了从价格竞争向价值竞争的跃升，一路火花带闪电地开启了关键增长之路。

“靶”的核心是技术实力决定制造业企业“话语权”。彼时，一台国产工业缝纫机的售价在5000元至6000元之间，而一台国外企业生产的工业缝纫机售价则在6000元至8000元之间。

当此方的上限成为彼方的下限，此消彼长之间往往注定了局面终将被打破。将“技术创新”作为企业核心技能的杰克科技，在强敌环伺中提出要打造“全球缝制设备第一”的愿景，质疑存在与否，对彼时的杰克科技创始人阮积祥而言似乎并不重要，杰克科技想做的无疑就是成为这双打破局面的“上帝之手”。

为此，杰克科技将每年营收的7%投入研发，同时深化与斯坦福大学、清华大学、浙江大学、东南大学等顶尖高校和科研机构的合作攻关。在随后的十余年间，杰克科技一改以往“有什么产品卖什么产品”的局面，以“市场需要什么产品卖什么产品”的需求为导

向，将品类创新、价值营销提升为企业定位，推出了众多“破局”的拳头产品。

如2012年，杰克科技聚焦纺织服装业“小单快反”的需求，生产“不用膝靠”的平缝机——快反1.0迅利IIE，一经推出销量就达到90万台，成为当时的“全球第一”。到2023年，“快反”系列迭代升级至4.0版本——“快反王”智能缝纫机。现在，该产品订单已占整个服装订单的70%左右，成为智能缝纫行业的新领军产品，走在全球服装纺织行业的“第一梯队”。

究其成功背后的原因，“快反王”的核心融入了创新的AMH面料自适应系统，配备“九脑章鱼芯片”与大力猿电机。前者是在杰克科技积累的20多万台缝纫设备、针对不同布料样本的数据基础上研发的一套智能AI算法，可以通过每秒1万次的多任务并行更新计算，根据面料需要，实时输出送布力与穿刺力的最优组合数据，达到微秒级响应；后者则拥有超大扭矩、超强爆发力、精度高等特点，力矩精度达到0.05N·m，可以产生强大而精准的送布力与穿刺力输出。

由此促成了“快反王”能穿刺105张A4纸的厚度，相当于7个硬币叠起来的超强穿刺力。“快反王”发布当天，全球订单就达到了15万台，如今在全球单品市场占有率已达45%。

杰克科技这一技术的突破，不仅让服装生产车工得以彻底摆脱手动调节的烦琐，真正做到了业界探索已久的“日缝百款不停机”高效生产，还为驱动产业革新提供了实实在在的助力。

“在品类创新中，杰克科技的第一个原则就是聚焦，通过持续的技术创新，打造超级爆品、旗舰产品，突破同质化竞争的漩涡。”阮积祥表示。2024年，杰克科技接力发布“过梗王”智能包缝机，同样结合人工智能技术，搭载了行业内领先的AI全速送料系统，拥有百万级的压送比模型库，能够智能检测面料厚度的变化，并即时调整压布力和送布力参数。其两大核心技术——闪电变压技术和灵犀送布技术，使得“过梗王”在面对厚、薄、弹、硬等混搭面料时，能够保证生产线的顺畅运行，极大地提升了生产的灵活性和适应性，年销量超过50万台。

“快反王”“过梗王”等产品的诞生与持续“进化”，为公司在智能缝纫技术领域的领先地位打下了坚实的基础，也为服装生产企业带来了实质性的利益与市场竞争优势。

而这些，只是杰克科技以技术创新推进产业创新的一个“缩影”。

2018年，杰克科技高端智能缝制装备制造基地正式开工，此举是企业立足中端、拓展中高端，向智能制造成套解决方案服务商转型升级的重要举措。2022年，杰克科技的智慧工厂被评为“浙江省级未来工厂”。

2024年6月16日，“过梗王”智能包缝机发布会现场

此外，以产业互联网平台与服装设备物联网平台为基础支撑，根据服装企业规模的不同，杰克科技制定了两套方案和两个平台进行赋能与支撑——打造“智能成套解决方案”，打通了大型工厂的“数据孤岛”；打造“星链云联解决方案”，满足“小单快反”的快时尚需求。

以杰克科技打造的智能缝制产业工业互联网平台为例：2018年建立初期，该平台的主要使命是为服装生产企业提供智能设备与运维服务，例如智能裁床、物联网缝纫机等；2021年，随着杰克科技智能工厂的落地和成套智联解决方案的推出，该平台升级为服装生产企业提供完善的成套智联解决方案与完整服务，并入选浙江省新智造公共服务应用第一批入库供应商，成为工信系统认证的行业唯一一家智能缝制产业工业互联网平台；2022年，杰克云MES首家上线的就是与自身合作多年的供应商伙伴，通过缝制智能工业互联网平台，不仅实现对供应商生产、经营、管理等日常运行的变革，还为整个产业链上下游企业开展紧密合作与资源共享提供了平台支撑。

与此同时，通过在全球各地设立的14个研发中心和千人研发团队，杰克科技不断深化在人工智能、人形机器人、智能软件等前沿技术的研究。2025年3月，国家重点研发计划“智能机器人”重点专项——“自主缝制作业机器人系统研制与应用验证”项目在杰克科技的台州总部正式启动，该项目以“机器人+人工智能”为核心，重点研发具备自主决策和执行能力的缝制机器人系统，推动人形机器人等高精尖设备在智能缝制领域不同场景的应用，为服装生产行业注入了更多创新与变革的活力。

二、20年四次迭代的IPD进化实验

2025年春分刚过，一年之计开始。杰克科技紧锣密鼓地开展了一场为期两天的“大客户协同下的产品架构革新——2025 IPD变革训战”。

所谓IPD变革，从本质上而言，涉及企业文化、组织结构、流程、产品、绩效管理重整。在IPD进入中国这20余年间，有无数企业尝试引进该体系进行管理变革，多数以失败告终。

而杰克科技，是为数不多成功运用IPD的企业之一。

自2006年首次引入IPD变革，截至2024年年底，杰克科技已是第四次优化升级。时间战线虽长达20年，效果却是显著的。在IPD系统中，杰克科技从产品立项、技术开发以及实验数据均得到了全面而深入的应用，“快反王”便是其试点应用之一；在IPD系统的应用中，关键制控点和决策点也得到了有效落地。这些制控点和决策点的设置，确保了项目在执行过程中能够按照既定的目标和计划进行，避免偏差和失误的出现。同时，这些制控点和决策点也为项目团队提供了明确的指导和参考，使项目执行过程更加规范化和标准化。通过这些变革，杰克科技塑造了独特的“系统创新力”，为传统制造企业的研发管理升级提供了可复制的范式。

杰克科技的第四次变革，核心是以IPD赋能产品力与组织力“两力”升级，进而实现三大突破：一是技术规划革新，深化共用模块开发（CBB）与技术战略对齐，构建多学科融合的技术赋能机制，推动产品从“功能叠加”向“系统创新”跃迁；二是流程协同优化，将线索到回款（LTC）、市场到线索（MTL）等流程与IPD深度融合，打造“客户需求—技术洞察—产品研发”的端到端闭环，提升跨部门协同效率；三是大客户联合创新，聚焦头部客户，建立“需求共探、技术共研、价值共创”的协作模式，以联合创新撬动高端市场，为客户实现价值提供流程保障。

“变革之路从无坦途，但每一次突破都孕育着新的增长动能。”充满希冀的“宣言”背后，蕴藏的就是企业管理者敢打“持久战”的战略定力。

特别值得一提的是，杰克科技的“大客户联合创新”战略。早在2013年，杰克科技就率行业之先，联合里斯战略咨询打造了“快速服务100%”的品牌战略，构建起一套全面服务体系，确保了“快速服务”的承诺得以切实履行。

眼下，杰克科技坚持以客户为中心，与行业中的大客户联合创新，能更精准地找到生产中的痛点和难点，通过深度协同和联合创新，满足市场多元化需求。同时，凭借全球化

与本地化结合的服务体系，让企业能够迅速响应客户需求，提供高效解决方案，助力客户提升生产效率和商业模式，打造强强联合的创新标杆。

以国内服饰两大企业巨头——中乔体育、尚诚服饰集团为例：面对快速变化的市场环境和日益增长的智能制造需求，中乔体育和尚诚服饰集团均面临着智能设备高效运维的新挑战。杰克科技凭借自身在IoT、大数据、AI等前沿技术领域的深厚积累，为这两大客户量身定制了从维修知识到机构原理，再到电控参数调试的全方位、系统性培训方案，有效提升了客户的生产效率和设备使用寿命，同时也反哺了杰克科技以成套智联进军中大型客户群体、以联合创新提升中高端市占率的战略。

此外，阮积祥立志于将杰克科技的业务推向全球市场的领先地位，为做到全球市场的“绝对第一”，杰克科技以创新驱动为核心，探索新兴技术与产业领域的应用，以此推动公司产品和服务的进一步升级，在研发战略上创新制定了一套“433”策略，即投入资源于不同研发阶段，包括开发新一代产品、预研未来技术以及探索新兴领域；同时，增加对人工智能人形机器人、智能软件等前沿技术的研发投入，以保持公司的技术领先地位。

商海如江湖，市场如战场。在经济周期的浪潮中，民营企业正面临前所未有的挑战与机遇。当下行周期成为新常态，杰克科技以创新为刃，以战略为舵，在变局中开辟新局——将“内修”转化为可量化的管理体系，用“技术穿透周期”替代简单的价格竞争，构建动态能力应对市场波动，冲破一个又一个行业发展的桎梏。杰克科技也以此证明：真正的行业领导者不是等待春天，而是创造新的生长周期。这种“逆势生长”的密码，正是源于持续的战略创新与组织进化。

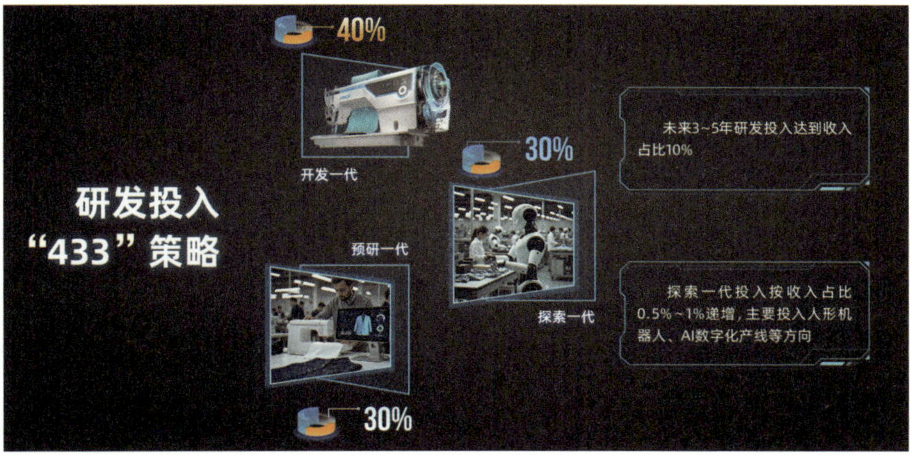

杰克科技研发“433”策略

三、构建价值共享供应链新范式

在发布2024年年报的当天，杰克科技同步在台州总部举办了“投资者接待日”活动，在答投资者问时，杰克科技明确2025年及今后一段时间，企业将重点布局“数字化成套智联”与“AI无人化成套智联”两大内容，从而构建服装智造产业生态，引领产业链整体升级。

这与此前阮积祥在接受媒体采访时的表态正好契合。在阮积祥的愿景里，杰克科技将发挥“全球第一”的引领效应，构建高效协同的产业生态战略，通过整合全球范围内的关键零部件供应商、技术合作伙伴等各方力量，形成一个高度协同、资源整合的产业生态系统。

2023年，杰克科技通过双维度供应链赋能行动，构建了新型产业协同生态。首先，公司专门组织全国各地的300多名供应商，召开了“深耕高质量、提升产品力、携手创爆品”的供应商大会，实现对供应商规模化体系化赋能。其次，举办了第十一届战略供应商第一次会议。通过大会表彰和组织研学的方式，企业与供应商进一步凝聚共识，不断提升供应商的管理水平和创新能力，提高供应商的竞争力和影响力，促进产业的转型升级和可持续发展。通过这样的方式，杰克科技将“单点采购”转向“生态共建”，由此，质量要求顺理成章地升级为价值共创，重塑了传统制造企业的供应链关系，探索实现供应链“硬实力”与“软实力”双提升。

此外，杰克科技还在供应链数字化赋能方面充分发挥了链主型企业的引领作用。针对行业多品种小批量、无法掌握订单生产进度，现场环节多、纸质单据杂乱不规范，库存账务不清晰、库位划分不明确、质检执行不全面、质检数据无分析等痛点，杰克科技牵头搭建数字化供应链体系，通过整合各环节资源，实现信息的高效流通和资源的优化配置。数字化供应链的建立不仅大幅提升了供应链的运行效率，还显著降低了运营成本，准时交付率提升25%、物料齐套性和协同效率均提高30%、数据完整性提升至80%、品质损耗降低20%。

杰克科技的这些举措，不仅为行业企业本身巩固竞争力赋能，也带动了产业链上下游企业共同发展，最终突破传统供应链简单的买卖关系，促进了产业生态的深度合作，积极构建了更加紧密的全球产业生态网络。

2024年的一个“动作”，暗藏着杰克科技构建产业协同生态的“野心”及深远谋略——2024年9月29日，杰克科技启动杭州总部，以战略级落子揭开产业生态升级的新篇章。作为互联网经济和科技创新的沃土，杭州汇聚了众多的国内外知名品牌，拥有从设计、生产到销售于一体的完整产业链。

杰克科技杭州总部的乔迁，瞄准的正是杭州高效协同的产业生态系统，可以不断推动时尚产业的边界拓展与深度融合，在更贴近市场脉搏的同时，依托杭州丰富的人才资源、良好的创新氛围和完善的产业链配套，“一子落”牵动企业构建产业生态的“满盘活”。

第三节　更开放、更包容、更自信

服装装备领域常被视为“窄赛道、小市场”的典型代表——市场容量有限、增长空间见顶，这似乎已成为难以打破的行业魔咒。特别是对已经连续14年稳居全球销量榜首的杰克科技而言，按常理本该进入“守成期”，安享行业龙头红利。

站上山巅往下看，四处便都是“下坡路”。然而，杰克科技在登顶后依然保持“归零心态”，以持续突破诠释着“巅峰之上，仍有星辰”的发展哲学，用持续创新改写产业生命周期曲线。

一、跳出杰克，发展杰克

“客户可能会遇到的一切潜在性问题，就是杰克科技今后要解决的问题。”不少“杰克人”将行业的挑战视为前进的动力，这些挑战既可能是未知的产业技术难点，也可能是已知的发展要求，比如绿色化、智能化、产业转型升级、发展新质生产力等等。

阮积祥的观点是：不妨“跳出杰克，发展杰克”，向外学习，向内消化，吸收反哺。“学习型”企业是杰克科技耳熟能详的标签之一，在企业标签之前，这个词语往往被“杰克人”用以形容阮积祥。

阮积祥爱学习这件事在业内是出了名的。从“飞球”成立到今天，30年的时间里，他先后自考浙江工业大学，就读清华大学，攻读中欧EMBA，选修北京大学国学班，并将打造“学习型企业”视为与员工共成长的最有增值意义的回报。

公司的管理团队在全球飞来飞去地“取经”，在今日的杰克科技已是常态。更为难得的是，这一理念正像技术创新之于制造业企业的“血液”一样，正融入普通“杰克人”的体内。

2025年开春，杰克科技供应链部门开启了一场别开生面的“学习大会”，引入了汽车行业的管理体系。虽说同为制造业，但在大多数人眼中，这二者的产业有云泥之别。杰克科技的视角是，汽车行业的供应链是供应链组织结构模式中最为典型的，涉及多个产业，配套产业之间的关联度高、要求严格，是公认的供应链最复杂、最专业的领域。也就是说，已是行业第一的杰克科技正在以"跳出杰克、发展杰克"的心态，向顶尖行业跨界学习。

"跳出杰克、发展杰克"，还体现在企业的人才队伍建设上。小智治事，中智治人，大智治法。人才是企业发展的核心，杰克科技现有员工7000多人，其中科研团队达到千人规模，成为企业连续14年保持高增长的关键因子。

在这背后，离不开的是杰克科技长达20多年的人才培养体系建设。杰克科技在全球范围内广纳本地化人才，开展定制化培训，组织员工定期来华培训交流，帮助员工提升专业技能。同时，公司构建全面激励3+3体系，全面提高海外员工的薪酬竞争力。公司内部还设立海外人才晋升通道、为员工提供导师辅导等，助力其职业成长。

当然，杰克科技深知平台对于如何招到人、留住人的重要性。近年来，杰克科技不断整合内外资源，先后与清华大学、浙江大学、东华大学、杭州自动化研究所等高校及研究机构建立合作关系，搭建国家级企业技术中心、省级工程技术研究中心、省级公共技术研发平台和博士后工作站等科创平台，充分利用科研院所和高等院校的实验室、仪器设备、学科优势，不仅解决了企业的技术需求、研发方向、攻关难题，实现了创新资源的有效对接，还通过筑巢引凤，以行业领先的科技创新平台更好地留住了人才。

二、长期主义践行者

2004年，联合国首次提出"ESG投资"概念，倡导投资者不要只盯着企业财报"下注"，而应该关注企业在环境、社会及治理方面的综合表现。一些研究发现，ESG整体表现越好，表明企业盈余持续性越强。这一点在"一带一路"倡议下，对于中国企业而言，具有重大的现实意义。因为这不仅涉及中国企业在全球范围内的社会责任和影响，还涉及中国企业的财务表现和长期竞争力。

2023年杰克科技开始对外发布ESG报告，全面展示了自身在可持续发展方面的实践、成就与承诺。秉承"成套智联，让服装智造无限可能"的企业使命，杰克科技以创新为驱动、以智能制造为核心、以可持续发展为目标，在2024年不断深化ESG实践。面对全球产业链重构的趋势，杰克科技不断优化管理模式，深化全球供应链协作，提升生产效率，强化绿色制造，以更加开放的姿态携手合作伙伴，共同打造可持续的智能制造生态体系。

以能源管理为例。当前，"碳达峰""碳中和"成为国家战略，低碳环保也已成为全球制造业的重要趋势。杰克科技通过持续推进绿色制造，全面优化生产流程，提升能源使用效率，减少碳排放。例如，在行业的产业链上游，杰克科技开展了光伏发电项目，全年实现1750.15万千瓦时发电量，减少1.45万吨二氧化碳当量，有效降低了企业的环境影响。

在生产环节，杰克科技践行资源节约理念，金属加工废屑经液压脱水处理后，高效返回铸造车间进行回炉熔炼，实现资源再生利用。同时，铸造过程中产生的飞沙，经过沙处理系统精细处理，进行循环利用，减少资源浪费，以全面推进绿色生产。

此外，杰克科技积极采用无毒无害的绿色原料和环保新材料，加快绿色设计、节能制造、循环利用等绿色技术创新。比如节能方面，杰克缝纫机采用无框永磁同步电动机及高性能矢量控制技术，相同工况下系统节能20%；比如在包装环节，杰克科技提出了符合消费者期望的绿色产品包装，在保证产品质量的前提下，实现包装材料的优化，单台产品可节约双层瓦楞纸120克、聚苯乙烯740克，不仅实现了经济效益与环境效益的双赢，也为行业的可持续发展贡献了杰克科技的力量。

三、“走出去”“走进去”

“不出海，就出局。”数十年来，这句话的含金量一直在不断上升。

出海这条路，杰克科技走得早、走得快、走得成功。在创立初期，阮积祥就定下了“出海”战略，以“双轮驱动”，坚持海内外市场“两手抓”，成为中国服装装备行业“走出去”的先行者。

2009年，杰克科技收购德国奔马后员工合影

早期的中企出海，往往走的是技术出海、渠道出海，更多的是以进出口贸易的销售策略为指引出海，杰克科技也不例外。通过将产品批量分销给海外经销商进行铺货，虽可取一时的业绩增长，但久而久之，品牌效应被弱化，不少企业由此沦为“贴牌工厂”。杰克科技意识到传统贸易模式的局限，开启出海2.0阶段——通过聚焦海外核心市场、重新确立品牌定位以及因地制宜地制定本土化品类战略配套。大刀阔斧的全球化战略调整，为企业带来了“新机”，也探索造就了新的模式。

2009年，为革新生产技术切入高端缝纫机市场，阮积祥凭借“金融危机正是收购的机遇”这一大胆判断，并购拓卡和奔马两家德企。人才、技术、设备、管理等得以全方位升级，尤其是技术上，实现了“反向创新”。直至今日，阮积祥依旧认为这是杰克科技实现战略转型、从单一缝纫机制造商向综合缝制设备解决方案服务商转变的重要一步。

尝到甜头后，杰克科技加快布局：2017年收购意大利迈卡公司，2018年收购意大利威比玛公司，加速从传统制造向智能制造转型升级。在开创台州民营企业海外并购先河的同时，实现了从“产品出海”到“品牌出海”的跃升。

与此同时，在全球化市场开拓上，杰克科技针对不同的市场，也因地制宜地采取了不同的战略。区别于欧美等成熟市场，随着亚洲地区，尤其是东南亚国家的发展和产业升级，其纺织服装产业开始进入快速发展阶段，对服装装备的需求量增大，对智能化、自动化服装装备的需求也在增长。

新兴市场的发展速度加快，为中国制造业带来了新的增长机会。杰克科技早早便将发展的目光投向东南亚市场，充分利用自身成本和生产效率优势，提供具备高性价比的产品和完善的售后服务，迅速占领该地区市场。

就以杰克科技的第一大海外市场印度来说，进入印度市场的初期，杰克科技在品类选择上，直接聚焦于中档市场；在客户群体上，则聚焦在未来有望持续增长的中小客户群体；在产品策略上，结合市场消费者对于品类认知的第一分化标准，以及中小客户的核心关注特性，杰克科技将产品聚焦在价格更便宜、使用成本更低的直驱机上，与日本头部高端品牌实现错位竞争。如今，杰克科技在印度已建立了5个海外办事处，拥有本土员工上百人。

当前，国际贸易局势更趋复杂和严峻，外贸企业将会直接面对可能出现的订单波动、利润承压、不确定性增加等挑战。“鸡蛋不要放在一个篮子里”，积极开拓新兴市场，打开更多业务空间是不少企业的关键策略。

相关数据显示，2024年，中国同拉美、非洲、中亚五国、中东欧等加强经贸合作，对其进出口分别增长7.2%、6.1%、7.2%、7.5%。新兴市场对中国外贸增长的贡献率近六成，已成为推动中国外贸增长的重要力量。

从这个角度而言，杰克科技的技术创新之路和海外布局具有高度的前瞻性。当关税壁垒筑起高墙，倒逼出的是更快的技术迭代与更高的产品价值。

2025年，是杰克科技“突破百亿，迈向千亿”目标的关键年，也是杰克科技成立30周年的重要时刻，更是其推动全球化、智能化、可持续发展战略的全新起点。三十而立，立的是根本，立的是面向未来的志向，杰克科技提出将继续秉持技术创新的内核，加快推进H1智能单机、H2-1数字化成套智联、H2-2绿色数字化成套智联、H3AI无人化成套智联三大增长曲线，推动企业迈向智能化、数字化、绿色化的新阶段，助推“中国制造”迈向“中国智造”，为“制造强国”贡献力量。

企业家专访

创新不是选择题，而是生存题

——专访杰克科技股份有限公司董事长阮积祥

《样本》：您取花名为“北斗”，这其中有着怎样的含义？

阮积祥：台州是“中国缝制设备之都”，全球每生产两台工业用缝纫机就有一台来自台州。我们三兄弟早年从台州出发，走南闯北“修鞋”才攒下创业的“第一桶金”，对服装装备有着深厚的感情。杰克科技的成长与中国制造业高速发展是“同频共振”的。这30年来，我们见证了产业由弱到强，实践着技术的突围，积极助力缝纫机市场由国外巨头垄断到国产成为主流的巨变。杰克科技在这中间发挥了一些作用，但我认为这还不够，我们距离“定义行业未来”的引领者仍有一段很长的路要走。

做企业要像做匠人一样，专注一个领域，做到极致。传统制造业企业迈向更高质量发展还有漫漫长路要走，杰克科技作为“全球第一”，我认为需要承担起一些引领的使命，勇于挑起大梁。我给自己起“北斗”的花名有三个寓意：一是北斗星于整个宇宙而言是渺小的，所以要“缩小自我强团队”；二是北斗星位于地球之外看着地球，所以要“跳出杰克看杰克”；三是因为北斗星拥有分辨方向的作用，所以要“规划战略引方向”。

《样本》：当前“国内国际双循环”的新发展格局已加速形成，杰克科技的全球化愿景如何落地？

阮积祥：杰克科技的发展经历了国际贸易、国际化、全球化、全球化领航四个阶段。在国际贸易阶段，我们的战略就是坚持“两条腿走路”：既致力于国内市场，也不放弃国际市场。

在如何做好全球化落地这件事上，我一直关注和思考两个问题。第一个是如何走向更多国家？东南亚市场和非洲市场是一个新兴的、可待挖掘的广阔市场，基本都是发展中国家，过去20多年来中国所走的路值得遵循和借鉴。我们要将这种经验复制到越南、印度尼西亚，以及非洲的一些国家去。第二个是如何找到全球合作伙伴？以往，我们通过多参加当地的展览，找到适合自己业务需求的代理商或合作伙伴；现在，全球的信息和资源都很发达，我们参与数字化跨境对接平台以及构建产业生态圈战略合作伙伴等创新渠道，强化拓展和发展。

此外，产品和服务是我们推进全球化的两大制胜武器。服务讲究速度，更讲究耐性。杰克科技能够根据客户的需求来设计个性化的产品功能，具有更高的灵活度，可以在竞争中争得上风。

《样本》：您觉得企业进入全球化的标志是什么？在全球化进程中，您觉得影响企业发展的主要因素有哪些？

阮积祥：以杰克科技而言，在国际贸易阶段，我们是"有什么产品，就卖什么产品"，把渠道当作消费场。到了国际化阶段，是"市场需要什么产品，我们就去卖什么产品"。不同的地方就是我们开始明白消费者是我们的用户，应当做好品类定位，以品类为主导，以品类为创新，以价值为营销。创新不是选择题，而是生存题。没有创新，企业就没有未来。根据客户需求，开发出符合要求的产品。我认为明白这一点，企业就真正进入国际化了。

到全球化阶段，我认为最核心的还是品类创新，要将关注点聚焦在核心产品上。杰克科技通过品类创新，开创了旗舰产品平缝机和包缝机，每年年底的经销商年会都会对产品进行有效组合，形成"旗舰产品+超级爆品+小品类爆品"的模式。只有这样的品类创新，才是实实在在给用户、消费者创造价值，才能推动全球化运作的发展。

《样本》：您对行业发展有着怎样的思考和期待？

阮积祥：服装生产无人化一定是服装装备行业的必由之路，哪怕杰克科技已经站上行业第一的位置，也必将面临"不进则退"的挑战。

2025年杰克科技正好迎来了30周岁，我们提出了"数字化成套智联"和"AI无人化成套智联"两条新的增长曲线，明确了高质量发展的方向。

未来，杰克科技将整合全球产业链资源，打造从设计到交付的全流程智能化解决方案，帮助客户实现柔性快反和就近生产。通过智能制造技术的应用，杰克科技不仅提升了生产效率，也将为全球服装产业链注入新的灵活性和竞争力。

此外，绿色化将成为行业高质量发展的必然要求，我们将致力于推动绿色制造，通过"光储充源网荷一体化"等技术，为行业可持续发展提供更多可能性。再者，就是探索工业机器人等未来技术领域，为行业智能化转型开辟新方向。

《样本》：在共建"一带一路"国家的建设中，杰克科技未来将如何更好地发挥龙头效应，引领行业更好发展？

阮积祥：一个企业的价值有多大，看它给社会创造的价值有多大。近年来，我们提出"成套智联，让服装智造无限可能"的使命，在组织活力、营销、研发、供应链等方面开展新一轮的深度变革，由设备制造商向成套智联服务商转型。这样一来，就可以更好地帮助国内服装产业转型升级，同时有序探索和构建第二、第三增长曲线。

同时，针对当前外部大环境的不确定性，以及近两年来服装产业链迁移的现实，我们紧跟国家“一带一路”倡议，经销网络最密集的点基本部署在共建“一带一路”国家。一是利用好国家战略带来的便利与机遇，二是我们也希望构建一个高效协同的产业生态，形成一股劲儿，更好地为全球服装智造赋能。

《样本》：当前，全球科技创新进入了密集活跃和加速拓展的时期。您觉得服装装备行业，或者说以服装装备为代表的传统产业在创新上该如何发力？

阮积祥：对我们这样的传统制造业企业来说，解决客户的需求痛点就是我们最大的驱动力，创新就是企业存在的价值。

杰克科技创新的内核一直未变。过去这么多年，特别是物联网发展以来，我们在十几年的时间里，构建了成套的数字化的智能解决方案，把我们从单一的缝纫机企业，转变为一个传统服装厂里面的数字化成套解决方案服务商，而在近几年的新能源浪潮里，我们又进一步升级为绿色数字化的成套解决方案，紧跟潮流趋势并引领发展。

现在，我们又投身于人工智能的潮流中，驱动我们的数字化成套智能解决方案走向少人化、无人化的人工智能。技术革命一轮又一轮，革新永远在路上，我始终坚定地认为：没有落后的传统产业，只有落伍的观念。只要坚持用创新去创造未来，在任何新技术来临时，大胆拥抱它，就能把各行各业重塑一遍。

专家点评

以技术升级产业，用供给创造需求

当前，世界正处于工业文明向信息文明转变的阶段，新一轮科技革命正在萌芽。信息文明使得要素结构发生根本性变化，促使不同要素作用出现时代性变革。本轮科技革命呈现出多点突破、互动创新、跨界变革和边际演进的显著特点，带来产业数字化、绿色化、服务化的不断转型和持续深化。这一方面催生了新产业、新模式，另一方面也改造和升级了老产业。全球主要经济体正试图在新一轮科技革命中取得领先优势，努力在新的全球产业转移中成为领头羊国家。而这需要市场微观主体的有力支撑，需要不同行业的全球创新领先企业共同努力。

今天，中国整体处于工业化中后期，正通过创新驱动推动“四新经济”加快发展，并对劳动密集型产业进行科技赋能。从科技发展的历史经验看，并不存在严格意义上的落后或夕阳产业，只有技术滞后造成的非适应性产业或产品，正如不能将纺织行业定义为淘汰产业，而碳纤维是全球市场供给远小于需求的产品。杰克科技作为传统制造业领域的缝纫机生产企业，坚持把科技创新作为企业生存变强的最根本的手段，在数字化、智能化方面推动企业产品和服务升级，保持作为全球智能化服装成套装备行业产销规模最大、综合实力最强的企业之一，并在本轮长波周期的低谷阶段对冲市场的诸多不确定性。

教育、科技、人才是中国式现代化的基础性、战略性支撑，也是企业保有竞争力的根本之道。杰克科技坚持长期主义，维持研发强度处于高水平位置，每年将7%以上的销售收入投入产品研究与开发，不仅超过欧盟国家平均水平，也高于中国2024年2.68%的研发强度，还超过了深圳2024年6.46%的高研发投入水准。同时，杰克科技打造了一支超千人规模的研发团队，并在全球各地设立14个研发中心。此外，重视教育是杰克科技保持创新活力的重要路径。20多年的人才培养体系建设，赋予了杰克科技“学习型”企业这个显示度特别高的标签。正是得益于科技、人才和教育三方面的强化和相互支撑，杰克科技才能真正将自身打造为“长期主义践行者”。

实现供给与需求的持续动态适配，是企业能够立足市场、应对各种不确定性最直接的路径。杰克科技一方面在需求牵引供给的针对性反应下，紧扣国家战略和时代命题，不断通过技术创新推出市场需要的高端产品，以“快速服务100%”响应市场需求，维持自身在缝纫机生产行业的龙头地位；另一方面，在创新理念下，充分理解萨伊定律的“供给创造其自身的需求”的深层含义，通过创新的技术去引导和挖掘市场需求，实现供给对潜在需求的超前响应，真正把“客户可能会遇到的一切潜在性问题，就是杰克科技今后要解决的问题”落到实处，并在全球市场上更好地“走出去”“走进去”。

在全球经济增长低谷期和全球化的回落期，缺少技术、缺乏品牌的企业很容易陷入各种困境。特朗普第二个任期后，很快实施的“对等关税”，尤其是把中国作为最主要的高关税实施对象，给中国企业带来了较以往更为不利的外部环境。杰克科技意识到传统贸易模式的局限，开启出海2.0阶段——通过聚焦海外核心市场、重新确立品牌定位以及因地制宜制定本土化品类战略配套等，为企业在危机中育新机，做好了应对风浪的谋篇布局。而技术赋能的高端产品，实现了差异化竞争，带来高端产品的稀缺性，有利于企业应对不确定形势下的各种挑战。正如克服19世纪末以及20世纪初经济恐慌的通用电气公司和通用汽车公司，其后得到长足发展一样，杰克科技将树立中国创新型企业的特色样本，代表“中国制造”成为迈向“中国创造”“中国智造”的本土跨国企业，并为中国企业在未来经济周期走向回升和繁荣树立一流企业的良好形象。

沈桂龙　上海社会科学院世界中国学研究所所长、研究员

第六章
做中国种业第一方阵的排头兵

——安徽荃银高科种业股份有限公司

- **楔子：** 民族种子中国“芯”
- **企业概况：** 种业领头羊
- **创新解读：**

第一节　种业强则农业强

第二节　多维度创新，驱动现代化发展

第三节　内外并举，兼济天下

- **企业家专访：** 做种子赛道的破浪者
- **专家点评：** 种业振兴的实践典范与未来启示

楔 子

民族种子中国“芯”

“只有用自己的手攥紧中国种子，才能端稳中国饭碗，才能实现粮食安全。”这是2022年4月10日习近平总书记在考察海南省三亚市崖州湾种子实验室时，着重强调的观点。

粮安天下，种铸基石。种子被誉为农业发展的“芯片”，一直是农业发展的核心关键，其背后承载的科技力量也足以改变世界。2002年，在保障粮食安全、中国种业转型升级的时代使命召唤下，张海银先生与李成荃女士，于安徽播下了荃银高科这颗“希望的小种子”。

“科技先行，资本与实业相结合，国内国外同步发展”，这一清晰而有高度预见性的战略，指引着荃银高科20多年来风雨兼程，从“小种子”茁壮成长为参天大树。通过构建现代种业创新体系，荃银高科的突破性成果不断涌现：累计培育推广数百个优良品种，形成覆盖主要农作物的种质资源库；率先实现“育繁推一体化”布局，成为国家种业阵型企业；所研发的杂交水稻品种连续多年位居全国推广面积前列，出口东南亚、非洲等地区的种子更让中国粮香飘四海。

2010年，荃银高科成功上市，开启加速度，特别是2015年以后，公司以每年两位数的业绩增长让行业惊叹！通过战略并购完善全国布局，创新“订单农业”模式，不仅破解种子的生命密码，更进一步破解从科技到产业的创新密码。

从实验室的基因片段到田野间的金色稻浪，从江淮一隅到全球布局，荃银高科的成长轨迹印证着中国种业的历史性突破。在保障粮食安全这一永恒课题中，荃银人关于“中国芯”的攻坚仍在继续。

企业概况

种业领头羊

时间回拨到2001年，在日后被评为“中国种业十大功勋人物”并荣获“中国种业卓越贡献奖”的张海银先生与著名水稻育种家、安徽省农业科学院原院长李成荃女士，怀着振兴民族种业的责任与热忱，共同发起组建了荃银高科的前身——安徽荃银农业高科技研究所。

2002年，安徽荃银高科种业股份有限公司（以下简称荃银高科）成立，深耕农业生物技术领域，围绕农作物育种、种子生产及技术服务三大核心环节，构建了以水稻等主要农作物种子研发与产业化为核心的业务体系。2010年5月26日，公司于深圳证券交易所创业板成功上市，成为A股市场首批以种业为主业的上市公司之一，被誉为“中国创业板种业第一股”。

上市后，荃银高科紧抓机遇，整合资源，实施兼并重组，迅速从区域性水稻专业公司发展成集水稻、玉米、小麦、瓜菜、棉油等农作物种子业务于一体的多元化种业集团。目前，荃银高科在种业综合实力、杂交水稻研发、推广及海外业务规模方面，均位居全国种子企业第一方阵。

一、科技先行，引领种业振兴

自成立以来，荃银高科始终坚守“科技先行”的发展战略，持续探索种业科技创新。公司以自主研发为主线，同时与国内科研院所、高校及种子企业进行横向合作，构建起研育结合、精准高效的育种创新体系，全力攻坚作物良种等重大科技产业关键问题，并在研发投入方面持续加大力度，确保科技研发的稳步推进。

依托强大的科研实力，荃银高科在多个作物领域实现突破性进展，成功推出了一系列抗性强、产量高、品质好的品种，在科研项目上屡获殊荣，也得到了市场的认可。其中，“一种适宜水稻机械混播再生制种的亲本选育方法”获国家发明专利，实现国内杂交水稻制种技术的新突破。目前，荃银高科通过整合全球优质种质资源，突破性品种选育及数字农业技术赋能，重点攻关基因编辑、智能育种等前沿技术，加速完善“育繁推一体化”现代种业体系，推动种业科技自立自强。

未来，荃银高科将继续聚焦种源“卡脖子”技术攻关，力争在智能育种、数字种业等新兴领域取得突破，为保障国家粮食安全贡献更多的科技力量。

荃银高科创始人（左张海银先生，右李成荃女士）

二、打造现代农业服务生态圈

有了在种质资源研发、生产及销售领域的深厚积累，荃银高科逐步构建起以种子为核心、辐射农业全产业链的现代化服务生态圈。在这一过程中，公司不仅通过技术创新巩固种业主业优势，更以“品种+品牌+资本+服务”为纽带，将业务触角延伸至农业服务、订单农业及国际化布局，为现代农业服务生态建设提供了重要范本。

在最核心的种业业务方面，荃银高科持续提升育种效率与品种竞争力。其水稻种子已形成徽两优、荃优、荃两优等8大系列，覆盖多类型杂交稻品种，玉米种子则以全玉1233等高产品种打开市场。公司整合资源，保障种子质量与供应稳定性，同时依托先正达集团的资本与技术优势，加速育种技术的创新与规模化生产，进一步强化自身的种业竞争力。销售端则通过经销商预付货款、统一零售价的机制，确保资金回笼与市场秩序，为产业链上下游提供稳定预期。

荃银高科以种业为支点，向农业服务领域延伸，构建产业协同生态。公司通过“订单农业”模式，以特色品种为切入点，带动农户按需种植，并提供技术指导，直接对接食品加工、畜牧业、酿酒企业等下游产业，既提升了农产品附加值，又降低了农户的市场风险。这种模式不仅增强了种业与终端消费的联动，更通过“农业服务”环节将技术、资本与市场资源高效整合，推动农业从单一生产向价值链中高端延伸。在拓展产业空间的道路上，国际化布局则是荃银高科的另一重要维度。公司加速“一带一路”沿线市场的开拓，在国外设立分支机构4家，良种销售出口覆盖30多个国家和地区。2024年荃银高科更是明确提出“深耕国内及‘一带一路’市场”的倡议目标，计划通过建立海外分支机构，加强本地化运营，同时借助生物育种等技术突破，提升国际竞争力。

荃银高科水稻生产制种基地

目前，荃银高科各类农作物种子年销量2亿公斤以上，推广面积8000万亩，荃银高科良种生产的粮食总量超过500亿公斤，为保障粮食安全、助力乡村振兴贡献力量！

创新解读

第一节　种业强则农业强

一、农业是民生之本，种业是农业之本

种业是农业生产的起点，也是保障国家粮食安全的基石，更是现代农业发展的“生命线”。“种地不选种，累死落个空”“饿死不吃种子粮”等俗语，都说明人们对种子的重视程度。

我国一直十分重视农作物优良品种的培育工作，“提纯复壮”“杂交育种”等历代良种培育技术快速发展迭代，主要农作物品种5年左右更换一代，每更换一次通常增产8%~10%。

不同时期的良种率（良种面积占农作物面积的比重）也呈现刚性增长趋势。根据中华人民共和国农业农村部公布的数据，中国良种率1949年仅为49.2%，1956年达到51.7%，1971年达到63.9%，1980年达到70.6%，1990年为78.9%，2000年达到94.0%，自2008年起稳定在96%以上，2016年进一步上升到98%。良种率的刚性增长，是粮食增产的重要基础。

改革开放后，种业从计划经济变成了市场经济，我国种业逐步开始了产业化、市场化的时代。2001年开始，我国开始对主要农作物商品种子生产经营实行许可制度，行业进入快速发展期，民营企业成为市场主体。

近年来，种业的体制改革和科技创新引领着现代种业的发展，农产品生产量质齐增。与此同时，我国政府持续加大对生物育种的政策支持力度：2020年中央经济工作会议和2021年中央一号文件提出“打好种业翻身仗”，2021年7月中央全面深化改革委员会第二十次会议审议通过《种业振兴行动方案》，2022年和2023年中央一号文件相继提出全面和深入实施种业振兴行动……这些政策的出台持续推动着农业关键核心技术攻关。

在政策的强力驱动下，我国种业发展取得了显著成效。自2021年起，我国主要农作物良种覆盖率已超过96%，自主选育品种面积占比超95%，良种对农业增产的贡献率提升至45%，为粮食连年丰收提供了关键支撑。国家种质资源保护体系不断完善，国家种质库新库容量达150万份，已长期保存农作物种质资源超过58万份，2024年新收集农作物种质资源13.9万份，为种业创新奠定了物质基础。

创新科企合作模式：中国科学院韩斌院士莅临“6+1”国家水稻商业化分子育种技术创新联盟南繁科研基地视察指导

尽管我国作为粮食生产大国，同时也是种子需求大国，在种业发展上快步追赶，但总体上仍属于起步较晚、发展时间较短，整体竞争力不强。当前，全球种业已形成了寡头垄断的市场格局，陶氏和杜邦合并、拜耳收购孟山都，市场集中度较高。可以说世界绝大多数种子供应已被美国、法国、德国等西方国家的种业公司垄断，跨国种业巨头对中国市场的控制力也在逐渐增大。除了规模与市场竞争力，我国在种质资源利用、育种科技创新、基础设施保障、育种成果转化等方面与国外也依然存在差距。例如，玉米、大豆等品种的育种技术与国际领先水平仍存在较大差距，这也反映出种业产业链的结构性矛盾。大豆进口依赖超80%，青花菜、胡萝卜、菠菜、洋葱等高端蔬菜对国外依存度高达90%以上，这种外部“种业霸权”叠加内部种业较为薄弱的情景，使我国面临特定作物受贸易摩擦影响“卡脖子”的风险。

种业振兴不仅是技术问题，更是关乎国家安全的战略任务。2024年中央一号文件提出：加快推进种业振兴行动，完善联合研发和应用协作机制；加大种源关键核心技术攻关，加快选育推广生产急需的自主优良品种；开展重大品种研发推广应用一体化试点；推动生物育种产业化扩面提速等多项举措。这一系列部署，既是对国际种业竞争加剧、全球粮食供应链波动风险的积极应对，也是对国内居民消费升级和农业高质量发展的主动回应。当前，我国居民食物消费已从“吃得饱”转向“吃得好”，对优质粮食、高蛋白农产品的需求持续增长。种业通过精准育种技术，可定向培育高产、优质、多抗的新品种，以此满足多元化需求，同时降低资源消耗，助力农业可持续发展。

二、迈向种业强国，任重而道远

我国种业正站在历史性的转折点上。

作为全球第二大种业市场，2024年我国农作物种子规模达1563亿元。历经数十年技术攻关，我国在水稻、玉米、小麦三大主粮领域构建了高效育种技术体系，基本实现良种全覆盖。从种质资源保护到商业化育种，从种子生产加工到市场流通，一条完整的产业链条已然成型。这些成就为粮食安全筑起坚实屏障，但站在“种业强国”的坐标系下审视，仍存在诸多亟待跨越的鸿沟。

尤其值得注意的是，规模扩张的表象之下，我国种业的深层矛盾越发不容忽视。作为产业核心的育种环节，我国8721家种业企业中，仅有21%的企业年研发投入超过50万元，44%的种企完全没有研发投入，研发投入强度与跨国企业相比存在较大差距。生物育种这一关键领域更显短板：基础研究与关键技术原创不足，前沿育种技术短板依然突出，生物技术与现代信息技术深度融合的创新体系尚未形成；重大新品种研发及产业化滞后，如高产耐密宜机收玉米和高产高油耐密大豆品种缺乏、生物技术产品产业化滞后。

这种技术差距背后，折射出我国种业创新体系的系统性差距——多数企业仍停留在销售导向阶段，国家农作物种业阵型企业科研投入强度只有9.4%。作为对比，大多数国际型跨国种子集团对研发的投入强度都在12%~15%，有的甚至更高。

客观差距与现实挑战的另一面，也有许多积极变化与突破机遇。比如，政策驱动与市场变革正在重塑产业格局。自《种业振兴行动方案》发布以来，国家通过种业振兴“五大行动”、“南繁硅谷”建设等举措，构建起涵盖种质资源保护、商业化育种、知识产权保护的政策矩阵。同时，在技术层面，基因编辑、分子标记育种与数字化农业的深度融合，催生出种业头部企业建立的高通量分子育种平台、数字化育种体系，将行业平均8年至10年的育种周期压缩为5年至6年。市场需求端的高要求也在倒逼种业向优质化转型，如2023年我国中东部地区出现了大范围持续高温天气事件，综合强度为1961年有完整气象观测记录以来最强，对作物抗高温提出了更高的要求。荃优系列水稻品种在进入市场试推后，先后经历了两年低温与极端高温干旱的恶劣天气情况，各地表现良好，结实率普遍在85%以上，赢得了市场和用户的认可。这些积极变化，为产业突破提供了重要支点。

然而，国际竞争的激烈程度与资源约束的紧迫性，正将我国种业所面临的挑战推向新的高度。拜耳、科迪华等跨国巨头凭借技术垄断，加速渗透中国市场，而大量的本土企业仍在产业链中低端徘徊。耕地红线收缩与气候变化叠加，2024年全球气温再创新高，制种减产风险加剧，亟须突破抗逆性品种瓶颈。更值得警惕的是，知识产权保护体系的滞后导致套牌侵权现象泛滥，中国最高人民法院知识产权法庭侵害植物新品种权案件年均增幅最大，2023年同比增长20%，五年年均增长87.9%。

面向未来，种业强国的建设需要完成系统性突破。政策层面需在强化知识产权保护的同时，推动企业兼并重组，培育具有全球竞争力的“航母级”种企；技术层面要加速生物育种产业化进程，打破跨国公司的技术壁垒；产业生态则需从单一产品竞争转向综合解决方案的比拼。

在这场转型升级的战役中，民营企业正展现出创新活力与市场敏锐度，从“配角”向“主力军”蜕变。以荃银高科为代表的一批企业通过“产学研用”一体化模式，架起技术转化的桥梁。只要荃银高科等领军企业能持续突破“卡脖子”技术，只要更多中小企业在特色作物领域能开疆拓土，中国种业终将突破“大而不强”的桎梏，在全球种业版图中实现从“跟跑”到“领跑”的跨越。这既是一场科技创新的攻坚战，更是一场产业生态的重塑之战，唯有以改革破局、以创新开路，方能在种业强国的征程上行稳致远。

第二节　多维度创新，驱动现代化发展

一、智创良种，引领打造生物“芯片”

农业现代化与生物技术深度融合的浪潮奔涌不息，种子作为农业的“芯片”，其创新突破始终是保障粮食安全与推动农业高质量发展的核心动力。荃银高科以科技创新为引擎，通过系统性布局、前瞻性研究与产学研协同，不断突破生物育种关键技术的瓶颈，构建起覆盖作物全生命周期的创新体系，为我国种业“卡脖子”问题的破解提供了重要范本。

荃银高科始终将自主科研置于战略核心位置，坚持利用一切可以利用的资源实现自主创新。公司研发团队聚焦作物抗病、高产、优质等关键性状的改良，通过跨物种基因资源挖掘与精准育种技术的结合，实现了多项世界领先的突破。例如，将天麻抗真菌蛋白成功应用于玉米抗病育种，这一技术成为国内首个、世界领先的利用生物育种技术创制广谱抗

病玉米的标志性成果，为玉米产业的病害防控提供了全新的解决方案。

同时，通过科企合作研发的“谷草兼用”脆秆水稻技术，通过种粮饲一体化设计，使秸秆在保持高产粮食的同时兼具饲用价值，有效破解了秸秆还田与牛羊粗饲料综合利用的难题，该技术入选中华人民共和国农业农村部2024年度农业“火花技术”成果库名单，彰显其在资源高效利用领域的创新高度。

2021年至2023年，荃银高科研发投入资金分别为8328万元、11384.63万元、14027.35万元。凭借持续高强度的研发投入，公司构建起覆盖水稻、玉米、小麦等主要作物的品种矩阵。经过多年来不断引进、筛选、鉴别与创新，公司及子公司储备了较为丰富的种质资源。以优势种质资源为基础，加强种质资源创制，重视SSR、SNP分子标记辅助育种技术以及其他现代生物育种方法的应用，培育出一批市场价值高、应用前景好的新品种。如公司成功选育及配组开发并主要应用的籼型水稻不育系“荃9311A”“荃早A”“荃科1A”“荃广A”“沪科1A”等，具有异交率高、配合力好、米质优、耐热性强等特点，充分显示了公司突出的自主科研创新实力。

截至2024年，荃银高科拥有自主或合作选育的水稻品种共计510个（国审307个）、玉米品种124个（国审31个）、小麦品种24个，还选育了一批优质棉花、高粱等新品种。以市场需求为导向的品种开发策略，使荃银高科构建了系统的品种研发体系，形成丰富的品种梯队，也使得荃银高科的科研成果快速转化为生产力，为农民增产增收提供了可靠支撑。

荃银高科合肥南岗科研基地

此外，荃银高科深知创新需依托系统性平台与人才梯队的支撑。公司自2012年成立荃银农业科学院以来，持续完善“基础研究—技术攻关—成果转化”全链条创新体系。目前，其科研平台已涵盖中华人民共和国农业农村部杂交稻新品种创制重点实验室、分子育种实验室、院士工作站及国家级博士后科研工作站等，形成覆盖分子检测、生态测试、种质资源开发的立体化支撑网络。

在人才建设方面，荃银高科汇聚了一批兼具学术深度与产业经验的核心团队，核心科研人员多次斩获国家级、省级荣誉，确保了技术攻关的持续性与前瞻性。截至2023年12月31日，公司科研人员254人，占总人数的14.86%，被合肥市委组织部授予“庐州产业创新团队”依托单位，其中获国务院政府特殊津贴4人、安徽省学术与技术带头人3人、安徽省战略性新兴产业领军人才3人、特聘的全国知名专家15人、获合肥市政府特殊津贴1人、入选合肥市专业人才库4人、高级职称69人、硕士及博士137人，形成了一支传承有序的金字塔形科研队伍。

正是这支高素质的科研团队，为荃银高科的自主研发提供了强劲动力。在以自主研发为主线的同时，荃银高科创新实施“以自主研发为主，与国内科研院所、高校及种子企业横向合作为辅”的新品种研发模式，实现基础研究与应用研究紧密结合。公司先后与中国科学院、中国农科院、中国水稻所、浙江大学、华中农业大学、安徽省农科院等多家科研院所和高校建立了紧密的合作关系。在中华人民共和国农业农村部的支持下，牵头与中国科学院、中国水稻所等国际顶尖水稻育种专家团队成立了“6+1”国家水稻商业化分子育种技术创新联盟。该创新联盟是国内农作物种业领域唯一由中华人民共和国农业农村部认定的“首批国家农业科技创新联盟”，同时也是首批被认定的“标杆联盟”。2022年，荃银高科又与棉花领域顶尖科学家联合，成立“国家棉花生物育种创新产业联盟”，致力于解决棉花育种的“卡脖子”问题。

荃银高科积极推进种质资源和基因组信息共享，整合功能基因挖掘、种质资源创制等技术，采用“命题式联合攻关”，围绕产业痛点（如抗病性、优质口感等），多学科、多维度协同打造设计育种体系，推动技术快速落地。后续通过上海中科荃银等平台，连接农化服务、农产品深加工等上下游资源，推动农业科技成果转化。这种开放式创新生态覆盖了从基因发现，到编辑筛选，再到品种选育推广的完整链路，不仅加速了技术转化效率，还提升了种业创新的协同效能。

在深化产学研合作的同时，荃银高科也深知知识产权保护对科技创新的战略意义。在知识产权保护层面，荃银高科通过构建多层次专利体系，为科技创新筑起坚实屏障。并强化商标保护，以“专利+品种+品牌”的立体化保护策略，既保障了核心技术的独占性，也激发了研发团队的创新活力，形成“研发—保护—再创新”的良性循环。这种立体化保护策略既维护了公司在种业竞争中的主动权，也为持续创新提供了制度保障。

二、链动产业，协同兴农共筑丰饶

从2011年起，荃银高科开启了一条独具特色的全产业链经营模式，以种业这一农业的源头产业，紧密连接村集体、加工企业、农户等农业产业各环节。通过并购和合作的方式，荃银高科整合了种子研发、生产、销售以及农业服务等环节，打造出了“荃银高科+合作社+产业合作伙伴+金融合作伙伴”的全方位合作模式。这一举措不仅加强了荃银高科自身在市场中的竞争力，也为乡村振兴和农民增收作出了重要贡献。

发展到2024年，荃银高科已经通过优化业务分工，设立了水稻事业部、玉米事业部等，探索“优势产品+服务集成”的营销新模式，致力打造大单品、树立标杆市场，经营主体拓展至全国17个省市，种子销量再攀新高。除了直接销售之外，通过“品种+品牌+资本+服务”的战略组合拳，荃银高科还与产业链上下游优势企业携手合作，共同布局全产业链，在安徽、四川、湖北等地建设品牌粮生产基地，打造品牌粮、专供粮，进一步拉动公司优质品种销售，推动公司的持续稳定发展。比如，与益海嘉里、广粮集团等20多家大型粮食加工企业建立了合作关系，建设绿色品牌粮生产基地，打造了“庐州香米”“店集贡米”等一系列品牌，既丰富了产品种类，又提高了市场知名度和占有率。

在国家推行“粮改饲”的政策契机下，荃银高科整合种植端、养殖端等多方资源，积极与君乐宝、光明牧业、首农畜牧、新希望等全国知名的畜牧业公司合作，发展青贮饲料订单农业模式。青贮玉米以其较高的生物产量、优良的纤维品质及适宜的干物质和水分含量，成了理想的反刍动物饲料，适宜用厌氧发酵的方法进行封闭青贮。2020年，庐玉9105、全玉1233等粮饲兼用玉米品种成功中标光明牧业的优质饲草料种植基地种子采购项目。同一时段，公司启动了再融资计划，将部分募集资金用于青贮玉米品种产业化及种养结合项目，为该业务的持续发展提供了坚实保障。

荃银高科开拓的订单农业业务，有效整合了上下游资源，围绕种业下游产业链业务进行了精心布局。在种业行业竞争激烈、品种同质化严重、盈利空间不断承压形势下，荃银高科利用自身品种、品牌、资本和服务的优势，另辟蹊径，积极进行营业模式创新，与相关品牌公司开展深度合作，提升市场竞争力。同时，荃银高科注重风险控制，坚持选择规模较大且信誉良好的品牌作为合作伙伴，以规避市场价格波动带来的违约风险。

随着荃银高科在全国范围内不断扩展自身的营销网络，华东、华中市场的开拓，长江中下游地区的战略布局，以及线上线下多渠道营销策略的实施，荃银高科品牌的影响力得到了极大增强。公司与中化现代农业在MAP（Modern Agriculture Platform）业务方面继续深入合作，为种植户提供种、药、肥一体化供应及粮食收储等产前、产中、产后服务工作，更是推动了农业服务业务的不断发展。

作为安徽省11家领军企业之一，荃银高科在提升自身科技创新能级的同时，没有忘记来时路，着力发挥产业链优势，反哺地方产业发展。为此，公司积极开展生态孵化，打造出“现代青年农场主”孵化平台，围绕种业全产业链，积极开展创新创业孵化工作，打造荃银高科生态链，在助力公司全面发展的同时，努力带动种业领域创新创业和产业链转型升级。

三、资本聚势，多元布局市场版图

锐意进取的资本战略和高效能的资源整合能力，是荃银高科在资本市场给人留下的重要印象。公司用短短八年时间在深交所创业板成功上市，成为“中国创业板种业第一股”。这一里程碑不仅标志着荃银高科在资本市场上的突破，还开启了其通过资本聚势、产业协同实现跨越式发展的战略新纪元。

作为创业板上市公司，荃银高科始终以资本为纽带，充分释放资本市场融资功能，为研发投入与市场拓展提供强劲支撑。通过并购重组、战略参股等资本运作手段，公司快速整合行业资源，构建起“种业+农化+农业服务”的多业务协同生态。这一战略布局不仅打破了传统种业单一业务的局限性，更通过产业链延伸与跨领域融合，形成差异化竞争优势。例如，收购新疆祥丰70%的股权，为公司开拓玉米市场提供了种质资源的支撑；收购荃银天府51%的股权，助推快速拓展西南区域玉米业务；收购新疆金丰源60%的股权，不仅完善了公司在棉花产业方面的布局，还为公司拓展中亚市场提供了抓手与支撑。通过并购优质标的，荃银高科逐步拓展玉米、小麦、瓜菜、棉油等农作物种子业务，实现从区域性水稻专业公司向综合性种业集团的蜕变，业务版图覆盖全国主要农业产区，并同步向海外市场延伸。

在资本的驱动下，荃银高科的市场布局呈现“多点开花”之势。一方面，公司通过与农业龙头企业进行战略合作，实现技术研发、市场渠道与品牌价值的互补共赢；另一方面，以种业为核心，向农化服务、农业金融等领域延伸，形成“育繁推一体化”的全产业链条。这种多元化的战略布局不仅巩固了公司在种业领域的领先地位，更在农业现代化进程中抢占先机。

回溯荃银高科的“资本与实业相结合”之路，其成功本质在于对资本工具的精准运用与对行业趋势的深刻洞察。从创业板上市融资到股权结构的战略重组，从并购整合到全球化合作，公司始终以资本为杠杆撬动产业升级，以创新驱动构建核心壁垒。未来，荃银高科有望在种业振兴与农业现代化的浪潮中，进一步巩固其市场版图，书写中国种业资本化发展的新篇章。

第三节　内外并举，兼济天下

一、共创共享育英才

在农业科技创新与乡村振兴的时代命题背景下，荃银高科以“共创共享”的核心理念和开放包容的企业文化，构建起了一条独具特色的人才培育路径。这种文化基因自企业创立之初便深深嵌入发展脉络：当多数初创企业聚焦资本积累时，荃银高科已将35%的股权池作为人才战略的基石，通过技术股权、一次性激励等多元机制，将人才价值与企业命运深度绑定。

这种以丰富物质为基础、文化浸润为导向的格局，不仅塑造了开放包容的组织生态，更孕育出一批伴随企业成长的“终身合伙人”——走出校园即进入荃银高科，从基层做起一路成长为管理层。在荃银高科，这样的“荃银人”例子比比皆是。众多高管在“家文化”浸润中成长为行业栋梁，印证了人才战略对组织生命力的持续滋养。

在深化人才培育体系的进程中，荃银高科展现出高度的战略前瞻性与敏锐的行业洞察力。针对现代农业对复合型人才的需求痛点，公司首创“现代青年农场主”培育模式，自2012年起，在安徽农业大学单独开设“现代青年农场主‘荃银’创新创业实验班”，开创“田间课堂+企业实训+创业孵化”的三维培养体系，十多年来已累计培训现代青年农场主1045名。这种校企深度融合的实践，突破传统农业教育的学科壁垒，使学员在作物育种、田间管理、市场运营等环节获得系统性认知，真正成长为既懂育种技术，又具备全产业链思维的新型农业人才主体。

该模式得到社会各界的认可，曾获得“全国新型职业农民培育十大模式”之一、教育部“国家教学成果二等奖”等荣誉。2015年农业部、教育部和团中央决定组织实施面向社会的现代青年农场主培养计划，将该模式在全国正式推广（荃银高科承办部分社会现代青年农场主培训工作）。“现代青年农场主”众创平台曾获科技部首批“星创天地”以及首批全国新型职业农民培育示范基地。2017年，现代青年农场主被写入中央一号文件，将现代青年农场主培育工作提升到了新的高度。

面对全球化竞争格局，荃银高科更将“共创共享”理念延伸至国际人才战略。与华中农业大学联合设立的“荃银高科国际合作班”，聚焦共建“一带一路”国家市场开发需求，通过本土化招生、双语教学、跨国实践等创新举措，培养兼具专业素养与跨文化沟通能力的国际人才。这种前瞻性布局既满足企业海外拓展的人力资源储备需求，又通过技术输出与经验共享，推动了农业文明的跨国界传播。

从股权激励到教育创新，从本土深耕到全球布局，荃银高科的人才战略始终遵循共创行业未来、共享发展成果的底层逻辑。公司构建起的全周期人才生态，不仅为企业自身储备了持续创新的动能，还通过校企协同、跨国合作等开放模式，为行业输送了兼具技术深度与商业视野的复合型人才。这种将企业文化转化为人才培养机制的实践，是对“人才是第一资源”理念的生动诠释，也为农业科技创新型企业树立了“以人才育英才”的典范。在乡村振兴与农业现代化的历史交汇点，荃银高科的探索印证了：当企业将人才培育视为生态共建而非成本投入时，必将收获超越商业价值的社会影响力。

二、扬帆海外拓疆土

成立之初，荃银高科就高度重视海外市场，计划“国内国外同步发展”，并成立了专门的子公司，在目标市场建立本地化生产和推广体系，以适应不同地区的农业需求。通过企业贸易走出去、科技走出去、农业项目走出去、农业公司走出去四个阶段，稳步提升国际业务竞争实力。

历经十余年深耕，荃银高科的海外版图持续拓展。在东南亚，公司以种子贸易为切入点，在孟加拉国、越南等国家建立稳定的市场渠道；依托“一带一路”倡议，在共建国家布局科研育种基地，成功审定适应热带气候的水稻品种，并针对雨季种植需求选育出抗逆性强的专用型作物。在非洲，荃银高科通过承担农业技术援助项目，将技术输出与本土化实践相结合，进一步深化合作。

比如，在安哥拉，荃银高科针对当地昼夜温差较大、露水重的自然条件，在安哥拉水稻品种筛选试验基础上，采用分子标记辅助育种技术选育出35种杂交水稻组合，再经过多次筛选最终确定主推“安哥拉1号”等三个组合，每公顷的平均单产超过7.5吨，比当地原有品种增产两倍以上。此外，公司在孟加拉国、安哥拉和缅甸设立分、子公司，建立水稻和玉米种植农场，实行本地化选育并推广，有效地解决了当地品种选育的难题。

当然，荃银高科的国际化进程并未止步于技术输出，公司创新性地构建了“育繁推一体化”与“种粮一体化”双轮驱动的运营体系。通过与中非基金、厦门建发等机构合作，签订“种粮一体化”国际合作项目，共同实践“种子走出去，粮食运进来”畅想，将海外粮仓建设与国内粮食安全需求相衔接。助力打造海外粮仓，助力国家粮食安全。

荃银高科的海外征程，既是企业自身发展的必由之路，又是中国种业农业走向国际的重要缩影。公司通过技术输出、模式创新与本地化实践，打破了传统农业国际合作的单一贸易模式，推动中国种业从“产品出口”向“技术输出”“产业协同”跃迁，为全球农业可持续发展提供了中国智慧。这一探索不仅增强了中国在国际种业领域的竞争力，更在实践中探索出一条兼具技术赋能与产业协同的海外拓展道路，为构建人类命运共同体注入了农业领域的中国力量。

三、科技责任惠民生

企业不仅是经济价值的创造者，还是社会责任的践行者。荃银高科作为中国种业领域的领军企业，在坚守“科技先行”的创新引擎的同时，也将“科技向善”的理念深植于企业发展的血脉，通过绿色育种技术、公益赋能乡村振兴、产业链协同创新等多维度实践，诠释了科技企业如何以责任担当守护民生福祉。

从源头的育种研发领域，荃银高科始终关切环保与可持续发展。依托分子标记辅助育种、生物技术等前沿手段，公司成功培育出一系列节水、节肥、抗病虫害的绿色作物品种，显著降低了农业生产对资源的依赖。例如，节水抗旱稻的发展与安徽颇有渊源，节水抗旱稻最早就是在安徽落地生根，安徽省的种子推广部门和包括荃银高科在内的多家种子企业对节水抗旱稻的发展作出了不可磨灭的贡献。荃银高科与上海市农业生物基因中心开展合作，推进了“沪旱1516”“沪旱1512”等品种的合作和转化，双方互换亲本，开展交叉配组，选育出旱优、荃旱优、旱香优等不同系列的品种，有效缓解了资源匮乏地区的农业用水压力，为粮食安全提供了科技支撑。同时，抗病虫害品种的推广减少了化学农药的使用，既保护了生态环境，又提升了农产品品质与市场竞争力。这些成果不仅契合“双碳”目标，更以技术革新推动农业向绿色低碳模式转型。

企业发展的终极价值在于回馈社会、惠及民生。2013年，公司联合创始人张海银先生发起成立“安徽张海银种业基金会”，基金会以“励志种业、促进创新、服务‘三农’、回报社会”为宗旨，通过开展人才激励、助学、助困、助农等多个项目和慈善活动，助推种业发展、促进社会和谐、文明进步。

此外，基金会还设立了“荃银种业促进奖”专项奖，主要奖励对我国农作物种子科研和种业产学研结合、良种推广服务、推进现代种业发展工作中作出突出贡献者。截至目前，已累计奖励了133个在农作物种子推广和服务等方面开拓创新的优秀种业团队和个人。2023年，“张海银种业基金会”迎来十周年，其公益活动获得多方认可，公司亦荣获中国上市公司ESG百强、中国上市公司协会2023年乡村振兴最佳实践案例等殊荣。

张海银先生与荃银高科共同发起成立“安徽张海银种业基金会”，奖励在科研、良种推广等方面作出贡献的科研工作者

各类乡村振兴实践中，公司以“优质种子+技术指导”的精准模式深入偏远地区，为当地农民提供高产抗逆的玉米、水稻种子，并组织专家团队开展田间指导，帮助提升种植效率与收益。自2017年起开展的“荃银种，爱心种”公益活动、“穗悦行动”，每年拿出100多万元，累计为9省50个县市9000多个农户提供种子、化肥、技术指导及收储服务。此外，公司还积极为社会捐款捐物，公司员工积极参与助学助困活动，年助学助困捐款100万元以上。

“输血”与“造血”并重，社会责任与荃银高科长期战略深度融合，通过技术输出、产业合作、共建种业创新平台等形式，带动产业链上下游共同参与社会价值创造，彰显了企业对中国农业现代化的责任担当，更以实际行动让科技创新的成果真正惠及广大农民，为乡村振兴注入持久动力。

企业家专访

做种子赛道的破浪者

——专访安徽荃银高科种业股份有限公司副董事长张琴

《样本》：您从父亲张海银手中“接班”时，遇到的最大的困难是什么，您是如何解决的？

张琴：接手公司时，摆在大家面前的是市场打不开、团队干劲不足等一系列问题，可以说是人心浮动。有的人看我不专业，私下都在嘀咕：“能管好这么大的摊子吗？”我有段时间压力大得睡不着觉。后来发展过程也不是一帆风顺的，磕磕绊绊，资金链绷得紧、管理上常常遇到各种意想不到的挑战，真的是“在刀尖上磨砺自己”。

我在父亲那里学到了“做事情要有责任心，用心去做好每一件事”，想要成长和成功，能依靠的只有“用心”二字，绝无捷径。我知道，想要带好这个家，就只能往前冲。后来，我通过股权激励、调整管理架构等改革，用发展的硬道理团结一致，带着公司走出了低谷。或许在市场里闯荡的每个企业家都是孤独的，面对再多的非议和怀疑，也唯有不忘初心、不畏艰难。

《样本》：您对种业的深情是如何形成的，您认为一家种子企业应该肩负怎样的责任？

张琴：作为“种二代”，我一开始确实是受父亲影响入行，随着在其中摸爬滚打多年，自己对种业也从啥都不懂的“门外汉”一步步干到现在，成为上市种企负责人，才真正明白一粒小小种子的分量，对农业种业有了深厚的感情。

种业投入周期长、回报慢，这活儿还真不是一般人能干的，一个新品种，从试验到推广没个七八年根本出不来，我们的研发团队常年扎在田间地头，个个晒得黝黑，找对象都不好找，但这是关乎老百姓饭碗的大事啊！为了让中国人的饭碗里多装自己的粮，我一直坚定这个方向，认准了一条路，就勇往直前，决不退缩。

《样本》：您认为荃银高科在种业上的核心竞争力是什么？

张琴：战略层面，我们一直坚持“科技先行”，无论是科研育种理念还是全产业链探索，创新一直深深烙印在荃银人的心中，穿插在荃银高科整体经营过程中。我们构建了完善的水稻、玉米等主要农作物的全国性育种网络，通过生物育种、分子育种、AI育种等前沿技术，我们成功培育出适应不同生态区域的突破性品种。比如，公司特别选育的籼型两系杂交水稻“荃两优1606”，2021年成为实现双国审的水稻品种，具有高产稳产、抗病能力强、耐高温等突出优点，曾创造湿谷平均亩产量达到900公斤的佳绩，为农户带来了实实在在的增收。

合作机制上，我们创新“科学家入股”“股权激励”模式，将科研人员的创新动力与企业利益深度绑定。2016年我们牵头与国内顶尖水稻育种专家团队成立的“6+1”国家水稻商业化分子育种技术创新联盟，就是范例。该联盟集合了国内顶尖水稻育种专家团队，将各种创新要素聚集起来，共同解决产业的问题，利益共享、风险共担，最终实现各方共赢。

市场方面，我们始终以市场需求为导向。加快选育品质更优、抗性更强、适应性更广的新品种，满足市场对品种的多样性需求，增强企业核心竞争力。新品种作为面向市场的产品，不仅需要科技支撑，也在不断地进行产品打磨和市场营销工作。而且，销售和科研紧密配合，体现“从实验室到田间”的快速转化能力，这正是荃银高科持续领跑行业的关键。

《样本》：荃银高科的“软实力”是如何炼成的？

张琴：人是一切的关键，荃银高科“共创共享共赢”的企业文化感染和吸纳了各方专业人才。我们培养了一支为共同目标奋斗且能打胜仗的队伍。公司又通过设立互助基金、股权激励、合理薪资分配等多项制度，为团队的奋斗扫除了后顾之忧。只有有了良好适配的企业文化和激励机制的保障，让每个经营团队的小目标与公司总体的大目标同心同向、企业里每个人心往一处想、劲往一处使的使命紧密相连，才能无往不利。说到底还是一句话，尊重知识、尊重人才。

《样本》：长三角一体化发展给荃银高科带来了哪些机遇和助益？

张琴：公司积极响应省里号召，携手共同推进长三角协同创新，形成了“基础研发在沪苏浙、工艺提升和成果转化在安徽”的共赢模式。之前提到的“6+1”联盟就是在上海成立的，实现了基础研究与应用研究紧密结合。联盟建立起中国特色的分子设计育种体系，聚焦综合性状优良特色农作物新品种选育，创制新的育种材料和种质资源，致力于解决农业生产中的疑难杂症，从源头保障国家粮食安全。

2019年，我们又与联盟科学家团队共同出资成立科企合作研发型公司——上海中科荃银分子育种技术有限公司，利用全基因组测序、功能基因、生物信息学等资源开展导航育种，共同解决“卡脖子”技术攻关，成效显著。重点开展了以基因组学为核心的设计育种体系建设及骨干材料选育，RiceNavi导航育种及生物育种新技术、新产品、新装备开发，品种选育及技术推广等方面的工作，已经取得了一系列植物新品种权、专利权和软件著作权等成果。

《样本》：您如何看待行业的发展趋势？荃银高科在现代农业中助力新质生产力发展方面做了哪些工作？

张琴：事实上，中国人能够吃上饱饭，也就短短几十年。只有依靠科技创新，提高产量效益，才能让有限的土地产出更多的粮食，这是农业的永恒追求。下一步是通过创新，提升粮食品质，让大家吃得好、吃得更加健康。而种子是农业的“芯片”，种业是永远的朝阳产业，是人类永远需要的行业，具备永久做下去的产业属性。

荃银高科一方面不断坚持种子创新，让中国农民用上好种子，进而让中国种子走向世界；另一方面，寻找良法相配套，彻底发挥种子潜力。这一切都需要人才，所以荃银高科这些年在为探索未来“谁来种田”的问题提供方案，大力培养爱农业、懂技术、善经营的复合型农业应用人才，努力使这些现代青年农场主成为现代农业实践者、粮食生产贡献者、美好乡村建设者、基础政权巩固者，打造一支乡村振兴生力军。

专家点评

种业振兴的实践典范与未来启示

荃银高科作为中国种业振兴的实践典范，其成长轨迹既是一部农业科技攻坚的奋斗史，也是资本与产业深度融合的标杆。这家从区域性企业蜕变为国际种业竞争参与者的公司，以科技创新为犁铧，以制度创新为土壤，开辟了一条独具中国特色的种业突围之路。它的发展不仅深度契合了我国“种业振兴行动”的战略目标，还为农业现代化与粮食安全保障提供了重要范本。

要筑牢国家粮食安全的“护城河”，离不开科技创新。荃银高科以“科技先行”为核心理念，通过自主研发、产学研协同及生物育种技术突破，成功构建了覆盖水稻、玉米等主粮的“育繁推一体化”体系，实现了从“跟跑”到“并跑”的跨越。尤其是在抗逆性品种研发、基因编辑等“卡脖子”领域的突破，显著提升了我国种业的国际话语权。荃银高科的“订单农业”模式与全产业链整合，更将分散的农业生产单元纳入现代产业体系，把科技成果快速转化为生产力，助力农民增收与粮食稳产，体现了科技赋能农业的路径创新。

资本运作与管理结构双重维度的制度创新突破，则为研究与产业应用之间的良性互动奠定了基础。从创业板上市到战略并购，荃银高科始终以资本为纽带，整合产业资源、优化股权结构、加速技术转化。其与中化、先正达的协同效应，本质上是国有企业资源禀赋与民营企业机制优势的化学反应。这种混合所有制的改革实践，既保持了战略方向的国家意志，又释放了市场主体的创新活力。在股权结构设计中，企业通过员工持股、科研人员技术入股等制度安排，将人力资本价值转化为企业核心竞争力，这种“知识资本化”的探索，为农业科技企业构建长效激励机制提供了新思路。荃银高科在未来或可进一步引导长期资本投向农业科技领域，支持种企通过并购重组、跨境合作优化资源配置，同时探索风险共担机制，破解种业研发周期长、投入高的痛点。

在国际化拓展中，荃银高科的实践超越了简单的技术输出层面：其“一带一路”布局以本地化育种、“种粮一体化”模式为核心策略，通过建立海外研发中心、培育适应当地生态的作物品种，既规避了传统种业贸易的技术壁垒，又实现了中国标准与国际市场的有机衔接。这种“技术嵌入”而非“产品倾销”的出海模式，在提升商业可持续性的同时，巧妙地将国家粮食安全战略与企业全球化布局相统一。其与跨国巨头同台竞技的实践，也为我国参与国际种业规则制定、构建自主可控的全球供应链提供了经验。更深远的意义在于，荃银高科通过构建跨境种质资源库，正在参与重构全球种业的知识产权体系，这对改变我国在生物技术领域规则跟随者地位具有战略价值。

注重商业价值的同时，荃银高科在社会价值方面亦硕果累累。其社会价值创造不是单纯的公益附加，而是通过绿色育种、公益助农、人才培养等举措，转化为企业可持续发展的内生动力，将“科技向善”融入企业基因。其“现代青年农场主”培育计划、安徽张海银种业基金会的实践，不仅为乡村振兴输送了人才，还构建了可持续的产业生态。这种以社会责任为内生动力的发展模式，正是ESG理念在农业领域的生动诠释，也为资本投向社会价值创造型项目提供了范例。

站在“种业振兴”与“新质生产力”培育的历史节点，荃银高科的创新实践为业界提供了学习典范。中国种业需以国家战略需求锚定创新方向，以市场化机制激活创新动能，以全球化视野整合创新资源。荃银高科未来发展的突破点或将集中在生物技术与数字技术的融合创新，通过构建智能育种平台，实现研发效率的指数级提升。

当科技创新的星辰大海与制度创新的厚实土壤相遇，中国种业完全有能力在全球竞争中实现从追赶到领跑的跨越，并为保障粮食安全构筑更为坚固的科技长城。

单俊葆　中金资本董事长

第七章

“声”生不息，AI沟通世界

——声通科技股份有限公司

- **楔子：**不逐浩渺，精耕细作
- **企业概况：**中国交互式领域领军者
- **创新解读：**

  第一节　以人工智能驱动新质生产力发展

  第二节　穿透场景，推动商业化落地

  第三节　价值共生，进步共促
- **企业家专访：**新时代的企业发展，靠成熟的创新体系驱动
- **专家点评：**智能交互的未来之路

楔　子

不逐浩渺，精耕细作

“人工智能是人类正在从事的最为深刻的研究方向之一，甚至要比火与电还更加深刻。”如今，谷歌CEO桑达尔·皮查伊这个观点再无异议。人工智能正以前所未有的深度与广度，重建各行各业的新未来。

在生活真切地被人工智能改变之前，人们听到的往往是与之相关的“大”新闻：大公司、大项目、大投入。在人工智能行业，一定要“大”吗？

声通科技股份有限公司（以下简称声通科技，股票代码02495.HK）的答案是：以小切口破圈，脚踏实地，务实破局，照样可以走出一条新路。声通科技作为企业级全栈交互式人工智能解决方案提供商，以市场认可为试金石，聚焦企业级全栈交互式人工智能解决方案，成为企业数字化转型的可信伙伴。声通科技利用AI技术，帮助企业的协作、互动更加流畅、高效，共同构建更加智能、高效和创新的商业环境。

以语音交互实际场景应用为例，声通科技技术团队通过数万次实验发现：0.7秒的停顿间隔最接近自然对话节奏，用户体验最佳。经过算法优化，其交互系统从声音采集、语音语义识别、知识图谱检索，再到语音合成及输出的全流程响应速度达到百毫秒级。同时，在多人会话场景下，声通科技的AI技术可以准确识别中国各地方言，以及英语、越南语和泰语等广泛语种，例如对河南安阳方言的识别准确率已达95.2%，领先于行业平均水平。

用算法解决现实中的问题，不必追求“大而全、架构重”的“火车”，很多用户的实际需求只要一辆性价比高的“小车”即可抵达终点。在人工智能“大”投入的喧嚣中，声通科技始终坚定地穿透表象，抵达真实的需求，实现技术商业化的高效落地。

此外，声通科技坚持的多模融合技术，类比人类“通过视觉、听觉、触觉，多方位感知世界”的能力，再形成可信的输出，不断推进可信人工智能在多场景的应用。聚焦企业可量化ROI的场景，不陷入算力竞赛，不比拼参数规模，小步快跑、纵深突破，完成商业落地。声通科技始终专注于为企业级用户提供高准确率、强可解释性和显著经济效益的解决方案。公司的解决方案深受企业级用户认可，客户黏性极高。以2022年为例，老客户贡献的收入占比约为70%。2024年，凭借出色的业绩表现和稳健的商业化路径，声通科技成功在港股上市，成为港股“交互式AI”第一股。

声通科技在城市管理与行政、汽车与交通、通信及金融四大行业积累了丰富的经验。同时，公司也在积极拓展海外市场，助力第二增长曲线的形成。面对新兴技术、行业应用场景和流程效率的不断提升，以及创新商业模式的探索，声通科技正以AI为桥梁，与世界进行深度连接，未来发展前景广阔。

企业概况

中国交互式领域领军者

声通科技成立于2005年，2024年7月鸣锣上市。经过近20年的持续研发，声通科技成为中国交互式领域的开拓者与领军者，向企业级用户提供全栈交互式人工智能解决方案，赋能其信息交换和商业交互的全流程。作为数字经济领域的探索者和实践者，声通科技致力于打造新质生产力交互式人工智能生态，持续拓展未来科技的无限可能。

声通科技在香港交易所上市合影

一、以交互式AI为核心

自声通科技成立以来，服务的场景主要为需要交互的场景，通过技术赋能解决传统交互中的痛点。要达到有效的交互，通常需要“沟通”“思考”“执行”这三项行为能力，而对应的技术分别是融合通信、人工智能和产品引擎。“沟通”对应于融合通信技术，类似于人的视、听、说能力，这一过程是通过感知器官获取信息，将信息传递至大脑，经过大脑分析后再输出信息；“思考”对应于人工智能技术，类似于人的分析能力；“执行”对应于产品引擎技术，类似于人的执行能力，用于完成交互以达到最终目标。

声通科技拥有交互场景下所需的三项技术，即融合通信、人工智能和产品引擎的自主研发能力。2005年至2015年，声通科技主要研发融合通信相关技术，开发了多种通信形式相融合的应用，并将其与产品引擎融合。2016年开始，声通科技开始研发交互场景下所需要的人工智能。2020年，声通科技把前期研发的融合通信、产品引擎、人工智能等产品技术进行深度整合，形成了现阶段的交互式AI平台，并在关键技术领域继续探索研发。核心技术的自研，让声通科技更易于满足客户各类升级需求，且自主可控。声通科技拓展了全面的标准化产品套件，在产品的完整性、便捷性、经济性、可复制性等方面均能满足客户需求，并以此作为核心竞争力。

声通科技发展历程

声通科技的技术创新能力获得了业界广泛认可，先后入选“2024福布斯人工智能科技企业TOP50”和“2024胡润中国AI企业TOP50”榜单。在智慧交通领域，公司实践项目“全国智能交通试点项目——绵阳智能网联车构建”荣登“2024人工智能应用标杆TOP100”。此外，声通科技还被评为上海市“专精特新”中小企业、2019年度“小巨人”企业，并荣获“金音奖”——2021中国最佳全媒体智能客服解决方案奖等多项荣誉。

二、全面的一体化交付能力

凭借全面的企业级解决方案产品及交付能力，声通科技的净利润和收入持续双增长，2021年至2024年期间，公司营收规模由4.6亿元提升至9.4亿元，以年均复合增速27.0%的水平高于行业同期增速。2021年至2024年，公司净利润由约0.6亿元增至1.5亿元，同时拥有充足的在手订单量，也为公司未来保持强盈利能力提供了坚实保障。

以交互式人工智能为核心，声通科技构建了从技术到产品到行业应用的完整路径。凭借完整及广泛适用的技术能力，声通科技为各类企业级用户提供多样化的解决方案，并广泛应用于智慧政务热线、智能网联车、智慧中台等主流交互场景。在深耕相关行业、积累了丰富的行业知识和项目经验，以及敏锐掌握客户洞察的基础上，公司聚焦于城市管理与行政、汽车与交通、通信及金融四大核心场景，并积极拓展大健康、新能源等新兴领域。目前，公司的智慧政务热线解决方案已覆盖全国130多个地级市，成为国内覆盖城市数量领先的解决方案提供商之一。

艾瑞咨询报告显示，以2023年收入计，声通科技在中国城市管理及行政领域企业级全栈交互式人工智能解决方案市场中位居第一。同时，声通科技也是该市场中少数具备全栈式服务能力的企业之一。

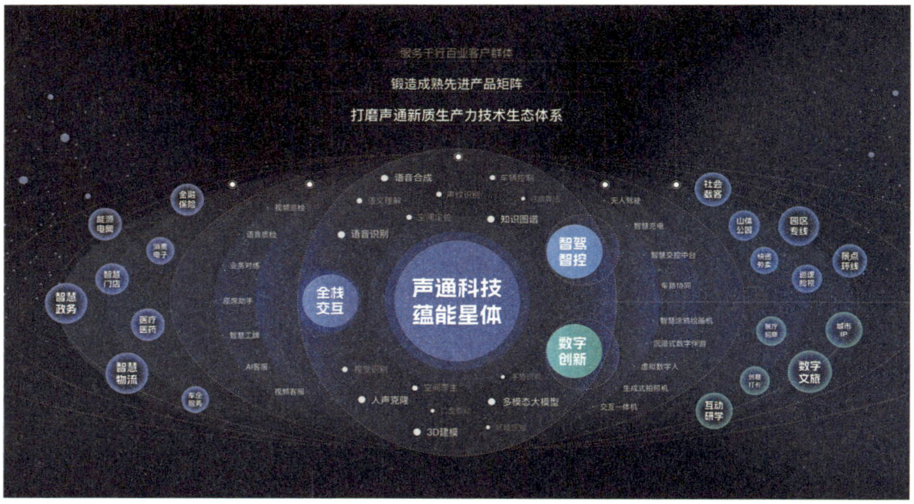

声通科技产品体系图

创新解读

第一节 以人工智能驱动新质生产力发展

现代计算机之父约翰·冯·诺伊曼曾说：“技术的不断加速进步，将会引发人类历史上某个关键的奇点。”人工智能，作为新一轮科技革命和产业变革的核心驱动力，让人们离那个奇点越来越近。

在这样的时代背景下，中国提出了“新质生产力”概念，并通过“人工智能+”行动推动现代化产业体系建设，旨在打造具有国际竞争力的数字产业集群。2024年中央经济工作会议强调，“以科技创新引领新质生产力发展，建设现代化产业体系”，并进一步作出“开展‘人工智能+’行动，培育未来产业”的具体部署，为人工智能赋能经济社会发展指明前进的方向。

目前，中国政府持续推出支持数字经济、融合通信及人工智能技术发展的政策，鼓励相关技术的发展与商业化。《新一代人工智能发展规划》明确了人工智能发展的总体目标和重点任务；《关于加快场景创新 以人工智能高水平应用促进经济高质量发展的指导意见》提出要大力支持专精特新“小巨人”、独角兽、人工智能初创企业等积极开展场景创新；《关于支持建设新一代人工智能示范应用场景的通知》支持建设新一代人工智能示范应用场景工作，首批支持建设十个示范应用场景。

一、人工智能的快速发展带来前所未有的机遇

由国务院发展研究中心组织撰写的《中国发展报告2024》提出，中国人工智能发展处在全球第一方阵，中国在需求潜力、供给能力和智能基础设施等方面具备独特优势和强大潜能。

中国发达的数字基础设施和量大面广、多层纵深的消费级市场是模式创新和业态繁荣的重要基础。同时，中国拥有全球门类最齐全的制造业体系和最大的制造业增加值，具备率先推动和引领人工智能在制造业领域垂直应用的有利条件，应用场景广阔。

目前，我国已初步构建了较为全面的人工智能产业体系，相关企业超过4500家，产业链覆盖芯片、算法、数据、平台、应用等上下游关键环节，是全球最具潜力的AI市场

之一。工业和信息化部有关机构预测：2035年，中国人工智能核心产业规模将达到1.73万亿元，全球占比将超过30%。

随着相关人才、专利、投资等发展资源的不断积累，中国已经成为全球增速最高的人工智能解决方案市场。中国人工智能解决方案市场分为交互式人工智能解决方案、计算机视觉人工智能解决方案和人工智能通用技术解决方案等细分市场。据艾瑞咨询报告，2023年中国人工智能解决方案市场的规模为2724亿元，预计2028年将达到7612亿元，2023年至2028年的复合年增长率为22.8%。其中，交互式人工智能解决方案市场增速最快，预计将以26.4%的复合年增长率增长，2028年市场份额将提升至26.9%。

交互式人工智能是使机器理解自然语言的意图，并通过有效的人机交互作出回答或执行人类指派的各种任务的人工智能技术。其通过融合通信、自动语音识别、情绪识别、自然语言处理、文语转换等技术实现人与机器之间以语音为纽带的沟通。除了这些核心交互式人工智能技术外，企业级交互式人工智能解决方案还可以通过融合通信实现大幅赋能，提供涵盖语音、视频、数据和多媒体等全业务支持，提升交流的自由度和效率。

中国工程院院士、鹏城实验室主任高文在《抢抓人工智能发展的历史性机遇——深刻领会习近平总书记关于人工智能的重要论述》一文中指出，人工智能与新一代网络通信技术融合创新是培育新质生产力的关键路径，有助于催生新兴应用场景和商业模式，引领经济社会迈向智能化的美好未来。

以声通科技为代表的创新企业，在技术演进与外部环境变化的推动下，始终致力于推动企业级用户从信息化、数字化到人工智能化的全面升级。从2016年开始，公司投入更多资源用于人工智能技术的开发及升级，将人工智能技术融入数字化管理流程，全面升级传统系统，优化工单管理等核心环节，推动服务智能化，显著提升运营效率。

2020年，声通科技推出交互式人工智能平台，构建融合通信、人工智能与产品引擎的一体化解决方案，为客户提供智能高效的软件产品和信息服务。2024年，公司整合大模型与知识图谱等技术，推出可信人工智能解决方案，进一步巩固了自身在行业技术的领先地位，并在关键技术领域继续探索研发。

二、人工智能应用场景正在加速落地

中国信息通信研究院发布的《人工智能发展报告（2024年）》认为，随着人工智能赋能新型工业化向纵深发展，人工智能在实体经济中的应用场景将进一步拓展，并加速向生产制造环节渗透，助力迈向全方位、深层次智能化转型升级新阶段。

技术创新与突破是人工智能发展的核心驱动力。算法优化，尤其是深度学习和强化学习的进步，显著提升了AI的智能性、效率和准确性，使其能够应对更复杂的任务。多模态融合技术的发展，让AI能够整合文本、图像、语音等不同数据类型，从而实现更全面的感知和理解，为各行各业带来创新应用的可能性，应用场景广泛。

正是在AI技术的赋能下，声通科技通过数据驱动和连接升级，为各行业的数字化转型提供了全新的交互式人工智能解决方案。企业级交互式人工智能解决方案可广泛应用于以城市管理及行政、汽车及交通、通信及金融为代表的多个终端客户行业，通过交互式人工智能技术赋能各类组织，优化业务流程及迭代业务范式，进而提升运营效率，并降低运营成本。

企业级交互式人工智能解决方案，需要与不同终端客户行业用户的应用场景深度融合，并要在跨行业、跨领域、跨部门的业务场景下持续提升用户体验。这对识别精确度、反应速度、系统稳定性及处理高并发量的能力等技术指标，比消费级交互式人工智能解决方案具有更高技术要求，需要保持大规模的开发投入。

此外，区别于在缺乏强制性技术参数情况下，以单轮对话为主的消费级交互式人工智能解决方案。企业级交互式人工智能解决方案，需要具备真实、准确识别用户语义及意图，并生成准确答案的多轮对话能力。当前，企业级交互式人工智能正在引领中国交互式人工智能行业的技术创新和多元化应用突破。

相关数据显示，相较2021年，2023年中国人工智能在互联网（89%）、电信（68%）、政务（65%）、金融（64%）等领域的渗透率明显提升。中国人工智能核心产业规模连年攀升，应用场景也加速落地，覆盖交通、医疗、金融服务等诸多领域。

只有内嵌于具体场景，与行业知识、专业经验深度融合，并通过智能化、网络化的手段重塑生产流程、优化要素配置，才能带来生产效率的跨越式提升，推进“人工智能+”行动，打造具有国际竞争力的数字产业集群。

第二节　穿透场景，推动商业化落地

中国企业级全栈交互式人工智能解决方案的市场规模正在大幅扩张，其商业价值强劲且增长潜力显著。

伴随着智能语音技术的持续迭代，企业级交互式AI的应用边界正在不断延伸——

从早期简单的人机问答交互，逐步升级为融合知识库、知识图谱及情绪计算模型的复杂系统，赋予机器知识推理与情感感知能力，实现业务流程自动化重构，推动市场规模加速扩容。

随着产业升级、竞争加剧与管理理念革新，企业级用户对AI解决方案的智能性、灵活性与效率提出更高要求，差异化需求与体验升级共同驱动着行业向纵深发展。

同时，作为数字经济与实体经济融合的关键基础设施，企业级交互式AI受到政策的持续赋能。近年来，我国政府持续推出支持数字经济、融合通信及人工智能技术发展的政策，鼓励相关技术的发展与商业化。

在这个历史进程中，凭借丰富的技术储备、清晰的商业化路径、扎实的财务表现，声通科技始终保持着先"声"夺人的势头。

一、多模态、多模型融合，让人工智能变得可信

"太酷了！无人驾驶公交车、零食车、快递车，长得都好可爱！"2024年6月底，四川绵阳科技城新区首批自动驾驶车辆投入示范运营，现场人气爆棚，市民纷纷前往体验"打卡"。这个项目由声通科技和绵阳科技城新区共同运营，是自动驾驶方向在四川省的唯一试点项目，并被列入全国第二批智能交通先导应用试点项目。项目采用的无人驾驶车辆达到了最先进的L4级别，依托激光雷达、高清摄像头，360度无死角精准感知周围环境，还通过复杂的算法对采集到的数据进行处理和分析。

截至2024年12月底，该项目已投入试运行车辆共52辆，规划了五大应用场景。包括17辆无人驾驶公交车，4辆无人驾驶接驳车，12辆室外无人配送车，6辆无人零售车，4辆无人清扫车，以及9套室内无人配送机器人。公交车及接驳车共运行8.5万余公里，累计服务9.5万余人次，无人零售车共售卖1900余件食品饮料，无人清扫车清扫面积475万余平方米。

区别于单一多模态融合框架，声通科技创新性地实现了"多模态+多模型"协同，以此来提升产品的适用性，满足和提升客户对产品的准确度、可解释性以及经济性的要求。每一种算法模型都可以对应人的某种思维方法，人类处理事务时采用多种思维方式共同处理，所以人工智能在处理一件事务时，也是多种模型协同处理。人类在了解一个事物时，会通过文字、声音、触感、视觉、嗅觉等多种方式去体验和了解，每种感知能力也对应着不同的模态，比如文字、视频、音频、传感数据等。这意味着人工智能未来也要通过多模态了解事物，并且需要通过文字、音频、视频、动作等多模态的方法表达。

绵阳智能网联车项目

在与客户沟通的过程中，声通科技发现人工智能客户方更关注服务提供方在细分领域的深度，而非产品的广度。除了汽车及交通，声通科技在城市管理与行政、通信、金融等领域深度扎根，形成极强技术储备。未来，声通科技还将向大健康及能源等新兴领域进行拓展。

差异化的竞争力还体现在产品特性上，在全栈交互人工智能领域，声通科技更侧重于生成内容的严肃性、准确度和逻辑性，也就是将决策AI的功能叠加到了生成AI领域，为技术的商业化找到更合适的场景。商业化落地场景对准确度、系统性、准确率要求极高，容错率在8%以内。

声通科技的人工智能技术以知识图谱为技术核心，通过大样本预训练算法，实现路径预测和答案预测，增强了知识图谱的问题识别能力和答案的快速推理能力，并能围绕答案进行人性化的详细说明，在提升准确性的同时让用户有更好的体验。同时，多模融合的可信AI支持小样本场景，即在较少数据的条件下进行模型训练，以及企业的私有化部署，这样可以更快地响应并保护数据隐私。艾瑞咨询报告显示，声通科技将软件安装包部署到用户系统上，从开始连接到完成测试所需的时间缩短至几个小时，领先于行业平均水平。

截至2024年年底，声通科技拥有204名研发人员，占公司总人数的68%。公司的研发投入资金也持续增长，从2021年的0.36亿元提升至2024年的1.34亿元，研发投入逐年加大。

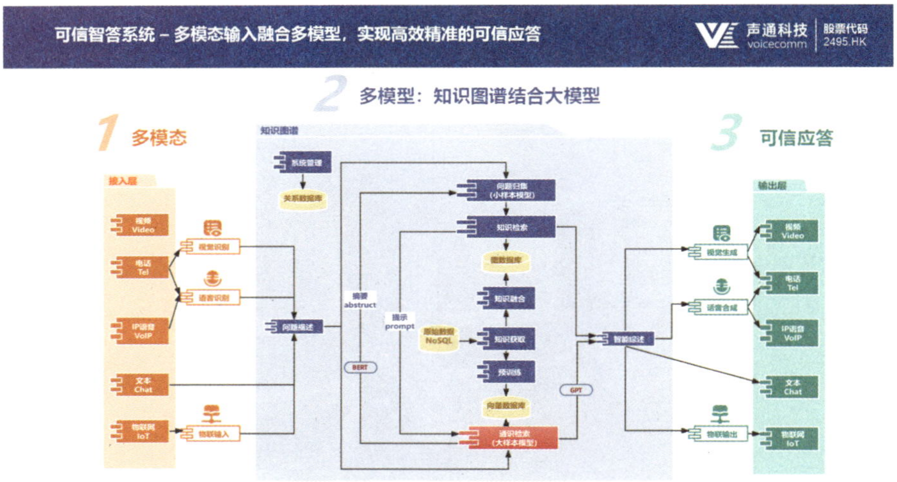

声通科技可信智答系统技术路线图

2021年3月，声通科技与上海交通大学电子信息与电气工程学院共建AI应用联合实验室，双方建立了月度合作机制，通过每月定期的会议沟通，交流研究进展，互通学术前沿知识与商业实践经验，促进产学研高效转化。

上海AI应用联合实验室

此外，中国最早提出可信人工智能概念并推动其产业化的科学家何积丰院士作为声通科技的首席科学家，为声通科技在研发方向、产业发展、科技支持等方面提供专家意见。

实验室也会定期向何院士汇报研发计划和进展。

2024年6月，声通科技与东华大学合作，共同建设交互式人工智能联合研发中心，配备先进的科研和实验设施，通过产教融合的方式，促进交互式人工智能的创新链、产业链有机衔接，推动交互式人工智能创新应用的产业化进程。

二、洞察真实需求，锚定确定性增长

对于科技类公司来说，通常产品商业化需要经过技术、产品、市场三个环节。声通科技脱颖而出的原因在于：公司始终将技术研发紧贴客户的真实需求，扎根更深，推进更扎实，从而实现了技术与市场的有效衔接。

根植于团队丰富的行业经验，声通科技将帮助客户一起挖掘、落实真实需求变成基因，刻在项目执行中。例如，一位客户刚开始提出的需求是统计完工率，那么声通科技的团队会追问：完工率是否以验收单为准？是否以收款为节点？是否以当年开工项目为准？

声通科技以客户的真实需求为核心，因此提出的解决方案更适配，解决相关终端客户行业所面临的痛点并及时交付的综合能力在不断提升。近20年的持续研发，让声通科技不仅拥有了核心技术的自主研发能力，还有能力在保持技术领先性的前提下，在实践中根据客户需求不断打磨创新产品，这是一个需要大量的客户案例长期积累的过程，并非短时间即可实现的能力。

依托领先的技术与产品，声通科技为客户带来了优质的体验，积累了大量高质量客户资源。通过与客户建立长期稳定的战略合作关系，公司有效提升了收入的稳定性和可预期性。2023年，声通科技企业级全栈交互式人工智能解决方案实现收入8.1亿元，市场份额达到3.8%，位居全国第二。在城市管理及行政领域，声通科技的智慧政务解决方案已覆盖全国130多个地级市，服务人口超过1.7亿人。声通科技在政务服务实践中，累计处理话务量超过5000万通，受理并处理诉求总量接近千万件。2023年，公司在该细分领域的市场份额为14.2%，排名全国第一。声通科技来自城市管理及行政的收入由2023年度的3.2亿元增加至2024年同期的3.9亿元，同比增加20.9%。

此外，现有客户的新增业务订单也是声通科技重要的收入来源之一。公司的解决方案深受企业级用户认可，客户黏性极高。高复购率的背后是产品升级和迭代的需求驱动。声通科技并未向老客户提供永久性许可，而是通过系统的持续升级来满足客户不断变化的需求。老客户更关注产品的不断增值，更注重产品能否满足需求，对于价格并不敏感。通过老客户升级，再逐步地延伸到其他行业，这是声通科技在企业级市场的最大优势。

为了不断提高客户满意度和改善服务质量，声通科技建立了一支专注于实时解决问题的客户支持和服务团队。这支团队收集客户关于如何改进解决方案的反馈，回应客户的建议，并采取生命周期方式为客户提供从入职、部署、系统集成、教育和培训到维护和升级的支持。声通科技希望，客户能够专注于自身业务，而无须将人力和财务资源转移到系统维护上。

目前，声通科技拥有充足的已签约在手订单量，这也是公司未来保持强盈利能力的坚实保障。随着未来更多的合作签订和项目落地，订单量及盈利能力均能保持稳步增长。

三、繁荣生态，跨领域创新全产业链

在发展过程中，公司深刻认识到，信息化项目的落地不仅仅是提供建设方案，更需要关注从投资、建设到后续运营及利益回报的全生命周期管理，最终实现生态闭环的构建。鉴于这一点，声通科技深知，仅凭一己之力难以完成这一宏大目标。因此自2016年起，公司提出“科技为核，构建生态”的发展理念，并专门设立湖北声通融智技术集团有限公司（以下简称声通集团，为声通科技第一大股东）。声通集团依托声通科技在交互式人工智能领域的核心技术优势，重点布局研发创新、品牌传播、金融投资、产业融合及园区地产五大核心板块，致力于打造高效协同、资源共享的交互式人工智能生态系统，不断推动生态体系的繁荣以及创新应用场景的拓展与突破。

声通集团旗下各公司均专注于产业链中的特定业务领域或区域，促进多元化产业生态的健康发展。例如，声通科技专注于为企业级客户提供交互式人工智能解决方案服务；西安金讯数智信息技术有限公司在智慧养老领域，利用AI技术满足老年人的一键呼叫需求；上海渊雅信息科技有限公司专注于自动驾驶领域，结合AI技术，实现了单车智能驾驶能力，并通过云端服务中心和IOT物联网连接中心，支持人、车、路、云一体化的核心技术方案；重庆声通智能通过智能工牌技术提升企业管理和服务水平，在医药集团的试点项目中显著提升了销售业绩，展示了技术赋能管理的积极成果……

同时，集团还引入了行业领先的生态合作伙伴，深度参与人工智能产业价值链。与更多跨区域、跨行业的伙伴相互赋能深化，以加强技术融合为特色，服务于特定场景，不仅形成互惠的供应商与客户关系，还可以共同开发技术并扩大市场渗透率。以北京洛必德科技有限公司为例，其在具身智能技术的商业应用方面进展显著，产品线覆盖从轮式机器人到协作机器人到人形机器人的广泛领域，在国际和国内均获奖项并得到认可。声通集团正与洛必德紧密合作，即将在上海落地全国首个完全自动驾驶的BRT项目。

在产业和市场端布局的基础上，声通集团也积极寻求金融端的有力支撑。公司已与产业基金合作伙伴签署湖口瑞力高质量发展私募股权基金、上海精鸿文化科技创业投资基金和长江声通（武汉）人工智能未来产业基金等产业基金。这三大基金聚焦于电子信息与数字经济、文化科技和人工智能等关键领域，彰显了声通集团在资源整合与战略布局上的新高度。

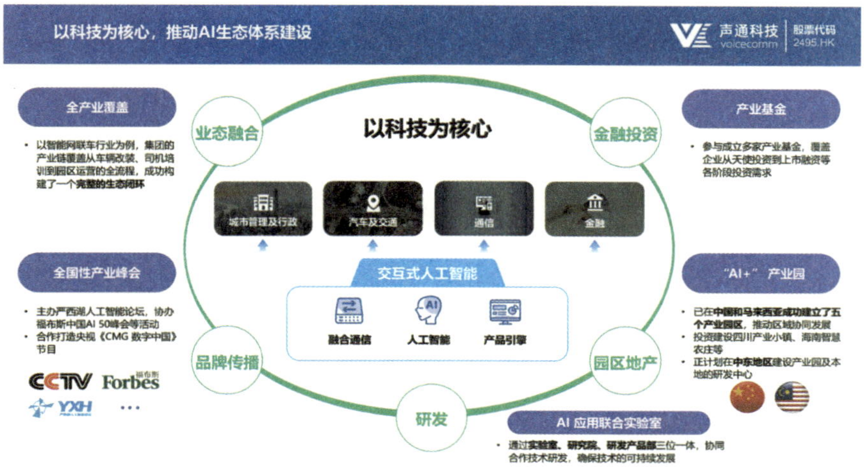

声通集团五维生态体系示意图

以长江声通（武汉）人工智能未来产业基金为例，通过引入上下游合作资源，公司将推动产业孵化基金和并购基金的设立，助力武汉现有产业的智能化升级。声通集团通过投资人工智能、物联网、AIGC 等前沿领域的高潜力企业，并收购具有稳定盈利能力的成熟企业，既能够把握技术创新机会，又能够不断完善和优化全球产业链布局。公司致力于打通市场、产品、技术的全产业生态，推动上下游深度融合，构建完整的产业生态闭环和“AI+”生态体系。以智能网联车行业为例，声通集团的产业链覆盖从车辆改装、司机培训到园区运营的全流程，成功构建了一个完整的生态闭环。

目前，声通集团已在中国和马来西亚投资建设并运营了五大产业园区，包括上海崇明人工智能产业园、四川产业小镇、海南智慧农旅等，为所投资企业提供优质的物理空间载体。通过产业园的建设和运营，集团有效促进了区域协同发展，助力企业成长和产业聚集。

集团致力于打造以研发创新、品牌传播、金融投资、产业融合和园区地产为核心的交互式人工智能生态体系，不断为用户创造更持久和深远的价值。

第三节　价值共生，进步共促

创新，是声通科技持续发展的驱动力。促成各企业、组织及个人之间的沟通并促进社会进步，是声通科技不变的愿景。通过技术创新、商业模式创新，不断迭代产品和服务，声通科技希望为业务合作伙伴、客户、投资者、员工及社会创造可持续价值，从而建立健康、充满活力及可持续的生态系统。

一、责任驱动，助力绿色发展

声通科技坚持将绿色发展融入日常运营，始终以环保的方式开展业务。在声通科技的智能交通项目中，智能能源管理系统包括电动汽车充电设施及智能电网，能够通过优化充电计划，提高能源利用效率，促进绿色可持续发展。不仅如此，无人驾驶车辆还采用了更为环保的电池。除了安全、性能方面的考量，更重要的是，合作伙伴和声通科技在社会责任方面有着一致的价值观。合作伙伴构建了完整的电池全生命周期管理体系，可利用、可回收、可维护保养，而不是简单地在三五年后更换一块新电池。

此外，声通科技还通过公益活动履行社会职责。2021年，声通科技通过慈善组织向上海的一家养老院捐款，升级其淋浴设施，关怀本地社区的弱势群体。声通科技还参与了上海市闵行区与云南省云县的东西合作项目，2021年起，公司向该县的村庄捐款，用于建设生活、生产及娱乐设备和设施。

二、多方合作，协同城市治理

2024年，“声通科技可信人工智能创新项目”荣获央广网“ESG时代先锋案例”表彰。声通科技已将可信人工智能聚焦应用于政务热线、企业客服、智慧养老等领域，并实现了热线AI智能化和热线数据治理的成功变革。

以“12345政务热线”为例，中国的地方政府越来越重视政务热线的作用，将其作为提高治理质量和水平的重要媒介，并利用其产生的信息作为评价相关部门工作的重要依据。当市民反映问题时，声通科技的政务大模型知识图谱系统能够综合运用多种处理模型，自动生成指导性意见、简报、统计分析和流程推荐，极大提高了问题处理效率和准确性，实现了人工智能与人工处理的有机结合，有效节约了人力成本，提升了服务质量和群众满意度。2024年7月10日，在第八届全国12345热线大会上，声通科技子公司西安金讯数智参与服务的各地热线客户共计获得46项奖项。

另外，声通科技构建的“车路云一体化”平台优化了车辆运行路径规划和交通流量管理，减少了车辆空驶和怠速时间，显著降低了燃油消耗和尾气排放，实现了交通资源的高效利用。同时，声通科技与政府合作建设研发中心与改装厂，研发中心以轻资产模式聚焦创新研发，改装厂则利用既有场地改造升级，减少土地资源浪费。未来，声通科技还将在川渝地区构建可持续的无人驾驶商业生态，助力区域经济绿色增长，兼顾环境保护与社会发展。

声通科技智能网联车生态场景下投放运行的多款无人驾驶车辆应用，极大地提升了公共交通的品质，方便了老年人以及残障人士出行。而其设计的总控平台应急指挥管理系统，则助力提升了应对突发交通事件的能力，保障乘客出行安全，为社会公共安全作出了贡献。声通科技所打造的智慧交通与智慧城市应用体系，有效地实现了资源能力的共享共用，从而提升城市治理水平，降低城市治理成本。

此外，声通科技深刻认识到教育对于创新和社会进步的重要作用，积极推动科技与教育的深度融合，助力高校培养面向未来的创新型人才，加快人工智能技术的落地应用，推动产业升级和社会发展。声通科技已与国内多所知名高校开展合作，为人才培养和学术研究提供坚实的平台。公司联合上海交通大学共建AI联合实验室，与东华大学设立“声通科技基金”，并将创新技术产品应用于高校校园，在推动产学研融合的同时，助力教育事业和人才培养，促进科技创新持续发展。

东华大学声通科技基金捐赠仪式

未来，人工智能与人将处于共生状态，各自发挥优势——人在创意、逻辑推理等方面具有不可替代的主体性，而人工智能将主要承担事务性工作，在提升效率和准确性方面，两者相辅相成，共同推动社会发展。在人工智能的持续发展过程中，声通科技将继续探索创新，为各行业提供更优质、高效、可信的人工智能解决方案，助力产业升级和社会发展。

企业家专访

新时代的企业发展，靠成熟的创新体系驱动

——专访声通科技股份有限公司董事长汤敬华

《样本》：声通科技把自己定义为新质生产力企业。企业怎样拥抱新质生产力？

汤敬华：关于新质生产力有很多解读。对于企业来说，新时代最重要的是创新，即不再依靠批量生产，而是靠创新体系驱动发展。

声通科技以科技为核心，正在构建全面的生态体系，创新是最重要的指标。声通科技构建了以实验室、研究院、研发部为三重的迭代体系，不断推进人工智能在多场景的应用。我们联合高校成立了实验室，专注于前沿科学的创新，研究方向聚焦于未来，对既有技术高度又有一定系统转化可能性的基础研究立项，制定技术规则、进行工程创新，并结合上海的区位优势完善产业生态。这套科技创新体系向公司的生态系统完全开放，包括公司投资的企业、达成合作的上下游伙伴等。

如果说科技创新是1，商业模式、文化品牌创新等维度是0，1后面多加几个0，才能形成规模化生产力。比如我们在做的无人驾驶项目，2021年一辆车改装成本为100多万元，假设一套系统平均使用3～5年，成本平摊到每年20多万元，不如请司机划算。但通过创新，慢速车成本压缩到15万元，分摊到每年只需3万～5万元，这时商业机会就出现了。

因此，声通科技致力于构建以研发创新、品牌传播、金融投资、产业融合和园区地产为核心的交互式人工智能生态体系。研发创新方面，通过实验室、研究院和产品研发部门的协同合作，推动技术持续创新，为生态体系提供坚实支撑；品牌传播方面，与权威媒体深度合作，策划多层次品牌活动，提升集团影响力并赋能合作伙伴；金融投资方面，设立覆盖企业全生命周期的产业基金，作为国内文化科技领域大型私募基金敦鸿文化产业基金的LP，为产业发展提供有力金融支持；产业融合方面，以投资和战略合作实现对产业链的全方位覆盖，推动多产业协同发展，完善生态闭环；园区地产方面，在中国和马来西亚投资建设五大产业园区，促进区域协同，为被投企业提供发展载体，并推动资源共享。公司始终以开放姿态连接技术伙伴、行业客户与终端用户，共同建立共生共荣的AI产业价值网络。

我和小伙伴们说“我们的产品要带给客户更多的获得感、幸福感、安全感”。这些感

受不仅来自技术的先进性，也来自全方位的创新实践。

《样本》：*当前的AI浪潮中，声通科技作为“交互式AI第一股”，在商业化落地方面有哪些经验？*

汤敬华：2025年，声通科技成立20周年。起点并不高，但在20年里几乎保持了每两年翻一番的增长速度，平均到每年差不多是35%。2024年，公司在现有规模下依然取得了这样的成长。这是声通科技未来的市值基础，也是以利润为导向的价值的实现，本质上是通过成熟的创新体系实现的。

在实验室、研究院、研发部三位一体的研发体系中，研发部以市场转化为导向，跟利润挂钩。每一个产品立项，都要回答三个问题：老客户会用吗？新的客户在哪里，确定性有多高？为什么是我们来做？声通科技每一个立项的产品，既有老客户升级应用的市场机会，又有新客户拓展的机会。研究院着眼于生产体系，深入现场，和上下游厂商协作，突破应用场景的实际问题，确认批量化生产销售的潜力，打磨整套解决方案。实验室则通过月度会议机制，对接前沿科研和公司研发。我可以很骄傲地说：有一些成果的研发转化，可能论文还没发出来，我们的软件产品已经体现出来了，保持了技术领先性，技术路径的选择会决定公司发展方向。做选择的人要了解公司技术的延续，了解市场，能根据市场和团队优势做选择，还要负得起责任。声通科技在2016年迈向人工智能方向，之后不断地迭代出新的技术。我们选择可信人工智能方向，坚持大模型增强知识图谱路径。中国交互式人工智能市场中，我们有幸通过沉淀的客户应用可信人工智能，在具体场景里转化并且实现商业价值。商业价值始于脚踏实地从市场拿到份额和资金，取决于帮助客户创造了多少价值。只有将技术与需求深度融合，才能实现价值的跃迁，洞悉商业的本质。

2021年ChatGPT推出后，各行各业都在思考人工智能可以做什么，怎样拓展人工智能的应用场景。新技术浪潮来临时，往往有一段震荡期。了解人工智能的能力边界需要一个过程，我相信之后能看到更多关于产品的适用性和商业化落地的思考和实践。

《样本》：*在声通科技创立20周年之际，您怎么看待企业的生命周期这一课题？*

汤敬华：有一本书叫《企业生命周期》，我向所有公司管理机构或投资企业负责人推荐过，这本书的主题是企业在不同的发展阶段会碰到不同的问题，创始人要承担不同的角色。

创业初始，创业者必须在一线，销售、市场、技术，能做的都去做。企业成长到一定阶段，需要独立发展空间，创始人就要转变角色。比如2015年，我亲自跑销售、做方案、管理项目，甚至写代码，年客户接待量与项目管控数直接决定公司增长的上限。2024年，声通科技上市，我再次回到一线。上市公司在追求稳定、注重短期利润的同时，也需要对抗风险，进行长期投资，需要创始人承担责任，让公司有持续的竞争力。为此，我补学了财务知识，梳理了技术的方向，为创新的生态体系奠定了基础。

在一个多变的市场，唯一能做的是不断学习，打造学习型组织，并根据市场的反馈及时调整。其实每一年都很困难，唯一要坚持的是不停地往前走。碰到困难时，要坚持做对的事情，得想办法从困境中爬出来。上市后市场更开放，我们看到更好的机会，也备受鼓舞，更加进取。

声通科技的企业文化，提倡两点：有格局，有担当。公司尊重每个人的发展，愿意信任、包容每一个人。企业要快速发展，一定要拉高个人职业发展的天花板，这是所有同事的责任。

前一阵子社会上在谈论IT人35岁被裁危机的事情，声通科技不会这么做，我自己还准备干到80岁。年轻活力与经验沉淀同等重要，各自也都有局限，在团队里组合搭配是比较好的。我们选择共同坚守，不追逐短期风口，深耕技术护城河和商业可持续性，让盈利成为创新的自然结果。

我希望企业是一个服务型公司。我和所有人第一次谈话，都会问能帮他做些什么。2024年至今，集团层面只发布了两项制度，第一项是鼓励各个子公司管理层内部创业，第二项是要求所有公司管理层、集团员工到地方出差，原则上自行安排行程。如果需要分公司接送，需要报送到我和总经理这审批。我们要给一线员工提供服务，而不是增加负担。

《样本》：武汉是声通科技的营销管理总部，上海则是公司的全球总部。公司在全球化方面做过哪些探索？

汤敬华：2024年，我们进行了大量积极的探索。我们在马来西亚成立了海外子公司，和东南亚国家一些高层的互动特别多。未来，希望在马来西亚以及整个东南亚参与一些国家级项目的建设。迪拜也是我们考察的对象，它可以作为一个前站点辐射中东。2025年多往海外跑几趟，了解市场。

以前做出海项目，大多是跟着国内的企业在海外拓展；现在，我们开始主动走出去，和世界市场做直接沟通。

出海之后，法律体系、文化风俗不一样，肯定要适应，但基本逻辑是相通的。首先是价值交换，我们跟当地合作伙伴沟通，不是说要卖什么产品，而是共同发展，共同创造价值。其次，技术的选择肯定基于未来的发展趋势。我们不是做短期生意，如果为了一个项目的利润最大化，选择一个被淘汰的或者未来会被诟病的生意，那就意味着我们要放弃未来更多的市场。我认为，这也是一种基本的交互能力。我们希望通过AI重构行业逻辑，让每一次交互都成为价值创造的起点。

声通科技的主张是沟通世界，让沟通更轻松。声音不只是物理上的定义，实质是价值取向，我们要发出自己的声音。

专家点评

智能交互的未来之路

近年来，人工智能技术迅猛发展，从早期的专用智能迈向通用智能，从辅助工具演进为创新引擎。尤其是2024年政府工作报告首次提出要推行“人工智能+”行动以来，人工智能作为新一轮科技革命和产业革命极其重要的抓手和着力点，正加速演进、赋能千行百业。在这一过程中，中国企业展现出了独特的发展智慧，声通科技就是其中值得关注的一家创新标杆企业。作为一家深耕语音交互、多模态融合及垂直场景应用的企业，声通科技的创新路径不仅体现了技术突破与商业价值的平衡，还为行业提供了可借鉴的“场景驱动”发展范式。

中国AI产业的优势在于丰富的应用场景和完整的产业链。在商业化落地方面，声通科技展现了典型的中国式创新智慧——企业需扎根行业，从实际痛点出发，通过快速迭代和成本优化实现技术落地。这种“场景驱动”的创新模式，是中国AI企业区别于欧美同行的重要特征。为此，声通科技从“沟通、思考、执行”三个维度构建技术体系，对应人类的“视、听、说”能力，并进一步拓展至多模态融合与可信智能。例如，在自动驾驶领域，其技术不仅关注车辆的感知与决策能力，更注重乘客的安全感、交互体验和社会价值创造。这种架构设计，使得AI不再是冷冰冰的算法，而是真正融入人类生活场景的智能伙伴。这样的运营形式，使得声通科技较好地平衡了技术先进性与商业可行性，并在结合精准控制成本、推动规模化应用中构建了自身的竞争优势，实现快速发展。

产学研深度融合是声通科技的另一项法宝。在人工智能进入深水区的今天，单一技术创新已难以形成持续的竞争力。声通科技通过“实验室—研究院—研发部”三位一体的研发体系，很好地构建了集人才培养、教学科研、产业转化于一体的转化空间，让企业和高校的联系十分紧密，为人工智能的研究争取了时间。同时，通过构建开放协同的创新生态，声通科技也实现了资源整合、风险共担和价值共享，为中国AI企业突破发展瓶颈提供了新的解决方案。

人工智能的发展必须回答“技术为谁服务”的问题。声通科技的实践给出了清晰答案——人工智能技术的创新发展不仅需要深化产业赋能，还应遵循“科技向善”理念，通过普惠化发展路径，渗透到社会肌理。一方面，声通科技的交互式人工智能，例如通过方言识别、多轮对话等技术，助力多地政府搭建“一网通办”语音入口，尤其解决了老年群体的数字鸿沟问题，帮助普通民众更好地解决生活中的问题；另一方面，当AI冲击既有工作岗位时，声通科技也在创造更多新型岗位，并且不以年龄为界限；此外，声通科技将环保、低碳理念融入技术设计，也体现了企业的社会责任。这些探索表明，AI的发展不仅是技术问题，更是社会命题。

声通科技的成长历程，折射出中国人工智能产业从“跟跑”到“并跑”的转型缩影。它以实际问题为导向的创新逻辑，与上海交通大学人工智能研究院倡导的“有组织的科研”理念不谋而合。我们期待未来能与声通科技在认知推理、情感计算等前沿领域展开更深层次合作，共同推动人机交互从“工具智能”向“伙伴智能”的跨越。我相信，在产学研各领域的共同努力下，中国人工智能产业必将为全球智能社会发展贡献更多“中国方案”。

杨小康 上海交通大学人工智能研究院常务副院长、长江学者

第八章
精益化智控大物流领航者
——上海西井科技股份有限公司

- **楔子：**越山向海履平川
- **企业概况：**全球智能服务业开疆者
- **创新解读：**

  第一节　“智·能战略”重构物流世界

  第二节　链接“数智”，释放物与人的潜能

  第三节　智向千里，万亿产业能级新生
- **企业家专访：**赋能者，无形亦无限
- **专家点评：**以科技改变集装箱的世界

楔 子

越山向海履平川

生生不息，于人，是心脏把血液养分运送至每一个细胞；于经济，是物品、能源、货币……奔赴应许之地。越多流通，越见活力，这是经济与社会的法则。

人类的历史已进入人工智能的时代。2015年，西井科技创立。迎着大物流行业追逐革新与效率的暖风，它打开了人工智能与掌控物流的任意门——将“硬科技”与“脏活累活”场景深度结合，重新定义传统物流行业的效率边界，印证了AI如流水一样自然高效赋能实体经济的真实价值。

“新能源和智能化是物流业未来的大方向。”西井科技创始人、董事长谭黎敏表示。把“千人一面”的集装箱识别、标记，就像在森林中随机找一棵树，西井科技做到了。西井科技还发现相对封闭的海港场景中，若干个工种背后都有对于无人化、智能化的大量需求。于是，全球第一款没有驾驶室的、纯自动驾驶整车产品在2018年诞生。西井科技自主开发，将系统算法和传感器纳入完整的整车产品中进行设计、调试和生产，使得产品具备了出色的一致性和匹配度，控制精度更高。

不止于自动化的西井科技，做足了零碳排放的“减法”。它的无人驾驶重卡，让西井科技实际上成为商用车领域中国出海的第一家智驾企业，也是到目前为止出海国家数量最多的企业。

行业亟待解决的痛点，成就了西井科技产品力的核心。用人工智能改变传统物流的“傻大粗黑”，以大数据和物联网技术让集装箱不再如“盲盒”、码头堆场不再似“迷宫”，让庞然大物在港口、在货仓之间轻松而精准地挪移，西井科技不断攀上大物流的数智化台阶，高度适配场景的产品线与服务范式、技术标准已使其成为大物流行业领航者和数智化变革赋能者。

海有舟可渡，山有路可行，千里万里只需“数智赋能”。以智·能战略服务于物流这一古老行业，造福于人，智者见千里，能者拓天地，物与人因而智在、智得、智洽。

“用AI重构物流效率”，西井科技正在重新定义传统物流行业的效率边界，将山海变为平川，大道至简，用道为善。

企业概况

全球智能服务业开疆者

上海西井科技股份有限公司（以下简称西井科技），创立于2015年5月。10年间，从只有3个人的团队成长为全球拥有700多名员工、布局至28个国家和地区，服务超200家大型集团客户的智能科技物流领军者。

企业名称取自上海朱家角百年老街西井街。栉风沐雨，穿越百年，在铭记传承的基础上开启新路，是西井科技诞生初始的宏愿。

西井科技从港口的集装箱自动化识别改造入局，打造出全球首款正向研发的无人驾驶重卡，不断升级的AI+技术应用、无人驾驶车辆及智能控制系统，迅速推广到全国各大港口等大物流节点，并广布于亚欧和非洲、拉美地区，成功建立了多式联运智慧物流的范式标杆。

以人工智能和自动驾驶为技术锚点，从服务单一物流场景到覆盖海、陆、空、铁、工厂等多式联运物流全节点，从“数智化升级”到“生产时序再造”，西井科技拉开了数智化重构大物流服务的时代序幕。

一、洞见细微，“钢铁侠”跨越向前

西井科技作为人工智能科创企业，坚持以自主创新、攻坚克难、追求卓越为工作目标，探索AI技术在传统行业的应用场景。

2016年4月，西井科技开始进入“一带一路”倡议中重要的合作领域——海港，并于当年拿下第一笔智慧岸桥理货订单，成为人工智能领域最先实现商业化应用的科技公司之一。从码头最小的运动“细胞”集装箱开始，西井科技开发出一套边缘计算与AI识别算法的组合拳，实现了集装箱箱号的自动识别和结构化管理，并很快在数十个港口得到推广应用。

由此，西井科技深入洞察港口场景的各个组织结构，发现潜在需求，并以全球视野和时代眼光谋划推进公司的产品创新。把握场景不动摇，以客户需求为导向引入自动驾驶；于行业细微处突破，不断壮大发展为数智化物流服务的生力军。

依托强大的技术创新能力及对行业的深度理解，西井科技2018年9月发布其自动驾驶新物种Q—Truck车队，逐步建立业界领先的产品力与业务深度，打造正向自研、前装量产的Qomolo大物流智能驾驶产品矩阵，深度嵌入新能源，并率先实现了“全球产品研发+商业落地+全球规模化”，具备全球交付能力，创造了若干个行业第一。

Qomolo智能驾驶产品全家福

西井科技以战略定力深耕货运场景，持续围绕大物流领域提供多场景智慧化解决方案，以人工智能与新能源技术为突破口，以用户为中心，打造出系统性一体化解决方案，使传统行业洞悉数智与精细化的高效管理。

二、深耕业态，数智化通江达海

作为国家专精特新“小巨人”企业，西井科技通过自主创新，已申请发明专利及相关知识产权200余项，近三年授权发明专利的实施率达到100%。2023年，西井科技荣获了世界范围内知识产权领域的最高奖项——第二届世界知识产权组织（WIPO）全球奖优胜企业。同年，公司荣获国家知识产权优势企业和上海市首批创新型企业总部荣誉。

活力与创新是西井科技的先锋标志，员工平均年龄为32岁，研发人员占比60%以上。作为人工智能企业，会聚了多名来自海内外的人工智能领域研发技术人员，不乏享受国务院政府特殊津贴、上海东方英才、上海首批人工智能正高工程师、上海技能大师、上海首席技师的专家。

在团队的共同奋斗下，西井科技从0到1正向研发了全球首款新能源无人驾驶商用车

Q-Truck，并在全球首次实现了无须安全员的无人驾驶集卡常态化运营，同时完全使用绿电，单车每年可减排二氧化碳50吨，真正为用户实现了绿色零排放、零污染。

作为西井科技迈向“数字丝绸之路”“绿色丝绸之路”的使者，Q-Truck从2020年开始就走出国门，走向东南亚，走向中东，走向欧洲。如今，Q-Truck已在泰国、阿联酋、英国、墨西哥多个国家和地区实现常态化运营。

西井科技认为，AI和新能源是互相驱动、互相催生的关系，由此提出了Ainergy即“智・能战略”，帮助物流行业积极投入实现减碳目标，并形成更低的运输成本。

以“智・能战略”为战略基点，凝聚企业自主知识产权为核心技术支撑，结合对客户和场景的理解与梳理，从E-Truck、Q-Truck、换电版、无驾驶室车辆等装备的推出，再到多场景下的数智化核心解决方案、WellOcean集装箱物流全流程智能解决方案、Qomolo新能源智能驾驶商用解决方案“三箭齐发”，西井科技将物流产业链上下游顺畅连接，促进了物流与贸易更高效与人性化、绿色节能，赋能大物流行业，助力全球贸易与商业、环境治理的平衡。

西井科技，迎接科技进步与时代之变，站上行业跨越式发展的风口。

创新解读

第一节 “智·能战略”重构物流世界

大物流行业蓬勃兴盛，数量级不断突破，覆盖率越来越广。人工智能作为前端操作和技术基座、新能源作为协同的绿色驱动力，是“智·能战略”的一体两翼，共同推动行业效率与能级的蝶变。

一、举重若轻，亿万只集装箱流动自由

物流是经济的动脉，货物贸易在全球的流动，因集装箱的发明投用获得极大便利，迎来数十年的蓬勃增长。

2024年，我国全国港口货物吞吐量达176亿吨，集装箱吞吐量达3.3亿标箱，继续稳居世界第一。同期，全球集装箱航运市场货量需求旺盛，同比增长约5.6%。权威预测，2027年全球港口集装箱吞吐量将增长至9.88亿标箱。同时作为产业转移的目的地和地区贸易的锚点，东南亚、南亚多个港口也在加大基建投资。以集装箱为载体、贯穿海、铁、陆、空及工厂等场景的全球大物流赛道，拥有着万亿级市场规模。

在行业快速发展过程中，随着集装箱吞吐量的不断上升，众多港口（码头）运能不足，卡车司机疲于高强度、满负荷工作的矛盾日益凸显，直接影响了码头的集疏运效率。同时，新的环保法规和减碳要求正在加速行业的绿色转型。

标准化为效率而生，但人力资源很难标准化，反映到港口等物流集散点，就是员工24小时“三班倒”和装备的无效运作同时存在。集装箱是标准化的，集装箱码头的作业也是相对标准化的，但是场内的货物流动，完全依靠人力，效率难以提升。

以海港的运营为例，这是一个相对传统的行业，人力成本高、培训周期长、劳动强度大、工作环境差、安全生产管控需求高，且劳动力已出现断层情况。同样作为物流中转节点的仓库堆场、陆路和铁路口岸、空港等与港口的情形相类似，其运营效率高度影响着整个产业链，某个点位的拥堵或故障，甚至能左右上游生产企业与下游消费端，导致经济活动的迟滞。

因此，物流的现代化、智能化、绿色化势在必行。顺应社会经济发展和贸易趋势的需

要，国家层面、部委和各城市出台相关政策，推动物流数智化发展。有效降低全社会物流成本是核心目标。一方面，这对构建高效流通体系、畅通国民经济循环、更好支撑现代化产业体系具有重要意义；另一方面，这对大物流企业在如何通过智能化、绿色化措施提高行业运营效率、降低运营成本，实现行业的高质量发展方面，提出了更高的要求。

自动化码头以其高效、精准、低碳的优势，正逐步改写着传统码头的作业模式。对效率能级提升的巨大渴望与行业标杆性港口的示范，带来了数智化物流发展的巨大潜力。

相对于码头自动化带来的变化，港口在未来的追求是建成智慧港口。2023年12月发布的《交通运输部关于加快智慧港口和智慧航道建设的意见》，指出了智慧港口的发展目标和主要任务。

变化之间，不变的是效率、安全和低碳的提升。实现的路径是由点到面，不仅限于港口的单点技术，还是做深做透。数智化码头作业场景中需要将不同的用户设备与无人系统之间的联合打通，真正帮助用户逐步实现无人化，降低运营成本和生产安全风险系数，提高生产作业效率，使全局化智慧港口不断布点、入局，推动全球贸易物流链的各环节成本下降。

以西井科技为代表的创新企业，在人工智能科技创新和商业落地的探索中不断前行，深入垂直领域的相关场景，持续深挖用户需求，最终在人工智能赋能传统行业和产业方面硕果累累，创下多个全球第一。在领航者的道路上，西井科技的创新实践经验，也开始逐步参与创设行业标准。

二、一模万相，大物流绿色智慧拓先机

为了更有效地处理集装箱等标准化装备，自动化码头应运而生，正以其高效、精准、低碳的优势，逐步改写着传统码头的作业模式。

在中国沿海港口群中，传统码头自动化改造项目正在持续增加。据行业数据，截至2024年6月底，全球自动化码头的地区分布为中国占42%，亚洲（除中国外）占27%，欧洲占18%，美洲占8%，大洋洲占4%，非洲占1%。全自动化码头、堆场半自动化码头以及引入自动化设备的集装箱码头均纳入此项统计。

全球集装箱贸易进一步向枢纽港集聚，也在加速创新的智慧化港口落地。中国的港口基础设施规模多年来保持世界第一，已建及在建的自动化码头数量居世界首位，一批近零碳港口也在加速创建。同时，东南亚、南亚多个港口在加大基建投资：马来西亚巴生港积极扩建，已于2024年9月动工西港扩建计划，完工后吞吐能力将翻倍；泰国林查班港三期

建设按计划推进；斯里兰卡科伦坡港近日新开放一码头；印度与各大班轮公司签约正筹建瓦德万港等。

尽管物流场景有规范的标准化流程，且在封闭或半封闭的空间运作，但每个具体场景的地理环境与运营情况不一，且地区之间存在文化、经济需求等差异。在智慧物流数字化发展进程中，西井科技等企业在不断的拓展中摸索出更为合理的交付模式：以一个相对标准化的通用模型或平台产品方案去赋能，同时以先进的算力对各场景进行定制化的方案配置，助力物流链条上的人工智能产品在各生产环节快速落地。

同时，在“双碳”顶层框架指引下，以“物流数智化发展、绿色化转型”为目标，伴随着“新质生产力”政策红利的释放，中国的大物流行业将加速向绿色低碳、数字智能化的高质量发展阶段转变。物流交运行业作为“新质生产力”政策明确提及的七个关键领域之一，绿色智能化升级迫在眉睫。另外，物流行业本身存在大量老旧燃油驱动设备，通过对设备进行电动化、智能化升级改造，在实现绿色化转型的同时，将为生产运营效率全局优化提供执行基础。

2020年，国家发展改革委、交通运输部发布《关于进一步降低物流成本的实施意见》后，国务院常务会议提出“推进物流数智化发展、绿色化转型”的目标，为物流行业高质量发展提供了明确方向。

全球大物流行业多个服务商也已经展现了明确的减碳决心，宣布了碳中和承诺。在大物流全价值链的诸多环节中，综合考量减碳吸引力与可行性，海港场景标准化程度高且具备极高的可行性，是优先进行低碳化转型的领域之一。

在可行性方面，技术已成为碳减排的关键驱动力，不同物流场景的减排实施进程取决于作业流程的复杂性和标准化程度。具体来说，工作场景越简单、标准化程度越高，减碳工作的实施进度越快。海运业场景下的工作环节和模式相对简单、拥有标准化的集装箱运输模式，和高度重复的车辆行驶路线。这些特征，都使其成为最具减碳落地可行性的场景之一。

在大物流场景的运营中，要达成减碳目标，电力驱动只是第一步。第二步是可再生能源发电，进一步降碳。第三步是通过各种科技和智能手段提升效率和用户体验，效率的改进能够加快作业运转的速度，也是实现减碳的关键。三大层级共同发力，决定了最终实现减碳的最大化。

顺势而为，西井科技提出了“智·能战略”，深度理解细分领域，增加用户黏性，在提升绿色低碳运营水准的同时降低能耗。通过旗下的智能物流系列产品向相关领域横向打通，西井科技以独具优势的模块化设计，形成以海港、铁路枢纽、陆港、空港等代表的物流领域多场景智能解决方案，构建起了数字化生产要素流动互联平台，让物流链上的每一位用户，都实实在在感受到降本增效。

第二节　链接“数智”，释放物与人的潜能

人工智能、新能源、物联网等技术引领着物流行业的创新浪潮，其中的关键在于，场景中的智能化需求蕴藏着巨大潜力，正改变着物流与人力之间的传统劳动连接。

一、闯入“无人区”，发展赢先机

人工智能是新一轮科技革命和产业变革的核心驱动力。部分传统行业是人工智能应用的“无人区”，易被技术企业忽略，但一旦找到商业化落地与降本增效的契合点，人工智能的赋能者与放大器的效应，将为这些行业带来产业能级的飞跃。

改革传统的物流业，尤其是大宗货物和集装箱物流，一切从零起步。2016年，正是怀着这样的决心，西井科技研发出了首套港口人工智能理货系统，开启了商业化之路。

谭黎敏和团队在深入思考港口等场景的需求时发现，对物流行业来说，集装箱识别或安全运营等是辅助或增值型的功能，运输与流动是它的最主要特性。

当时，以国内港口的水平运输为例，95%的企业在流转中仍使用传统人工驾驶的集卡拖车。在这类封闭场景中，运输时间长、任务重、重复性高，几乎24小时不间断，而且封闭场景中运输安全问题也相当突出。

为了与用户的多项目协同创新，西井科技也挖掘到了更多行业痛点，针对场景进行细致的市场调研和用户需求调研，梳理出若干需求，并逐步分类规整，最终发现无人驾驶是核心需求之一。

人工智能、新能源、物联网区块链技术将成为物流行业的创新动能。AI技术叠加大数据，使货物的识别、追踪监控等变为现实。

2016年年底，西井科技建立自动驾驶团队，主攻港区封闭区域的无人驾驶。和原生的自动驾驶技术公司不同，西井科技在探索和理解市场需求后，主动在产品中纳入自动驾驶技术。2018年9月发布其自动驾驶新物种Q-Truck，与其后的Qomolo自动驾驶系列产品，把系统算法和传感器作为整体，软硬件同步构思研发和整合，在产品的协同性、一致性，

操控的精确性上更具优势。

在西井科技自动驾驶团队刚组建时，市场上关于无人驾驶的重卡线控转向并没有成熟的产品。为此，团队索性自己独立开发，包括机械、硬件电路、软件和控制系统等的目标设定都是全新的。在6个月左右的工期内，所有研发人员合力攻关，步步为营、各个击破，终于按预定节点完成各项线控转向功能。2018年1月，西井科技配合振华重工发布全球首辆无人驾驶智能跨运车，率先将无人驾驶技术落地于特定场景。智慧与汗水浇筑了市场化成果。

通过自主研发软硬件一体集成的应用，驾驭多种场景，西井科技的产品做到大宗物品精准化投送、无人设备的运营，达成用户体验的闭环。因此，西井科技的自驾系列从产品的角度能完美匹配场景，更能够展示西井科技的技术储备和能力，以及对场景的理解力。

西井科技还持续推进无人驾驶与新能源技术深度融合。顺应低碳减碳的产业政策，全系产品都采用新能源驱动，助力海港和海运企业实现可持续发展目标。

自主研发的自动驾驶商用车逐步成为西井科技三大产品线之一，这一智能装备接入港口系统，进行新能源改造后，西井科技开拓了若干个行业第一，迅速在国内外的港口物流运输中建立起优势。

依靠科学的数据管理和服务，西井科技帮助客户快速高效地预见并处置细微事件，排除风险，降低了人与物的损耗与成本，形成有机的智慧物流生态。

港口作为一个全流程流转的封闭或半封闭场景，一个集装箱的运输路径往往需要经历集装箱卡车从闸口、堆场、场桥各个节点的运输，涉及诸多参与者。例如，同一码头可能存在AGV、IGV和AT不同类型的水平运输工具，同一类型也可能有不同的厂商和车型，同时同地作业的可移动港口设备，如堆高机、轮胎吊、叉车等，作业人员也包括其中。

在繁忙的全天候运作中，对于自动驾驶车辆，需要积累大量数据，借助算法进行训练，可以增强识别的精准度，提升自主路径规划水平。对此，西井科技也在借鉴“人工”的作业经验，让“人工智能”智慧港口系统能够对不同问题有判断力和应变能力。

西井科技通过AI算法底座，赋能智能化产品和系统，以实时数据分析、数据赋能各场景的工作人员，并提供全生命周期管控和服务，使货物与车辆“耳聪目明”，让大物流不再“盲”流。限定区域、规则可控、刚需缺口——这是西井科技打开港口自动驾驶商业化缺口的切入点，也是打开全栈技术链条的开端。

以港口码头为例，自动化程度的提升，有助于优化全自动化作业流程，减少过程损耗。同时，码头运行过程中会产生大量数据，这些数据对于优化作业流程、提高作业效率乃至企业的运营管理至关重要。而智能化变革也深刻影响着作业人员的工作环境、技能需求乃至职业生态，有效降低了作业人员的劳动强度，减少港口运营的安全风险。例如，在泰国林查班港口D号码头以混合作业模式运作的Q-Truck，一辆无人驾驶货车平均作业效率达到了28MOVE/小时，相当于4名司机的工作量，成功趋近人工驾驶效率水平，并不断攀升。

不仅限于港口的单点技术，西井科技做深做透，打造由点到面的全局化智慧港口，实现了码头作业场景中多套用户设备与无人系统之间的联合打通，真正帮助用户逐步实现无人化，降低运营成本和生产安全风险系数，提高生产作业效率，推动全球贸易物流链的各环节成本下降。

西井科技正定义着行业的未来。在助力传统物流行业完成绿色低碳转型的过程中，西井科技通过人工智能技术，再造了集装箱码头运输的全流程，梳理出了基于智能化与无人化的全新行业作业标准，也先后参与了包括首个线控底盘国家标准《低速线控底盘通用技术要求》（GB/T 43947-2024）在内的多个与无人驾驶相关的标准编制工作。

二、打造产品力，出海赢市场

人工智能，是各个产业获得赋能与创新的最新动力。拥有多个世界最繁忙、吞吐能力居世界前列港口的上海，国际航运中心建设正酣。

西井科技以研发实力和敏锐目光，打开了大物流行业的数智化、绿色化的新天地。西井科技的核心竞争力来自产品力，不仅是自主产权的技术研发，还是以完整的系统性产品和服务解决客户痛点。西井科技以系统集成的大模型产品力，挖掘、梳理庞杂的人与物数据，并赋能于流程。

2016年，西井科技进入港口场景，深度耦合场景并提供智慧港口人工智能全局化解决方案。

2018年，西井科技发布封闭场景的自动驾驶新物种：全时无人驾驶新能源商用车Q-Truck，实现高智能化、高安全性、高适应性无人驾驶。同年，助力振华重工发布全球首辆自主驾驶无人跨运车。

2020年起，西井科技助力泰国林查班港口组建Q-Truck车队，成为全球首个无人驾驶与人工驾驶混合作业的项目。这不仅是目前唯一无须安全员的无人驾驶货柜车常态化运营场景，同时也是全球首个支持用户独立运营的无人驾驶货车项目，使公司一跃成为全球港口行业无人集卡的灯塔。该项目已成为香港和记港口示范工程，正被推广到英国、墨西哥等多个国家。

Q-Truck在泰国林查班港D号码头

2021年，Q-Truck在阿联酋哈利法港，助力中远海运阿布扎比码头成为中东第一个部署无人驾驶的港口，又先后赢得了中国天津港和厦门港用户的信赖，为其提供基于ART和IGV车型平台（智能平板车）自动驾驶系统，并携手知名的造车新势力提供FMS车辆调度系统。同年，西井科技发布跨场景无人驾驶重载移动平台Qomolo One。

中远海运阿布扎比码头（CSP ADT）的Q-Truck

2022年，西井科技推出Q-Truck智能换电版并实现量产，又推出智能换电平台PowerOnair等产品，致力于实现“智能化+绿色化”的高效率、低碳运输。

2023年6月，西井科技完成与英国菲利斯杜港超百辆Q-Truck签约，双方将联手打造当地迄今为止最大规模的“无驾驶室”新能源无人驾驶商用车队。

英国菲利斯杜港的Q-Truck

2024年，西井科技发布针对工厂、仓储物流中心等场景的智能物流机器人Well-Bot，专注于货物的高效率分拣、精确搬运及智能化仓储管理，支持人机协作，整体提升场内物流运营效率。同年，马来西亚西港授予西井科技“最佳自动化设备合作伙伴”；无人驾驶牵引车Q-Tractor被引入中国香港空运货站（Hactl），助力空港实现智能化、低碳化转型；智能重卡E-Truck落地中远海运秘鲁钱凯港，助力“一带一路”沿线的明珠项目开港。

赢得市场的首要条件是产品力，其次是对于场景的接受力和根植于场景的决心和耐心。西井科技10年的发展之路，持续践行着这一理念。从产品最初的设计逻辑，到通过现场调研了解客户和场景对管理的细节要求，西井科技在全球视野内，深度穿透行业与场景，不断提升专业认知和产品能级，实现前瞻与领先。

西井科技为了实现产品力与专业能级不断提升，联合珠海港实现全球首辆港区作业无人集卡第一箱；助力振华重工发布全球首辆自主驾驶无人跨运车并出口至海外。公司还正向研发全球首款真正意义的换电版全时无人驾驶重卡Q-Truck，推出智能网联可升级无人驾驶新能源重卡E-Truck及适用于空港、园区的新能源无人驾驶牵引车Q-Tractor等。

同时，公司的业务与服务深度不断跨越，以全流程数智化和绿色化解决方案为目标，其重要的产品线无人驾驶卡车不仅是一辆车，还是智能物流的节点。西井科技通过叠加网联平台构建了智能化、绿色化和全球化的大物流链路，通过智能化和绿色化升级各个节点或枢纽，并利用网络平台将海、陆、空、铁、工厂等链路进行打通，形成高效协同的物流网络，彻底颠覆了传统生产行业的运营模式。

为解决行业续航不足、充电慢等生产力痛点问题，西井科技还自主研发行业首套匹配无人驾驶货车的智能换电能源PowerOnair，助力Q-Truck、E-Truck等多种车型在5分钟之内完成高效补能。

此外，西井科技还利用先进的系统运算力，协助B端客户分析运营数据，前瞻预判可能的盲区或隐患，将安全运行的风险降低。通过连接产业链上下游，与本地团队和客户需求协同，西井科技旗舰型队列"出海"，加码发展的内生动力。

在服务用户的过程中，西井科技植根中国，放眼全球，深耕行业，在国内国外业务的经验互相融合后，形成了更优质的业务流程和产业示范效果。

全球海港中首个无人驾驶与人工驾驶混合作业项目，落地在泰国；在英国，实现欧洲的第一个港口无人驾驶作业项目，在阿联酋实现中东地区的首个港口无人驾驶作业项目；在美洲的墨西哥、在非洲的埃及，西井科技在全球多个大洲率先达成业界第一。标杆性的项目，使西井科技成了引领行业企业出海的先锋。

西井科技不仅为物流业企业提供了高效率与可靠度高的智能服务，还降低了自动化港口的从业者劳动强度，减少了安全风险，交流沟通更加便利，员工的幸福感提高了。

在特殊场景下，西井科技也为从业者减少工作负荷和职业风险，提升了安全健康系数。出于安全需要，海外某港口每一个集装箱到港离港时都需要经过大型X光机的检查，以前人工作业时，卡车司机每天最多需经过40余趟X光机。在中东地区，部分节庆时期人力不足，无人驾驶车能帮助码头保证更好地进行日常的持续运营。在东南亚地区，人员流动性比较大、培训周期不足比较常见，通过智能驾驶技术，大大降低了安全风险。

以AI技术产品为契合点，深度沉浸与理解场景，西井科技以"不但要走出去，还要走进去"的理念融入海外市场，真正提供让外部市场接受中国企业的先进技术和服务，同时也与海外合作者协力开发大物流行业的成长潜能。

三、培育智创者，人才赢未来

企业最大的资产是人，这是西井科技的核心理念。企业高度重视自身技术创新与沉淀，并拥有多项行业领先技术。

目前，科研团队成员多毕业于国内外知名的理工院校，专业涵盖人工智能算法研发以及自动化机械等致力于智慧港口系统、港区无人驾驶集卡技术研发与产业化应用平台、港口安防系统等领域的研究。

人才团队的战斗力经过多次技术攻关的实战检验，不断磨合提升。例如，为及时响应用户需求，在某个功能或产品上线之后，企业成立专门的商业化委员会，对远程获得的系统情况等合规数据进行周期性评估，还采用人工介入率和单车作业效率等评估成效，持续改进用户服务，提升价值。

正是这支学习力、执行力、产品化能力、合作力超强，且具备国际化视野的创新团队，将西井科技的技术、产品与服务做到了行业内多维度领先。

与此同时，西井科技建立了一套完整的企业人才培养体系，通过职位能力管理、关键岗位继任计划、骨干员工发展计划、领导力发展计划、员工技能提升计划、员工在线学习、内部流动制度等系统性设计，为员工构造网状职业发展路线，帮助员工更快成长发展，支撑企业对人才的旺盛需求。

企业也十分重视科技力量，将基础技术与应用研发兼顾，与香港科技大学、香港城市大学、复旦大学和同济大学均有产学研项目的合作，以不断孵化新技术。同时，铸造企业文化与人才吸引力，充分集结企业内外智慧，保持核心技术领先业内竞争者8~12个月。

此外，西井科技吸引了大量海外优秀人才回国，也将优秀人才推到了更大的海外舞台。2020年，全球码头运营商对于“少人化、无人化、智能化、远程化、精益化”管理的强烈需求被放大，带来了新机遇。尽管当时海外疫情不明，西井科技的技术人员依旧“逆行”远赴中东、欧洲等地区，成功将无人驾驶产品出海至瑞典和泰国码头。目前，西井科技已在中国香港设立了面向全球的国际总部，在新加坡、马来西亚设立办公室，在荷兰和迪拜分别设立了欧洲和中东的办公室。

作为出海先锋，西井科技充分发挥了人才的主动性与资源整合优势。不仅融合融入当地人才与文化，充分尊重政策约束与本土化运营——攻克法规与认证等制度壁垒，还以良好的企业认同感不断赢得亚洲（东南亚、中东）、欧洲和美洲多个国家的智慧港口项目，收获了领先优势和市场形象。

第三节　智向千里，万亿产业能级新生

在中国，“物流数智化发展、绿色化转型”“新质生产力”等一系列宏观政策的提出与指导性文件的发布，为大物流行业的绿色智能化发展注入动力，进一步加速行业系统性绿色智能转型。从海、陆、空、铁、港口，到各处物流园区，产业网络日益繁荣，智慧化多式联运等创新模式兴起，带来了巨大的经济动能。

一、迭代求新，树低碳范式

低碳减碳是全球化潮流指向。《巴黎协定》达成之后，在各国政策和投资者的引导下，在消费端诉求与预期的双重动力叠加之下，大物流行业巨头纷纷作出碳中和承诺，转变成为实现减排目标的关键力量。中国政府已将2030年前碳达峰和2060年前碳中和目标提升至国家战略高度。

转型需要科技引领。西井科技认为，技术创新将重构行业逻辑，是从“人力驱动”向“科技驱动”的质变。

减碳，首先需要运用可再生能源（即新能源），而大规模的前期投入、对设备的改造和升级，势必增加一定成本。帮助企业积极投身于“双碳”目标，让物流业形成更低的运输成本、更高的效率、更好的服务，需要AI与智能化和新能源的联动。

现代化港口不再是简单的货物交换场所，而是重要的产业集聚基地和综合服务平台。在武汉CSP码头，港口与铁路场站在同一区域，铁、水真正实现无缝衔接。根据CSP码头特有工况，西井科技凭借业界领先的产品力和业务深度，面向该场景相应适配，仅用7天时间便快速部署自研的无人驾驶重载水平运输车Q-Chassis单车系统及其配套的车辆管理调度系统（FMS），实现完全“无物理隔离”混行作业，提升港口物流运转效率。

Q-Chassis由“纯电动底盘+传感器”组成，采用无驾驶舱设计，定位精度在5cm内，一次定位准确率高于90%。据客户统计，其综合能耗下降30%，作业效率提升20%，同时场桥自动化系统使堆场作业效率提升25%，操作人员减少70%，码头综合服务能力、品牌效应大大提升。

港口数智化的本质从来不只是技术之争，而是谁能在21世纪掌握物流话语权。由于我国经济由高速增长阶段向高质量发展阶段转变，作为大物流关键节点的港口、空港、陆路口岸等业态的竞争模式也由通过能力和吞吐量等单一数量指标的竞争，转为服务质量、口岸效率、业务模式、科技创新和绿色生态可持续发展能力等软实力方面的竞争。

当全球港口仍在为自动化升级努力时，中国已开启了“零碳港口”建设。新能源集卡的大规模投用、光伏一体化的能源补给……这些举措不仅降低运营成本，更契合全球绿色航运趋势——2024年，中国港口绿色能源应用率较五年前提升28%，成为全球港口低碳转型的标杆。

西井科技将这一契机作为客户升级降本增效的路径，同时开启了新的商业逻辑。在实践中，西井科技创造性地引入了集成新能源电站在内的优势技术，助力海港进一步降低碳排放。例如，在马来西亚的一个项目中，由于基础设施不足，局部能源的稳定供应难以解决。为了推动用户采用电动和智能化车辆，西井科技为其设计了一套结合光伏储能的新能源供应方案，并提供了无人驾驶集卡和智能网联新能源重卡。这套方案不仅降低了客户的运营成本，还让港口的碳排放大大减少，增强了海港运营的韧性。

西井科技的客户分布，也反映出全产业的减碳需求正处于无限的蓝海：不仅有跨国物流业巨头率先投身其中，如和黄港口、马士基等，也有资源大省内蒙古的“散改集”运煤企业积极参与。

目前，减碳优势最大的港口场景，在世界范围内无人化、智能化和绿色低碳化的占比约为5%；包括内河港口等场景在内，未来行业有极大的增长空间。正是深度洞察到内河港口数智化、绿色化的转型需求，西井科技以“AI+自动驾驶+新能源”的创新技术已为长江沿线多个内河港口量身打造了“车辆+系统”解决方案，提供降本增效与绿色安全的多元价值。

当然，空港物流和陆路口岸等也面临着运输方式的创新和提效，其数量和体量均大于港口。以中国为例，多个省市规划大力提倡发展支线机场，同时大力推动“低空经济”的发展。一方面优化对新能源的管理和运用，另一方面以自动驾驶与AI数智化技术协同，实现极致减碳。

西井科技树立的低碳范式，将迎来大物流行业多场景革新的爆发期。

二、多式联运，促行业新生

西井科技在成长过程中，始终致力于服务国家战略，响应行业新政，降低社会物流成本。

创新技术的逐步引入，让“蜀道难”变“多式易”。2024年4月18日，在四川第一大港、长江上游重要口岸的泸州港，当地首票货物通过“泸州港—南沙港—沙特利雅得”海铁联运全程物流模式运抵广州港南沙港南站后装船出海。多方合力通过打造集装箱多式联运的创新物流模式，为川南地区外贸企业开辟了出海新路径。相较于传统纯公路运输，企业通过该模式降低综合成本15%～20%，缩短全程运输周期3～5天。

多式联运建立在智慧化的港口实现了运营至上。泸州港作为连接公、铁、水的重要枢纽，货物运输量逐年攀升。2024年，泸州港成为四川省首个使用无人驾驶新能源集卡车的智慧港口。据泸州港务相关负责人介绍："在没有引进Q-Truck前，港区中转集卡车需要人工驾驶，实行24小时三班倒作业。引进新能源无人驾驶集卡车后，原来从事驾驶的人员可以转到其他工种，在其他领域创造效益。"此外，通过智能化调度和优化升级，新能源无人驾驶集卡车能够参与到卸装船、场间移箱、空箱堆场等物流运输环节中。

在全球供应链加速重构、数字经济与实体经济深度融合的背景下，智慧物流已成为推动交运产业升级和经济增长的重要引擎。加快智慧物流创新发展，对于推进交通物流的降本提质增效具有重要意义。

2024年，中共中央办公厅、国务院办公厅印发《有效降低全社会物流成本行动方案》（以下简称《方案》），要求到2027年，社会物流总费用与国内生产总值的比率力争降至13.5%左右。实现这一目标后，预计可节约社会物流总费用1万亿元以上。《方案》同时提出，要培育一批具有国际竞争力的现代物流企业，推动物流数智化发展。

如何让货物转运路径更短、速度更快？让运输的时间成本和经济成本大幅压缩？西井科技深刻理解大物流客户的刚需，运用AI技术叠加大数据，让集装箱实现实时可见和追踪，并有效处理运输中的延迟和意外情况，也可以贯通整个物流链路，评估港口拥堵和拖车情况等，从而实现对运输时间和成本的精确控制。

在国内多式联运兴起、"一带一路"倡议相关区域大发展之际，西井科技进行充分布局，也迎来了作为细分行业领军者的发展良机。

国家此前提出的"海陆空铁"四港联动，已属多式联运——用一种标准覆盖各种运输方式，采取模块化、统一化的方式，便利协同管理。海港、空港、铁路或陆路口岸等均为关键的流通型物流节点，其运作流程和逻辑相似，为西井科技的港口场景数智化运营标准的复制应用提供可能。

在中国香港，某领先的空港货站运营商与西井科技合作，引入下一代新能源自动驾驶货运拖头车，以实现降碳目标。此外，西井科技的数智化物流服务还向其他多式联运节点和公路货运网络延伸：此类物流运输网络面临更为开放和动态的环境，给数字化转型带来了诸多挑战，也带来了潜在机遇。

西井科技在一家中国500强汽车超级工厂重点规划了零碳智慧物流港项目，为行业首创。该工厂通过引入18辆西井科技的无人驾驶电动重卡，替代传统燃油重卡，同时搭载西井科技的V2X车路协同系统、智能换电补能系统，智能仓储堆存管理平台系统等，以“订单+数据”为驱动，通过可视化数据管理、物流运输全流程监控和智能预测库存和运输需求，以一张“数字化的时刻表”有序协调全厂生产要素，实现生产力的时序优化。不仅通过标准化流程提升了物流转运速度，助力工厂实现零部件的高效流通，还实现了物流配送的零碳排放，为行业树立了汽车制造业低碳物流管理的标杆。

物畅其流，不是一个节点就能做到的，而是需要区域或成网的联通。西井科技服务海、陆、空、铁、港口和工厂等场景，以推动端到端、门到门的大物流领域发展，将货物从点到面、由面及线串联起来，形成物流的网络。以产品响应市场需求，再以场景切入。

大规模的货物流动中，节点之间环环相扣，利益共通。西井科技逐步打通数智化物流网络，为用户提供多式联运物流的技术和服务的能力也已成型。这是大物流行业极致未来的新曙光。

企业家专访

赋能者，无形亦无限

——专访上海西井科技股份有限公司董事长谭黎敏

《样本》：很多科技初创企业苦于手握技术找落点，是什么样的契机让西井科技发现了港口需要智能化，并将技术与港口连接在一起？其间，遇到了哪些痛点并予以解决？

谭黎敏：2016年，AI发展最火的方向是人脸识别，人脸识别几乎等同于人工智能。但西井科技的要求是创造不同（make a difference），更创造价值。偏生产制造型的场景，因为劳动力密集、工作环境不佳，更适合用AI去做助力，于是有了对集装箱码头的改造思路。

团队仅用四个月时间，开发出一套边缘计算与AI识别算法的组合拳，让集装箱的箱号数据实现自动识别和结构化管理，为此西井科技在成立第一年就拿到了商业合同。

在集装箱业务上，梳理作业流程后发现，集装箱理货只解决了一个很小的功能点。我们明白，企业最终面对市场的一定是一个产品，不可能靠一个功能去面对市场。而产品必须以市场需求为导向。因此我们继续深挖，解决了系列痛点，逐步开发了多类产品、多套系统服务场景。再结合对业务流的理解，把系统之间互相串联起来，也就逐步形成了全球化多维度的智慧物流解决方案。西井科技是第一家提出整套统一解决方案的智慧物流企业。

其中，自动驾驶就是在这一过程中挖掘出来的核心需求。在逐步接入自动驾驶技术后，西井科技在全球若干区域的港口智能化、绿色化建设中达成了很多个行业第一。

《样本》：您认为西井科技产品不断推进和其他的港口内产品形成协同，以全局化、智能化港口解决方案并赢得市场的原因有哪些？

谭黎敏：首先是产品力，这是最重要的。其次是基于产品之后，对于场景的接受力、接受度和根植于场景的决心和耐心。这决定了在场景当中能不能把市场占有率做大，能不能走远。

很多企业，包括科技企业，面临压力时会更倾向于急功近利，但真正能够在场景里跟下去，要花很多时间，用户并不需要普适性的产品，都会有定制化的需求。就像AI大模型一样，要尽可能多地获得样本和语料，要把整个业务场景形成通用的AI或是针对场景锤炼出大模型。

西井科技以定力在海港深耕多年，把经验知识沉淀下来，变成了能力。当然，在海港场景，依然有需要不断去探索、思考以及重构的方面。

西井科技以标准化的大宗物流为目标，而不是零担快递，去进行横向拓展。而行业的市场空间巨大，除了海港，铁路运输、公路运输、内陆内河口岸都在逐步推广集装箱物流。空港物流也是航空集装箱，全球航司都是统一的。

例如空港场景的香港机场案例，和最初我们在懵懂的情况下去服务于港口已经很不同，我们更清楚地知道特定场景的业务逻辑，这有助于顺利开展后续合作。当B端的用户认为你懂这个行业，会认为你尊重他。互相尊重是建立预期，也是建立起良好合作的很重要的开端。

《样本》：西井科技2021年就做到海外业务占公司总收入的1/3。近年来，全球贸易的发展速度多有起伏，增速总体而言放慢。西井科技如何判断行业的未来增长潜力和带来的影响？

谭黎敏：我们植根中国放眼全球，以全球化视野去看待整个业务。

西井科技切入的场景是全球流通的物流载体，自然会接触到海外用户。同时，国内国外业务的经验互相融合，能够形成更优的业务流程。国内市场对科技的支持力度以及决策机制，有效地推动新技术落地。而海外决策的颗粒度会做得非常细，有助于提升西井科技对专业和行业的认知。两者相结合后，一边在国内落地推进，快速地检验和迭代产品，提升产品能力，一边通过不断在全球范围内学习和了解，逐步向海外拓展和延伸。

通过海外项目，西井科技得以用更宽视角理解、感知行业。做海外市场，不但要走出去。还要走进去。真正进入让外部的市场能够接受我们，同时也从海外获取足够的利润回报。

未来行业大有可为。目前渗透率最大的海港场景，经过无人化、智能化和绿色低碳化革新，全球占比约为5%，未来的增量空间巨大。对于大的行业场景而言，空港和陆路口岸的大物流创新，体量都大于海港。

西井科技创业10年，企业做决策是一个动态过程，重要的是不同状况出现之后如何应对。有限游戏，就要快速通关，达到目标；无限游戏，就要在过程中寻求最优解。西井科技坚持寻找最优解。当然，过程中目标也是在不断刷新的，企业不断打造内生能力，以内部团队智慧对目标进行管理和修正。

《样本》：西井科技通过智能化技术，在全球产业链流动中发挥了固链补链强链的作用，促进贸易繁荣，使相对粗放、低效的大物流行业焕然一新。企业在引领行业绿色智能转型与高质量发展中，请结合案例分享如何挖掘潜力、推进革新？

谭黎敏：回头审视，其实每一个具体场景案例都有可提升的空间。我认为，开创行业先河的新能源汽车制造工厂的项目是一个典型的成功案例。

其实，汽车整车厂的智慧物流港的创新，不只是用无人驾驶智能设备，而是突破性地用智能化实现了工厂内最后一段因人工所带来产线上的精益性不足产生的额外成本。

汽车下线后，原本是由司机把车开出送到仓库等地，过程中的时间不确定，存在偏离值，导致产线为了和物流匹配带来了生产精益化的不足。通过无人驾驶，流程可以精确到秒，再通过数字化的方式与产线系统打通，无形中就把原本散落的各个节点数字化管理，进一步纳入同一张时刻表当中，从这个意义上实现了对整个生产过程的持续再造。

《样本》：西井科技在上海成长，您认为长三角一体化发展为企业的发展提供了怎样的机会，带来了哪些方面的优势？

谭黎敏：西井科技诞生在上海长宁，第一个落地项目在浙江，本身就是长三角一体化发展的受益者和实证案例。

2016年，西井科技从“上海硅巷”科创街区的小弄堂起步时，团队只有不到10人，那时各级政府便关注到我们，主动上门送产业和人才政策、送服务和培训。此后，受益于“政会银企”四方合作机制，还从多家沪上金融机构获得一系列科技供应链金融整体解决方案。

对于服务于大宗物流的西井科技，上海以及长三角地区更是为其提供了生长壮大的契机与土壤：相关工业形态完备，配套产业链也给企业发展带来更有力的支持。长三角区域充满经济活力，是中国经济的龙头，同时也是外向型的桥头堡。未来，上海全球优势资源“入海口”的吸纳力、“出海口”的辐射力将呈指数级增长。

专家点评

以科技改变集装箱的世界

十多年前，市场上有本热销的图书《集装箱改变世界》，在航运和物流业几乎尽人皆知。这个传神的书名，准确道出了集装箱（the box）为航运和全球供应链带来了革命性的变化。正是集装箱的面世，彻底改变了世界经济的格局，推动了新的一轮全球化，也改变了世界运输与物流、供应链服务的面貌。今天，最大的集装箱船可以运载多达2万个标准箱TEU。全球的主要集装箱港口码头，从吊车到集运卡车，从船舷装卸到多式联运，无论是装备还是运营，都是围绕着集装箱在进行。而且集装箱的操作已经延伸到了物流园区、配送中心和工厂车间，甚至航空货运、铁路运输也在日益“集装箱化”。集装箱所代表的物流标准化、单元化已经成为现代物流的基本理念，并在推动着物流向“实物互联网”(Physical Internet)的整体转型。如果我们要总结最具影响的物流创新，集装箱的发明和应用，当被排在首位。现在，当一家新锐的上海企业，要以人工智能技术改变集装箱的世界，未免令人刮目相看——这就是西井科技。

创立10年来，西井科技从一家“弄堂小厂”快速成长为今天的智能物流装备与系统的领先企业，并在全球市场不断开拓，立于中国物流技术与装备出海的潮头。它成功的案例经验，值得从多个维度来总结。

第一，产品的聚焦与创新。从集装箱的识别、理货系统到全球首台港口无人驾驶车，再到进入汽车超级工厂的物流系统，西井科技的产品看似多元，其实是一贯聚焦于物流和供应链运营的最基本单元——集装箱。西井科技可以说为简单而传统的集装箱赋予了动能和灵性，而集装箱又是航运与物流的基本单元，最小的往往又是有最大发展空间的，西井的产品即使在未来也令人充满信心。

第二，技术主线的坚持。西井科技给自己确立的愿景是新智能结合新能源，助力全球大物流领域在智能绿色进程中实现更高效、更可持续的价值提升。人工智能与新能源科技的应用，是物流和供应链服务行业的大趋势，分别做新能源或AI技术的企业不少，能把这两条技术主线融合起来形成竞争优势的不多。这是西井科技的特色，也是需要在未来紧紧抓住的两条主线。

第三，对客户需求的洞察和围绕场景提供解决方案的能力。西井科技起步的第一个产品——箱号识别与理货系统，就是抓住了当时海运港口运行中的痛点，领先于卖摄像头的大厂，给客户提供了及时的智能化解决方案，再由做IT系统发展到正向研发港口无人驾驶重卡并取得成功。在我看来，对于一个初创企业，这是惊人的一跳。因为在当时，即使卡车制造行业的巨型企业，也不过满足于把在用车型加上自动驾驶系统而已。而西井科技做到了，并从此以人工智能和自动驾驶为技术锚点，从服务单一物流场景到覆盖多式联运物流全节点，从“数智化升级”到“生产时序再造”。这种基于对客户需求和场景的理解，以及敢为人先的气质和能力，可以作为我们观察和理解西井科技的一个重要维度。

第四，创新的组织文化。创新的点子常有，但能持续创新的企业不常有。德鲁克认为，我们常忽略了“人的组织”才是创造生产奇迹的关键，而不是生产技术。技术层出不穷、令人眼花缭乱的，而能基于对客户与场景的理解，应用先进适用的技术，踏踏实实提供产品和服务，则需要解决好企业的领导力、组织和行动能力，解决好企业与外部的关系。西井科技有个源于青浦朱家角老街的名字，又创业于上海长宁区的“利西路”，从最初的不到10人创业团队到今天700多人遍布国内与国际的员工队伍，得益于上海与长三角创业创新的大环境，已经形成了持续创新的企业文化，而且正在发挥着越来越显著的行业影响力。

第五，对海外市场的大胆开拓。西井科技应该说还是一家处于创业期的公司，但目前产品已落地全球28个国家和地区，包括英国、泰国、马来西亚、秘鲁、阿联酋等,服务超200家客户。西井科技的国际化程度，在中国的科技“独角兽”企业中是少有的。在细分市场里深耕，成为国际化的“小巨人”，不仅令西井科技获得成功，而且也将是越来越多的中国科技企业发挥中国工程师的技术优势，摆脱“内卷”，在国际、国内市场取得“双成功”的必经路线。

从我第一次走进西井科技，已经过去了两年了。这两年间，人工智能的浪潮已经席卷各个行业，围绕降低全社会物流综合成本的目标，物流领域也正在经历全面而深刻的创新变革，比传统物流更加智能、更加开放的实物互联网，将代表着中国及世界物流发展的方向。在这个大趋势大背景下，西井科技坚持其使命，全心投入每一个小改变，推动着人类和世界更大、更多积极改变的发生。我相信，西井科技走的是一条通向持续成功的路。中国和世界的物流业，更多的积极改变将会发生。

相　峰　上海长三角商业创新研究院特聘研究员

第九章
价值为引，重构全渠道供应链生态

——安得智联供应链科技股份有限公司

- **楔子：**刻画供应链的生命河流
- **企业概况：**数智商业驱动的供应链变革者
- **创新解读：**

  第一节　数智化注入新动能

  第二节　端对端集成，共创新生态

  第三节　走正路，走远路，走可持续发展路
- **企业家专访：**心之所向，虽远必达
- **专家点评：**从供应链韧性到价值共创

楔　子

刻画供应链的生命河流

供应链是实体经济的河流网络，让物流穿透数据迷雾，既是产业智能化的起点，也是重构商业价值的革命性实践。

深耕行业25年，安得智联以数智化重构供应链内核，打通从生产端到消费端的全链路“航道”。依托美的集团“灯塔工厂”的先进实践，公司淬炼出“1+3”智慧供应链服务模型，让仓储智能响应需求、运输动态优化路径、交付精准穿透渠道，在制造业与物流业的深度耦合中，打造端到端的价值增长引擎。

安得智联始终以客户价值为锚点，秉持“一米宽、万米深”的深耕理念，将供应链能力赋能千行百业——从生产物流到商品流通，从家电家居到新能源、快消领域，安得智联以物流反哺商流，助力客户实现资源配置与经营效益的双重跃升。由此，供应链从传统的成本中心进化为价值创造的核心枢纽，构建起“敏捷、绿色、协同”的现代供应链生态。

疏浚产业动脉，方能通江达海；激活数智动能，始得千帆竞发。在数实融合的时代浪潮下，安得智联以技术创新浚通物流脉络，以生态协同编织全球网络，为供应链变革贡献中国智慧。

供应链创新之路、共建之路没有终点，安得智联唯有持续拓荒——正如自动化仓库中永不停歇的运输车，在数据的航道上，持续探索产业智能化的星辰大海。

企业概况

数智商业驱动的供应链变革者

安得智联供应链科技股份有限公司（以下简称安得智联）成立于2000年，作为美的集团的智慧物流板块，在美的制造业的基因中诞生，沉淀输出特有的“1+3”供应链服务模型，致力于为客户提供端到端数智化供应链解决方案。

安得智联办公所在空间航拍

一、端到端数智化供应链解决方案

作为国家级5A综合性物流企业，安得智联以持续迭代“1+3”供应链服务模型及“新增长”服务构建了自身的能力底盘，为客户持续创造价值。

在“1+3”供应链服务模型中，“1”指的是全链路，“3”包含生产物流、一盘货、送装一体，将制造端的产销协同数字化，到流通环节的订单实时在线、全程可视，再到零售及售后端的客户评价，形成了数字化全闭环。

其中，“生产物流”服务包含“灯塔工厂”和运包一体解决方案。“灯塔工厂”是基于6家世界级“灯塔工厂”实践经验打造，将产前物流、产中物流及运包一体的产后物流实现上中下游全价值链一体化，有效提升了工单齐套率、检验合格率和库存周转率。这一方案将仓库存储密度增加了450%，产能提升了167%，人力成本降低了37.5%，并支持1400+企业实现制造供应链的敏捷变革。

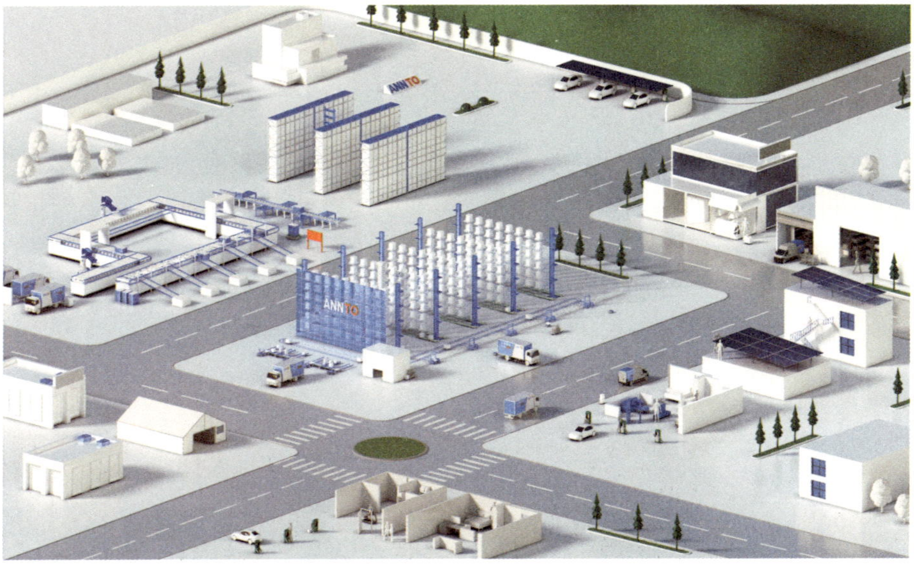

“1+3”供应链服务模型

“一盘货”指通过全渠道库存共享，2b/2c一体化，交付链路“少一跳”，减少了流通链路无效存储与搬运，使得端到端/综合成本下降，物流运营效率提升。新增长业务则通过“共建、共创、共享”，让好品牌与好渠道互相匹配，助力客户更高效地利用供应链资源，延伸供应链能力。2024年，安得智联“全渠道‘一盘货’，构建物流降本增效新模式”案例成功入选国家发展改革委首批发布的“降低全社会物流成本典型案例”，成为物流行业降本增效的标杆。

“送装一体”则是依托覆盖全国的前置仓/送装网络/服务工程师直接服务C端，为品牌提供一站式“仓干送装修”服务。送装一体连接全国4万+送装工程师和4000+家送装网点，全国乡镇覆盖率达到99%，年服务用户超千万。

同时，安得智联还搭建了安得安链通、安得安链云、安得到家数智化平台，运用物联网、大数据、AI等前沿技术链接供应商、物流仓储、品牌商、渠道商等供应链上下游主体数据、信息，为其提供一体化智慧供应链解决方案平台，以数智化供应链能力赋能客户实现成功。

如今，安得智联拥有超800万㎡总仓储面积，可提供干线、仓储管理、城市配送、电商配送、送装一体等多场景物流服务，搭建支持多行业线上、线下销售渠道的端到端物流网络，实现BC一体化直达用户全国交付网络。

2019年至2024年，公司业务收入从70亿元增长到180+亿元，增长稳定，外部收入占比提升至60%以上，收入结构逐步优化。公司行业服务方案集中在家电、家居、日化、食品、饮料酒水、新能源等泛家居和泛快消行业，链接3300+家品牌方、3000+家核心经销商、200万+家门店，年销售规模逾万亿元。

二、从数字化底盘到绿色未来

数智化技术能力是推动供应链创新与变革的基础，围绕“1+3”全链路数字化底盘的建设，安得智联先推进业务数据化落地，再推动数据业务化发展，助力“产品经营”及“效率驱动”，实现“数智创新”。

同时，安得智联建立了完善的研发机制，以打造高效的技术研发团队，搭建成熟的技术系统，为业务增长赋能。公司共有超过300名研发人员，每年研发投入近2亿元，已实现了仓储科技自动化，以及供应链管理全链路信息化、智能化。公司技术转化高效，技术转化成果包括34项专利、33项软件著作权和9项发明专利。

在供应链数字化的基础上，大数据、算法优化、人工智能等前沿技术的应用可赋予供应链以智慧。安得智联将供应链上下游的供应商、品牌方、渠道商、物流等集成在同一个网络中协同创新，帮助全链路各类客户进行数字化转型，构建新的核心竞争力。公司数字化能力得到广泛认可，2022年获评2022年度中国物流数字化转型优秀创新企业、2022年产业链供应链数字经济创新案例；2023年获评中物联科技进步奖一等奖、2023年度生产制造企业物流与供应链数字化转型优秀案例、2023年物流技术创新案例、2023年数字化转型十大杰出企业等荣誉；2023年、2024年获得由中国物流与采购联合会颁发的全国性科学技术奖“中国物流与采购联合会科学技术奖”。

数智技术的运用帮助供应链管理实现了全流程透明化，公司得以不断优化供应链中的资源利用效率，为可持续目标的实现提供了可靠的工具和场景。与此同时，公司积极响应国家绿色发展战略，推行绿色供应链行动，包括绿色包装、绿色运输、绿色仓储等绿色物流方案。安得智联取得可观的绿色效益，使用运包一体可循环包装替代了一次性纸箱35万个/年，建设六个国家级一级（三星）绿色仓库，使用新能源替代传统能源实现2024年新能源运力行驶总里程约22814万公里。

作为供应链服务者，公司运用数智化能力帮助合作伙伴共同实现可持续发展目标。绿色办公助力立白实现电子回单无纸化，绿色回收行动实现空瓶年回收50万+瓶，旧家电年回收460万台。

因在可持续发展方面不断努力，安得智联陆续获得LOG低碳供应链物流创新优秀企业、中国现代物流创新发展成果案例、中国绿色物流ESG链条先锋企业，LOG低碳供应链转型突出奖、LOG低碳供应链物流杰出贡献奖等荣誉。

创新解读

第一节 数智化注入新动能

当前，全球经济环境呈现出增长放缓、区域分化、贸易疲软、政策动荡的局面，供应链管理正在进行从“被动响应”转向“主动创造”的战略性跃迁，已从“后勤支持”升级为企业的核心战略资产。随着技术赋能和管理创新，供应链管理价值创造能力已突破传统的成本节约范畴，向市场响应、风险抵御、绿色转型等维度延伸。在产业升级与全球竞争的双重驱动下，供应链必将从价值实现的“跟随者”蜕变为“引领者”，为经济高质量发展注入新动能。这一转型既是对传统管理思维的颠覆，更是数字经济时代企业生存发展的必然选择。

一、从成本中心到价值中心

受新一轮科技革命和产业变革、大国博弈、逆全球化等因素的影响，经济增长乏力，全球价值链持续转型，伴随着各种波动。全球供应链出现明显收缩趋势，在产业链布局由效率至上向安全至上转变，区域化、多中心格局基本形成。制造企业亟须创建一个能抵御外部影响波动的价值链网络，增强供应链掌控能力，全球供应链组织方式和规则加快向短链化、多元化、柔性化、数字化、绿色化转型。

此外，全球经济增速放缓削弱了外需对中国经济的拉动作用，暴露出国内市场供需不匹配的短板，倒逼国内产业加速进行结构性调整。

而在需求端，受经济环境下行影响，居民消费信心明显不足，对价格变动敏感，2024年全国最终消费支出对经济增长贡献率为44.5%，社零增速仅为3.5%；同时，出于对美好生活的追求，在一些细分领域涌现新消费需求，消费者对保值性、实用性和质价比的追求在不断增强。在“以旧换新”等提振消费的重要政策的影响下，“绿色化”“智能化”等特点成为品类消费升级的重要趋势，家电、家具类零售额增长较明显，电动汽车、电子产品等零售额逆势增长。

从供给端看，中国制造业虽规模庞大，却面临“全而不强”的困局——平均利润率低、附加值不足、产业链协同低效、中小企业研发投入薄弱。根据国家统计局发布的数据，2024年三季度，全国规模以上工业产能利用率为75.1%，比上年同期下降0.5个百分点。如何从信息化时代进入智能化时代，建立一种高度灵活的个性化和数字化的产品与服务的生产模式，是中国众多制造工厂面临的挑战。

供应链作为实体经济的“筋络”，正是连接供需、传递信息和价值的关键渠道，企业对供应链管理的诉求正从“降本增效”转向“价值创造”。首先，供应链应帮助降本增效、节约成本，增大企业利润空间。其次，订单需求日趋多样化、碎片化，供应链应灵活响应，质量可靠，及时交付。最后，供应链还应满足可持续发展及风险管理的要求，确保稳定性和可靠性。

在这样的新环境下，中国企业正以积极的态度进行供应链创新探索，有以链主企业主导的垂直产业互联网协同模式，如华为、比亚迪、天合光能等；有服务业与制造业深度融合，如瑞幸咖啡自建烘焙基地实现供应链自主可控，蜜雪冰城通过全球采购网络优化成本与品质；有供应链金融创新，如蚂蚁金服基于区块链提供融资服务等。

在产业界实践中，供应链创新正呈现出数字化、绿色化、全球化与智能化发展趋势。从单一的生产制造往供应链即服务（Supply Chain as a Serivce）、供应链即平台（Supply Chain as a Platform）的方向发展，往高附加值领域延伸，形成端到端的供应链能力。未来，供应链的转型升级与创新发展将在推动经济循环、提升产业竞争力方面扮演更加重要的角色，通过结构调整、降本增效、供给侧改革、要素整合及动能转换等策略，供应链将助力我国经济加速向高质量发展阶段迈进。

二、从数字化物流到智慧供应链

在“双循环”格局下，供应链是资源配置、产业链构建的重要手段，供应链管理也迎来重大发展契机。尽管如今物流企业普遍进行着数字化升级，意在提高效率，但仍面临许多问题。首先，传统供应链依赖“预测—生产—配送”的线性链条，数字化后仍难以实时响应需求波动，无法解决“牛鞭效应”问题。其次，企业内部以及企业之间各环节数据格式不统一，系统间交互存在障碍，产生“信息孤岛”，导致协同效率低下。

传统供应链的缺陷本质上是工业化时代“效率至上”思维的延续。在VUCA（易变、不确定、复杂、模糊）时代，企业需超越“为数字化而数字化”的表层改造。智慧供应链并非简单引入数智化工具和产品来优化IT系统，而是利用物联网、大数据、人工智能等信息技术，对供应链中的物流活动进行智能化、自动化和高效化改造，使其具有智能高效、开放共享、协同创新等特点。

随着新一轮科技革命和产业变革蓬勃兴起，以5G通信、云计算、大数据、人工智能、区块链等为典型代表的新型IT技术正在加速与产业融合，通过网络、平台、产业三大体系构建，正实现全生产要素、全产业链、全价值链的全面连接。例如，西门子在虚拟世界中构建工厂的数字孪生，实现从需求分析、规划设计、施工实施到生产运营全过程的数字化，精准地优化生产流程、预测设备故障并进行实时仿真。苏宁易购构建“预测—补货—分货”全链路智能化系统，整合AI、大数据与RPA技术，实现动态预测、自动化补货及智能分货，库存周转率提升20%，缺货率下降15%。

通过技术赋能和生态协同，智慧供应链将形成“感知—分析—决策—执行”闭环，在需求驱动下，实现终端需求计划驱动扩展的端到端供应链运作，强调与客户及供应商的信息分享和互动协同。

当智慧供应链完成产业上下游整合时，将释放三大红利：通过需求预测与生产计划联动，缩短生产物流周期，提高周转效率；物流企业资产利用率提升；零售端效率更高、缺货损失减少。要实现这种变革，需要依靠技术力量，同时与供应链伙伴实现深度合作与协同，最终形成“技术驱动—数据贯通—价值共享”的新型产业生态。只有实现这种深度整合，智慧供应链才能真正成为经济高质量发展的数字基础设施。

智慧供应链的终极目标是通过技术赋能与生态协同，实现全产业链的价值最大化。未来，供应链迈向“智慧”阶段是必然趋势，企业唯有拥抱技术革新与生态合作，方能在全球竞争中占据先机。

第二节 端对端集成，共创新生态

深耕行业供应链服务领域，安得智联长期投入数智化能力的研发，秉承“以客户为中心”的经营理念，为客户提供从原料至成品的生产物流、线上线下一盘货、To b/C一体化、仓干配一体化及送装一体化服务的端到端数智化系统解决方案，构建纵横集成网络和数据共生供应链生态，将供应链管理利润池从单一环节转向全链价值创造，协助企业推动渠道变革与供应链效率优化，提升竞争优势，持续支撑客户实现高质量增长及可持续性发展。

一、纵向集成，赋能智慧制造

随着国内市场逐步从“卖方市场”转向“买方市场”，市场竞争也从“增量博弈”转向“存量博弈”。如何构建更加柔性、协同、高效的制造供应链体系，顺应多样化、个性化的市场产品潮流，成为制造型企业需要思考和研究的重要课题。

在传统供应链管理中，品牌方与制造方在设计、制造、销售等环节处于割裂状态，70%~80%的成本在产品设计阶段已被确定，仅依靠订单层面的优化难以突破成本天花板。纵向集成通过整合研发、生产、物流与销售环节的信息流与资金流，将分散的运营活动转化为统一协同系统，显著降低交易成本与资源错配风险，这种深度协同使企业能够精准捕捉消费趋势，缩短新品上市周期，满足个性化定制需求，并由此显著提升技术转化效率。

安得智联通过纵向集成服务美的进行智能制造转型升级，通过端对端数智化供应链服务实现入厂物流、生产物流到成品物流的全面打通，先后服务美的洗衣机合肥工厂、美的冰箱荆州工厂等六家工厂入选“灯塔工厂”。

“灯塔工厂”是众多制造企业孜孜以求的目标，但要建设“灯塔工厂”企业须具备一定的体量和规模，积累一定的数字化基础以及数字化人才。如何将“灯塔工厂”卓越的运营能力用于帮助更多企业向“智能制造”转型?

在生产物流方面，安得智联将美的多年精益制造经验沉淀转化为“灯塔工厂”供应链方案，以零部件供应链变革为主轴，形成VMI、Milk-run循环包装、运包一体、JT/JIS配送及产中送线等生产物流全链路供应链服务能力。

产前VMI中心根据业务场景重构流程、仓储布局，使用物流前沿技术，实现生产原料零部件从智能收货到智能出库的全流程的自动化协同。产中环节融合大数据、人工智能、数字科技等集群式供应链网络技术，实现“灯塔工厂”内生产全流程中原料自动拆垛、配

VMI仓库

送，全程仓储可视，产中物料自动抓取、自动组装，硬件与软件交互实现物料自动入库和库位分配，数字化中心对厂内物流全流程进行可视监控。产后成品经自动传送和缠膜后进入基地仓储，并由安得智联全国仓配网络送往消费者。

“灯塔工厂”供应链方案将计划前置、品质前置，实现工单齐套率提升15%，检验合格率提升11%，异常损失工时减少22%，库存周转率提升42%，物料平均库存天数下降了30%。

在成品物流阶段，公司通过运包一体化解决方案，创新性地将零部件运输和循环包装纳入同一个物流场景中，形成闭环状态下的运包一体化操作。这一方案帮助客户实现包装设计、包装动态/静态租赁、循环取货、包装信息化管理等全流程协同一体化，减少客户一次性非生产性投资，减少拆包动作，实现运输满载率提升，线路优化，助力客户高效运营，节能降本。

安得智联通过纵向集成建立了一个庞大、精益、敏捷的集成供应链，并依托库存优化、柔性协同、智能预测三大能力，为1400+家制造型企业提供落地解决方案，以智慧帮助客户构建起覆盖研、产、销的供应链韧性体系，助力制造业深层次转型升级。

在“灯塔工厂”智能制造转型升级的背后，是制造业和物流业的深度联动融合发展。这不仅是时代所趋，还是提升“两业”发展水平和国民经济综合竞争力的必由之路。随着中国制造向“中国智造”转型升级，数智化引擎驱动的物流技术创新变革将推动制造业和物流业资源的有效整合，助力物流业降本增效，促进国民经济高质量发展。安得智联将持续推进智能制造与智慧物流的深度融合，以“灯塔工厂”供应链解决方案支持制造业的产业链变革。

二、横向集成，一盘货少一跳

近年来，互联网的高速发展促使商品销售环境发生巨大变化。从平台电商到社交媒体电商，“人—货—场”的关系持续重塑，线上线下一体化渠道营销模式已成为标配。

早在2014年，美的就深刻认识到传统营销模式下多级经销商带来的管理问题。首先，物流资源浪费。“美的不少经销商、运营商会各自找各自的物流公司，找各自的仓库、运输配送等，但是每一条线、每一个点的量相对来讲不多，造成的结果就是物流管理单位成本比较高。”安得智联相关负责人表示。其次，多级经销商会导致数据断层和成本叠加，经销商压货式销售掩盖了市场现状，同时使得下游博弈产生严重的物料呆滞情况，长线物料又进一步制约了柔性生产效率和库存水平。

快消行业也面临同样的问题。例如传统模式下，一箱啤酒需要通过“工厂—经销商—

分销商—门店—消费者”的链路到达消费者手中，过程中搬运6~8次，流通三至五跳才能完成订单。

有鉴于此，安得智联提出了“一盘货”概念，以三个维度的理念打破库存壁垒，推动物流管理迈向集约化发展。首先，物理上的“一盘货”是将货品集中存储管理，减少产品搬运次数，提升产品品质，减少物流中间环节节点，提高效率，并利用数字化技术实现库存透明；同时在物理仓整合的基础上开展共同仓储、共同配送，降低成本，实现了标准仓储与标准配送，提升了末端服务体验。其次，渠道上的“一盘货”，是通过线下各级渠道库存打通共享，实现更低安全库存，满足市场供应，解决了销售业绩短期影响和渠道物权转移问题。最后，线上线下“一盘货”则是通过解决线上、线下产品区隔，利用数智化技术将库存打通共享，实现了物流环节整合共享。“一盘货”概念的实质，其实是与客户一起解决渠道多元化、订单碎片化带来的履约成本上升、增收难增利更难的困境，通过全渠道库存的共享，在减少搬运次数的同时，取得了物流/财务/销售费用降低、效率（库存周转率、订单满足率、资金周转率、动销比、订单履约速度）提升、渠道信息流掌握的全价值效率提升效果。

一盘货

“一盘货”统筹，帮助美的取得了显著的变革成果。实施这一方案后，美的全国仓库从2200多个减少到137个，仓库数量“腰斩”95%；550多万平方米的仓库面积，减少到160多万平方米，物流成本进一步降低；订单交付周期由45天压缩到了20天，仅为行业整体周期的一半，极大地减少了代理商的资金占用，而库存周转天数也从51天降到了35天。

自2019年起，安得智联向社会推行“一盘货（少一跳）”供应链解决方案。经过分析，首先瞄准家居行业和快消行业——具备线下渠道占比较大，线下经销网点多、结构复杂等特点。所有商品通过安得智联“一盘货（少一跳）”模式及全国仓配网络可直达终端，而商品也只需要经过“工厂—共配中心—消费者”的链路，跳到消费者家里。以某品牌啤酒为例，2021年通过推进安得智联“一盘货”服务后，库存下降30%，人员/设备优化15%，库存100%灵活应对平台订单需求，大幅提升了客户交付的满意度。

目前，“一盘货”模式已在家电、日化、食品、饮料等多个行业推广，服务了众多一线快消品牌。这一商品物流的库存管理变革，推动企业端到端效率提升，助力客户实现更高效的交付。

通过对供应链与物流的横向集成，安得智联将零散的渠道、分散的业务需求与割裂的物流服务资源进行整合，各渠道统一进行仓储和配送，实现全渠道的资源整合与物流服务的短链化运营，提升了供应链的管理效率。

三、技术融合，重构价值链

为进一步强化技术价值，安得智联将积累多年的供应链实践经验和数智化能力固化成实用工具，打造了安得安链通、安得安链云、安得到家数智化平台，实现了供应链纵向、横向、端到端集成协同效应。

安得安链通是一体化智慧供应链解决方案平台，利用AI大模型、运筹优化、智能体仿真、大数据等前沿技术手段，帮助客户快速诊断供应链的优化方向，精准量化方案收益空间，并实现供应链的数字化、智能化管理。

安得安链云SaaS平台则是一个集营销、订单、仓储、运配、金融服务于一体的综合服务平台，主要客群是品牌商、渠道商和零售商，帮助客户企业进行内部经营和运营管理的数字化升级，实现供应链资源共享，提高供应链一体化交付效率。

安得到家是高品质的送装服务一体化服务平台，为商家提供专业的家电送装、家居送装一体化解决方案。安得到家构建集商家、运营商、工程师为一体的送装服SaaS化生态圈，实现更精准的供给需求匹配、更规范的服务、更低的交易成本、更高效的用工效率。

通过物联网、服务计算、云计算等信息计算与制造技术融合，安得智联打造的智慧供应链平台，实现软硬件制造资源和能力的全系统、全生命周期、全方位的感知、互联、决策、控制、执行和服务化，进而实现人、机、物、信息的集成、共享、协同与优化，最终形成生态圈。

在这个高效运转的供应链生态圈中，各参与方通过数据互通、技术赋能与生态协同实现角色重塑与价值重构。以经销商、零售商的数字化、平台化能力提升为例，可以借此由

“渠道中间商”转向数据驱动的生态服务商，通过整合前置实现仓库减少、库存共享、面积下降，提升自身专业化、综合化能力，更好地服务区域客户或大客户。

某年销售规模超过3万吨的区域酒水饮料经销商，在安得智联支持下开辟了第二赛道，打造了专业的区域物流公司。同时，安得智联也为其带来其他饮料、食品等知名品牌经销商业务。

某餐饮渠道调味品运营商称：“安得智联为我们引进更多厨房调味品品牌业务。同时，我们计划将我们的成功模式推向全国其他区域。”

某糖果零食知名公司总经理称：“安得智联在合作中不仅为我们在仓库数量、面积、库存水平、周转天数、配送成本上都进行了大大优化，而且还带来拉卡拉、众益商贸、便利小二、家运旺商贸等几十家新增渠道，弥补了渠道在全国的空白区域。”

与此同时，在制造领域、物流领域，安得智联通过平台能实现对需求的清晰化对接，提升整体价值。例如，从批量生产者转变为敏捷定制服务商，突破低端代工陷阱，提高设备利用率，构建技术壁垒；从运输执行者转化为供应链效率优化中枢，可在绿色低碳和其他高附加值服务方面有更多作为。

通过技术驱动的一体化供应链物流服务，安得智联帮助企业优化库存管理、减少运营成本、高效分配内部资源，让客户专注核心业务，实现新的增长。公司供应链服务正逐步渗透到整个供应链、产业链各个需求场景的所有环节中，如何帮助供应链伙伴实现更高效的协同共创，如何将供应链数智化能力延展成不同行业的解决方案，去适配不同行业客户的产销模型与商流特征，是安得智联持续努力的方向，也是行业未来的创新探索方向之一。

第三节　走正路，走远路，走可持续发展路

在供应链管理服务领域，安得智联以致力成为中国最值得信赖的供应链（物流）合作伙伴为愿景，坚持走正路，走远路，多年坚持供应链数智化探索，以美的集团为中心向社会各行各业推广赋能，努力降低全社会物流成本，让更多伙伴享受到高效供应链服务带来的便利，实现社会价值。坚持走可持续发展之路，通过数字化赋能与流程再造，将离散环节转化为循环体系，为行业提供了可复制的减碳范式。

一、为伙伴多创造一分价值

美的与安得智联相互成就，一脉相承。沿袭美的集团“科技尽善，生活尽美”的愿景，安得智联形成了“走正路、走远路、变革者、创业者”的价值观，以供应链服务为伙伴多创造一分价值为使命，致力于成为专业、信赖、有价值的供应链服务商。

早在2000—2010年间，安得智联就进行全面信息化建设，通过信息化手段提升企业管理水平和运营效率。2013—2018年间，安得智联承接了美的集团“灯塔工厂”的产前供应链变革，在变革实践中持续推进智能制造与数智物流深度融合，沉淀形成可复制落地的“灯塔工厂”数字化供应链解决方案，并不断迭代升级，于2021年入选国家发展改革委两业深度融合案例。截至目前，安得智联已以“灯塔工厂”数字化解决方案服务近1500家制造型企业，以智慧物流赋能企业高质量发展。同时，公司配合美的集团经营转型推动的全渠道“一盘货”业务变革，于2019年起将这一方案进行社会化推广，将数智化供应链经验与成果分享给更多外部客户，助力全社会物流成本降低，以智慧供应链推进智能制造进程。

2024年11月，中共中央办公厅、国务院办公厅印发的《有效降低全社会物流成本行动方案》指出，降低全社会物流成本是提高经济运行效率的重要举措，对构建高水平社会主义市场经济体制、加快构建新发展格局、推动高质量发展具有重要意义。安得智联凭借卓越的物流供应链服务能力和可复制的项目实践，以“全渠道‘一盘货’，构建物流降本增效新模式”案例从153个申报案例中脱颖而出，获选首批有效降低全社会物流成本典型案例。

公司全渠道“一盘货”新模式展现了有效降低全社会物流成本的实践探索，通过提质增效、布局优化来降低全社会物流成本的积极性和主动性，为增强产业核心竞争力、畅通国民经济循环提供了有力支撑。这不仅是行业对安得智联在供应链领域硬实力的高度肯定，也体现了安得智联以专业的供应链服务助力企业客户降本增效的显著成效。

“我们现在要做全链条的协同会比较困难，我们会坚决推动一体化和数字化，把上下游更多的中小型企业融入供应链的生态中。”安得智联表示。绿色供应链通过整合环境友好型实践与全生命周期管理，不仅通过短期降本增效直接提升客户利润，还通过ESG治理能力、品牌溢价和全球合规性为其构建长期竞争优势。“安得智联作为专业的供应链服务商，为客户赢得成功才是我们最大的价值。”

数字化、绿色化协同转型发展，是实现我国“双碳”目标的关键抓手。安得智联通过数字化供应链解决方案，不仅为美的集团自身带来了显著的效益提升，还为整个制造业的智能化、绿色化转型提供了有力支持。未来，安得智联将进一步打造更多业务应用场景，将数字化价值带进更多品牌企业，助推中国智造。

二、为地球添一抹绿色

如今，绿色发展已成为全社会的共识。而我国物流业碳排放占全国碳排放总量的9%左右，货物运输及配送、装卸搬运及仓储、辅助物流活动是物流业碳排放的三大来源。其中，货物运输及配送碳排放占比高达85%左右。因此，行业的绿色化刻不容缓。

端到端全链路数智化建设更是驱动绿色供应链的数字基础。安得智联将可持续发展理念贯穿于供应链各个阶段，“1+3”供应链服务模型中覆盖从生产制造、流通一直到零售端及售后的全过程，构建了一条罕见的、碳足迹记录完整的绿色供应链服务体系，全链条“碳足迹”实时可视，结合“绿色物流端到端全链路解决方案”，实现绿色减碳。公司重点探索了“运包一体”“送装一体”“逆向回收”三大减碳场景。

“运包一体”场景下，公司以物流包装单元标准化、循环化和数智化的设计应用为切入点，优化上下游运输、存储、装卸、搬运、分拣等供应链全环节，协同供应链合作伙伴降本增效。

“送装一体”服务则充分整合全国4万余名专业工程师及4000余个网点资源，凭借“一工多能”的服务模式，减少非必要逆向物流，大幅提升资源利用效率，成为行业服务创新的典范。

“逆向回收”网络覆盖全国，2024年美的集团开展以旧换新活动超8500场，回收废旧家电460万台（约16万吨），回收空瓶超50万个，安得智联搭建了从“用户—品牌方—拆解端—再生端”的全链路绿色回收体系闭环，在促进资源循环利用的同时，也为应对全球气候变化作出积极贡献。

在运输配送环节，公司一方面搭建智能调度配载平台提升车辆装载率与路线规划，另一方面持续投入新能源运力，打造绿色运输体系。

安得智联的绿色智慧物流案例被选入全球可持续消费案例集，为全球供应链绿色化提供了中国方案。目前，安得智联已荣获“2024年度物流技术装备创新成果”“2024年度物流业ESG典范企业”“全球零碳城市创新典范奖”“钻石奖”等多项国际权威奖项，其经验正被推广至日化、饮料、酒、食品、家电、家居、新能源等行业超过3300家品牌企业。

坚持共创、共建、共享的商业模式，连接大于拥有。安得智联二十几年来服务了若干体量非常大的甲方的端到端场景，涵盖制造供应链、流通供应链、零售供应链全流程，作为“绿色物流生态建设践行者与创新者”，公司不断将绿色低碳的理念、方案带入合作伙伴的管理流程中，不断扩大绿色、低碳的影响力。

安得物流车辆

未来，安得智联继续以科技创新不断提升资源利用效率，推动跨行业数据共享与资源整合，并着力打造零碳供应链标杆，降低自身运营碳排放，同时携手供应链上下游伙伴，带动全价值链减碳脱碳，与行业共同迈向“更智能、更绿色、更高效”的供应链新时代，实现经济价值、社会价值、生态价值的有机融合。

企业家专访

心之所向，虽远必达

——专访安得智联供应链科技股份有限公司

《样本》：当前经济发展面临周期性调整，供应链企业应如何把握供应链变革机会？

安得智联：无论是从推动经济发展的结构性力量来看，还是从时间和发展规律看，我们都应该认识到：处在一个前所未有的新周期里，过往很多行之有效的答案，在新的周期里可能都会失效。

渠道多元化、订单碎片化、窜货、乱价……增收难增利更难，传统的商业价值链正在瓦解、被重构，新的、有效的商业价值链和秩序还未完全建立，这是今天企业难以获得增长的重要原因。

这种情况下我们必须放弃一切幻想，去迎接变革。在这个资源并不稀缺的时代，增长是企业永恒的主题，重获增长的关键，在于供应链创新。只有在成功的供应链创新基础上，去构建新的价值链和秩序，才能找到新增长的有效之路。

《样本》：安得智联走向成功的奥义是什么？

安得智联：我们脱胎于美的集团的物流部门，但并未满足于内部服务商的定位，我们提出“与其挖条浅浅的沟，不如打口深深的井”，将美的沉淀的精益制造与渠道变革经验转化为社会化服务能力，从“企业物流”转型为“物流企业”。

安得智联的成长始于对自身角色的重塑——敢于打破和创新。要敢于打破“经验牢笼”，打破行业边界，物流运输不能只做“管道工”，要从送货物变成送解决方案。创新方面绝非简单的新技术堆砌，而是对旧范式的系统性颠覆。

在物流行业，我们强调三个创新维度。一是场景创新先于技术创新，在场景适配的前提下寻求更高效率的技术解决方案，让技术服务于真实需求；二是用组织创新支撑业务创新，首先打通内部沟通的效率，只有破除部门壁垒，才能高效服务客户；三是用价值创新超越效率创新，以“一盘货”为例，在减少仓库数量、库存周转天数缩短这些表象之下，更深层次的价值在于通过数据驱动的产销协同，帮助客户实现从“以产定销”到“以销定产”的商业模式转型。

供应链服务不是百米冲刺，而是一场马拉松。安得智联的答卷是让创新回归“成就客户”的本质，让企业家精神扎根“利他共生”的土壤。用一点一滴微小而持续的价值创造，推动行业向智能化、协同化迈进。

《样本》：安得智联怎样通过创新推动供应链变革？

安得智联：在全球结构性力量发生根本性变化的大环境下，需要重构增长模式、开创增量，供应链创新正是其中关键的一环。在存量时代背景下，我们的选择是通过创新和合作伙伴一起破局，实现新增长，为客户主动提供价值，支持客户实现更大的商业成功，既实现成本、效率、服务更优，又有助于企业实现经营转型与供应链变革。

数字化是我们实现供应链创新的关键技术。同时，数字化为物流注入了新的发展动能。

第一，数字化技术正在快速将现实世界重构成数字孪生世界，但我们必须认识到，物流仍然是推动实体商品在供销环节流动的底盘。数字世界越发达，物流越能成为连接这两个世界的窗口与纽带。

第二，数据+物联网+人工智能等数字技术，让物流的日常营运变为可视化+可量化+可优化。具体来讲，通过“全链路数据采集及信息化”，可以获得更高效更可控的过程执行，不管是人、货、车、场的连接，还是订单、信息、物流三流合一的智能管理与决策，从而推动新一轮业务变革。

我们相信数字化代表着先进的生产力，并坚定地投入，在业务的数据化和数据的业务化的不断迭代中，一定能构建出新的生产关系，包括商业模式。

《样本》：从物流履约平台成长为生意增长平台，再到智慧供应链平台，安得智联是如何实现供应链升维的？

安得智联：以供应链服务为伙伴创造多一分价值，做到专业、信赖、有价值，是企业的核心使命。

安得智联能为品牌方提供两个层面的价值。第一个层面的价值是回归到物流端的基本价值，即提供优质的物流成本与效率服务。安得智联通过城市配送、零担干线、整车运输、送装一体等，构建了遍布全国的供应链网络，打造了专业一体化物流底盘，帮助客户实现及时、高效送达。在此基础之上，我们的团队也能够洞察到品牌方更多的甚至难以言明的需求，尤其是渠道变革中的痛点，经销商链接、商流运营、品牌/品类链接、渠道拓展等，我们通过“一盘货”模式，帮助品牌方推进渠道扁平化，有效链接客户。品牌与消费者的距离拉近，供应链可以更进一步为企业的管理决策赋能，可以辅助制订产销计划、销售计划，并提前进行商品布局，优化库存、规划仓网，支持企业的供应链变革转型。

第二个层面的价值是回归价值，就是在为企业客户提供最佳的成本效率服务的同时，能支持客户实现更大的商业成功，帮助更多企业走稳、走远。

《样本》：安得智联接下来的发展目标是什么？计划如何达成这一目标？

安得智联：安得智联将持续在数字化上加大投入，一方面通过数字化实现管理和技术降本，另一方面也会逐步将企业的数字化能力进行工具化及社会化，以数智化的创新服务开启新的增长曲线。同时，对外的市场策略将始终聚焦主业，以“产品+方案”双轮驱动的方式，尽可能适配及服务行业全量客户，通过引入更大的业务流量，加强物流服务的网络效应及规模效应，进一步为客户实现降本增效。

心之所向，使命必达。安得智联将基于数智化，打造共建、共创、共享的商业模式，在运力、金融、流量、绿色四个方面建立新生态，继续赋能更多的行业和企业。安得智联愿意以智慧物流的方式陪伴更多行业客户一起迈向更美好、更高效的未来。

专家点评

从供应链韧性到价值共创

安得智联成长的过程，是中国供应链从“世界工厂”向“全球价值整合者”跃迁的微观缩影。

在全球价值链重构与技术革命的双重驱动下，中国物流企业正经历从成本驱动向价值创造的历史性跨越。作为美的集团孵化的供应链科技企业，安得智联以“1+3”服务模型为基座，通过数智化技术与生态化运营，实现了从传统物流服务商向全链路价值整合者的蜕变。而这，正是新质生产力的服务化路径探索的创新模式。

从2000年服务于美的内部物流的“企业物流”，到2019年转型为社会化物流服务商，再到2025年外部业务占比突破80%、营收目标300亿元，安得智联战略升维与技术迭代的每一步都紧扣着时代的脉搏。

安得智联的成功，在于通过持续深化数字化研发，构建了“数据—算法—场景”深度耦合的智能供应链体系，其创新实践已超越工具化应用层面，形成了全链路数智化服务能力，并将算法落地到一个个具体的业务场景中，即将人工调度经验转化为可复制的数字智慧，安得智联让物流的日常营运及要素配置变为“可视化+可量化+可优化”，让物流“会思考”，变得更高效。

安得智联的成功，还在于将技术能力产品化，深耕行业实现“技术—商业”的双向迭代。它将美的的成功经验，沉淀成“灯塔工厂”供应链、“一盘货”、数字化物流SaaS解决方案及面向生产物流、2B、2C各环节的标准服务产品——深入物流、反哺商流，为家电、家居、日化、食品/饮料、酒、新能源、电商等行业提供定制服务，不断将自身的服务能力延伸，洞察不同行业的产销模式和供应链服务特征。

安得智联同时还对供应链进行端对端整合，不是简单的“制造业服务化”业务延伸，而是通过数智化，重构产业分工秩序。企业通过“一盘货”服务模式，将品牌与经销商从“存量博弈”转变为“数据共享—资源互补”模式。这种模式打破了传统链式供应链的局限，形成了物联网+区块链实现全链路可信协同、动态分润机制重构价值链分配逻辑、跨品牌SKU聚合创造区域性长尾经济三大创新价值。同时，作为中立的第三方平台，安得智联探索用数字技术重塑产业组织形态，其本质是通过“去中心化赋能”实现制造企业轻资产化运营、经销商能力升级、消费需求精准响应的三重价值释放。

通过架构重组、技术深融、价值重构三位一体的变革，安得智联真正实现供应链从“成本机器”到“价值引擎”的质变。在新质生产力时代，供应链创新已不仅是效率工具，还是重塑全球经济权力的战略武器。安得智联的创新模式印证了：当制造企业通过数字化服务能力向价值链两端延伸时，就会创造出比传统研发、营销更具爆发力的第三价值维度——产业协同增值空间。

创新永不停歇。植根于客户需求场景之中，凭借创业心态、变革精神不断探索的安得智联，正在带领供应链伙伴一同走向高效，走向智能，走向绿色，走向全球，共同实现供应链的商业价值、环境价值、社会价值。

蒋　斌　上海长三角商业创新研究院秘书长兼常务副院长

第十章
为中国制造拼搏，为温暖世界努力

——安徽环瑞电热器材有限公司

- **楔子：** 科技自强，定义未来
- **企业概况：** 中国电伴热技术的革新者
- **创新解读：**

  第一节　当国产替代进入硬核领域

  第二节　破局深耕：自主创新重构行业格局

  第三节　引领：构建全球产业生态
- **企业家专访：** 企业家精神照亮创新之路
- **专家点评：** 国产替代筑基石，全球布局展宏图

楔　子

科技自强，定义未来

史与思一也。

“科技水平决定民族兴衰，创新能力塑造国家命运。”这一理念不仅是改革开放40余年的经验凝结，还是中国产业升级的核心驱动力。在全球化竞争与产业链重构的浪潮中，环瑞电热以“自主研发、国产替代”为使命，用硬核技术打破欧美垄断，将“中国制造”的温暖输送全球。

身处世界百年未有之大变局，国产替代已经成为中国制造企业的一项重要战略目标。本着“自主研发电伴热产品，取代国外进口，大幅降低使用成本，扩大产品应用范围”的初心，环瑞电热的创立承载着企业家强烈的使命感。通过多年艰苦的攻坚，环瑞电热在原材料、研发、技术工艺、生产等环节实现了从0到1的持续跨越，已逐步完成全产业链的国产替代。公司的产品和服务已经广泛应用到国内石油、电力、化工、冶金、铁路、船舶、建筑、消防、食品等工业及民商领域。凭借过硬的产品质量、优质的服务水平，环瑞电热树立了强大的品牌影响力。

从合肥肥东的一家初创企业，到跻身全球电伴热行业第一梯队，环瑞电热用17年时间完成了一场从“追赶者”到“领跑者”的蜕变。其故事不仅是中国智造的缩影，还展现了全球化时代中国企业的创新魄力。

站在“两个一百年”奋斗目标的历史交汇期，科技自强和产业自立正在向着更高水平发展。放眼未来，环瑞电热的战略目标不仅仅停留在摆脱对他国科技的依赖，更是要引领和激励团队攻坚克难，整体掌控自身甚至世界科技的创新方向而前进。科技报国，环瑞电热胸怀“成为全球电伴热行业领军品牌”的企业愿景，将继续通过高质量的产品赋能高品质客户，进一步加快国际化进程，注重可持续发展，将“中国制造”转变为“世界品牌”，推动中国制造在国际市场的崛起，为全球用户提供更好的电伴热产品和服务，助力全球工业发展，构建我国在国际竞争中的新地位、新优势。

企业概况

中国电伴热技术的革新者

安徽环瑞电热器材有限公司（以下简称环瑞电热）成立于2007年，坐落于合肥市肥东经济开发区。公司有清晰的愿景和使命感，坚持自主研发，推动电伴热行业的国产替代之路。

环瑞电热研发生产基地

一、专注自主研发，终成行业龙头

环瑞电热是一家集自限温电伴热带、恒功率电伴热、发热电缆、MI加热电缆、集肤电缆等各类产品的研发、生产、销售及服务于一体的国家级高新技术企业。

环瑞电热将自主创新作为企业发展的关键要素，产研密切结合，致力于研发和生产出属于我国自己的高品质电伴热带产品。为此，公司培育了一支研发经验丰富、自主创新和成果转化能力极强的专业研发团队，并设有博士后科研工作站及高性能自限温电伴热带工程技术研究中心，拥有50余项专利技术，是行业内少数掌握PTC材料、三层共挤工艺等多项核心技术的企业之一。

环瑞电热自成立以来，始终秉承着“以自主技术产品替代进口，以中国方案服务全球工业”的企业使命，引进先进的生产设备、建立严格的质量控制体系。公司拥有30余条自动化生产线，智能化工厂已经投入运营，还建立了高性能自限温电伴热带研发与测试中心，拥有从质量、环境管理到职业健康，从原材料到生产工艺，再到成品检测的全系列国内、国际认证。测试能力实现了对全行业、全标准及全项目的高水平覆盖。

在电伴热行业，公司的产品线十分全面，覆盖了包括管道伴热系统、电采暖系统、天沟、路面融雪系统和热水管道恒温系统，涵盖了包括石油石化、航空航天、高铁动车、新能源汽车、轨道交通、通讯、核电、冶金等行业在内的工业、民用和商用等多个领域。

环瑞电热入选工业和信息化部第五批专精特新“小巨人”企业，获得安徽省工业设计中心、安徽省制造业冠军培育企业等百余项荣誉。同时，企业还是多项国家标准和行业标准的主要参编单位。企业创始人计成志先生获评“2023安徽年度经济人物”。

今天的环瑞电热，已经成为我国高性能自限温电伴热带品牌的领跑者。未来，环瑞电热将以持续不断的技术创新为动力，带动行业转型升级，用行动彰显民营企业的责任和担当。

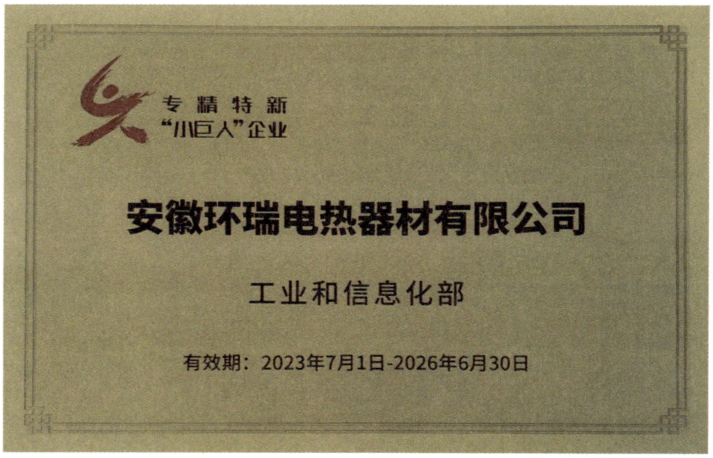

工业和信息化部认定专精特新“小巨人”企业荣誉牌匾

二、打破技术垄断，走向全球市场

环瑞电热成立近20年来，始终聚焦电伴热产品的进口替代。

近年来，公司致力于打破国内工业领域中高端市场长期由欧美品牌垄断的局面。在自限温电伴热带超高温品类的创新攻坚中，经过反复检验的科技理论体系和实践模式，环瑞电热成功通过实验并实现量产。公司多次代表国内电伴热企业突破长期被外资垄断的“卡脖子”环节。

发展至今，在工业电伴热解决方案领域，环瑞电热所提供的服务在全球处于较高水平。公司已经成功替代外资企业，为石油、石化等大型工业企业及国家重大工程项目提供电伴热系统的个性化设计、高性能产品、高标准施工和稳定的工程运维服务。企业能够承接国内外大型工业的电伴热系统项目，在保证系统安全的前提下，最大限度地为客户提高效率并降低成本，并及时提供旗下品牌的一系列产品与服务。环瑞电热正以自己的成绩证明，公司已步入国际一线电伴热品牌的行列。

立足中国，走向世界。经过近20年的市场拓展，环瑞电热已通过欧盟CE认证、ROHS环境安全检测、法国船级社BV、俄罗斯EAC、德国TUV、欧洲ATEX、加拿大CSA和美国UL等全球权威认证。作为中国的企业代表，环瑞电热已经为包括俄罗斯、加拿大、美国、英国、德国、波兰、丹麦、芬兰和巴西在内的全球50多个国家和地区提供优质的电伴热产品、服务和解决方案。

2024年，环瑞电热检测中心正式通过中国合格评定国家认可委员会（CNAS）的评审，获得实验室国家认可证书，意味着公司检测中心的技术能力、质量管理水平及检测数据权威性达到国际认可标准。获得CNAS认可，标志着公司检测中心质量管控体系正式跻身国家权威认可行列。

科技自立，产业自强。环瑞电热在创业过程中逐渐形成了“用户第一、品质创新、团队合作、诚信敬业”的企业价值观。公司以具有高水平的研发团队为基础，以高品质和长期不断的技术创新为动力，秉承“为中国制造拼搏、为温暖世界努力”的企业使命和责任，实现自己“成为全球电伴热行业的领军品牌”的战略目标。

创新解读

第一节 当国产替代进入硬核领域

看今朝，电伴热技术已经渗透进现代工业与人们的日常生活，应用领域广泛；忆往昔，这项技术并非一夜之间诞生，而是经过长期的发展与创新。

在电伴热技术的研究和应用上，欧美国家起步较早，不仅积累了丰富的研发和制造经验，还拥有行业及市场的影响力优势。

新世纪、新百年，随着国内市场需求增长和政策支持，国内电伴热行业正迅速崛起，有力支撑着各经济领域的发展。

一、隐形英雄：支撑工商业安全高效发展

电伴热，是指通过将电能转化为热能的间接加热系统，是伴热市场的一个重要组成部分。电伴热具有较好的耐腐蚀性和机械强度，其核心目的是提供持续且均匀的热量，从而确保设备和管道等达到预设温度，防止在低温环境下出现失温、冻结或堵塞等问题，并能够长时间保持热量，以维持所需的工作温度。

电伴热技术作为一种高效的管道、设备保温及防冻解决方案，在多个关键经济领域中发挥着重要作用，而由于施工多采取隐蔽工程路径，因此是名副其实的“隐形”支撑行业。

电伴热带应用场景示意图

在石油化工行业，电伴热系统被用于维持原油、天然气管道及储罐的温度，防止介质凝结或冻结，确保能源运输的稳定性，从而保障能源与工业生产的连续性。例如，在极寒地区，电伴热可减少因管道堵塞导致的停产损失，直接提升能源供应效率。再如，发电厂的仪表管线、阀门等关键部位依靠电伴热防冻，避免因低温故障引发的停电事故，保障了工业和居民用电需求。又如，在化工、制药等领域，电伴热维持反应釜、输送管道的恒温，减少能耗，并提升工艺精度，既优化了工业生产流程，又间接降低了生产成本。

在促进建筑与基础设施的节能降耗领域，电伴热的优势突出。例如，电伴热与智能温控系统结合，用于地暖、屋顶融雪等场景，减少了传统供暖的能源浪费，符合低碳、绿色建筑的趋势。再如，机场跑道、桥梁坡道的电伴热融雪系统，可避免冬季交通中断，应用于交通基础设施维护，降低物流延误成本，提升了区域经济的流动性。

除了工业领域外，电伴热行业在提升民生与应急保障领域中的应用也非常广泛。例如，电伴热常被用于保障冬季供水、供气管网正常运行，降低了居民生活受影响的风险。在极端天气事件频发的背景下，电伴热成为关键基础设施抗灾的可靠方案，可以降低不必要的经济损失。

有关市场分析机构的数据显示，2025年全球电伴热市场规模有望达到约80亿美元，2021—2025年间复合年均增长率（CAGR）为10.35%，预计到2035年，全球市场规模将突破180亿美元。从区域结构上看，北美、欧洲等地区工商业发达，城镇化水平高，主要国家低温天数较多，已成为全球电伴热主要销售市场。而全球主要的电伴热厂家通过产品出口，形成了国际贸易竞争力。

除此之外，近年来，电伴热行业更是在推动新兴技术与产业链发展上扮演着越发重要的角色。自限温等新型电伴热材料的研发，带动了高端制造业和材料科学的进步。电伴热行业的技术创新驱动，形成了新的经济增长点。从设计、制造到安装维护，电伴热技术催生了专业化的服务市场，产业链协同效应创造了更多的就业机会，并促进相关行业，如自动化控制、能源管理等的升级转型。

电伴热通过提高生产效率、降低能耗、保障安全和促进创新，成为现代经济中不可或缺的“隐形支柱”。随着智能化与可再生能源的融合，其经济价值将进一步放大，尤其是在应对气候变化和能源转型的背景下，将更具战略意义。

二、积40年之功：国产替代的产业发展

为了突破国内市场长期依赖进口，且核心技术长期被外资企业封锁的被动局面，20世纪80年代，中国科学技术大学就开启了电伴热技术的研发探索之路。

电伴热产品的核心组件是发热元件，主要结构包括导电线芯、PTC层、绝缘层、金属屏蔽层、以耐腐蚀和防爆为功能的外护套。

电伴热产品的控制系统包括温控器，以物联网（IoT）远程监测能耗与故障，以支持大数据优化为功能的智能监控，以及符合相关标准、用于易燃易爆环境（如化工厂）的配电安全、漏电保护与防爆等方面的设计。

环瑞电热电伴热带产品图

不同应用场景的电伴热产品对应不同的电伴热形式及工作原理，涉及不同的材料和开发技术。市占率超过50%的第一大品类自限温产品的核心为导电高分子材料，第二大品类恒功率电缆的电阻丝发热功率恒定，需配合温控器使用。集肤效应电缆的工作原理是高频电流在钢管表面产生集肤效应发热，电磁感应伴热是通过交变磁场在金属管道中感应涡流发热。

电伴热产品的研发制造对于企业的综合能力要求很高，其技术创新涉及原材料的组装、装备的工艺、质量的控制等多个环节，需要从理论研究到开发工艺、从材料到设备、从实验室到量产的全覆盖。从当下发展的趋势上看，智能化、自动化技术的发展正在给电伴热行业带来新的变革，电伴热产品或将与物联网、大数据、人工智能等技术深度融合，实现温度的实时监测、自动调节和故障预警等功能。电伴热技术正从单一保温工具向综合能源管理节点演进，它与可再生能源、数字化的结合将重塑工业与民用热管理领域的生态。

我国电伴热市场应用领域正逐渐向多元化发展，传统与新兴领域均展现出强劲的增长势头。2024年，新能源车辆领域和半导体领域的市场份额合计约为48%，石油天然气领域与民商用领域作为传统主力市场，其市场份额分别约为15%、13%。因受益于工业领域对伴热需求的增加、新能源行业的快速发展以及基础设施建设的推动等因素的影响，我国电伴热市场在近年来实现了快速增长，市场规模由2019年的33亿元，大约增至2024年的62亿元，其间年复合增长率为13.2%。

40年来，我国电伴热厂商快速崛起，国产替代的能力不断提升。然而，我国国产电伴热行业供需呈现结构性失衡的现状：中低端市场供给过剩，“内卷”在所难免；而部分高端电伴热产品，尤其是在高精度、长寿命和智能化伴热系统领域仍依赖进口。

在当前全球产业链重构和核心技术自主可控的背景下，从技术、市场、产业链等多维度寻求突破，既是电伴热国产替代面临的挑战，也是行业创新发展、加速前进的机遇和方向。我国电伴热厂商持续通过技术升级和成本控制，实现对高端工业和民用市场的更广泛的国产替代，进而推动整体电伴热市场的持续增长与优化。

第二节　破局深耕：自主创新重构行业格局

环瑞电热的成功是我国科学家与企业家情怀的高度融合的结果。靠着强大的信念和吃苦耐劳的精神，环瑞电热从弱到强，自主研发技术已比肩国际先进水平，年产值持续快速增长。

一、突围：打破技术垄断

在行业发展的初期，外资企业采取技术封锁、产品垄断的市场策略。这的确给国产电伴热行业的发展带来了巨大的困难。但与此同时，这一状况又有力地激发了有志者的创业雄心。

目睹行业的困境，环瑞电热的创始人计成志从一开始就立下了要以自主研发的产品取代进口产品的创业志向。

可以说，企业近20年的成长历程，既是我国电伴热行业发展的缩影，也炼造了具有中国力量的企业家精神。

2007—2013年，是企业创立的探索期。彼时，国产电伴热厂家生产批量小、制造成本高，很多产品的技术全靠企业自己摸索，需要在试错中积累经验，因此发展速度相对缓慢。彼时，电伴热带主要是采用电阻丝作为加热元件，因技术限制，其加热效率并不高，而且还存在安全隐患，很容易引起火灾等事故。

环瑞电热深刻认识到“市场是好产品的市场”，积极调整企业发展的战略。

2014—2018年，公司突破国内企业以低价产品抢占市场的思维模式，集中资源做研发，锚定国际一线品牌的品质标准，以技术创新来彻底解决产品的质量问题。环瑞电热率先冲出本土企业闭门造车的研发牢笼，将中国科学技术大学两位教授引入企业，并重组技术团队。

科学与产业首次紧密结合，公司围绕材料创新、设备升级与服务模式优化等方面持续发力，实现从单一产品销售向涵盖设计、生产、安装、售后的EPC全流程服务模式转型。

环瑞电热对研发的重视，使产品的质量和稳定性得到显著提升，产品矩阵也逐渐丰富，涵盖了电伴热行业的自限温、恒功率、MI加热电缆及其他核心零配件等业务板块。

随着时代的进步，电伴热带应用范围逐渐扩展，不仅在传统的工业领域得到广泛应用，还开始应用于新兴领域。环瑞电热紧贴市场，通过开发新产品、新工艺，探索新服务模式，从此寻求新的商业机会和新的增长点。

2023年，环瑞电热200℃高性能自限温产品成功实现量产——这是公司在技术上的又一次重大突破。2025年年初，公司又在260℃的自限温产品上成功实现了量产——公司的技术水平已完全能够比肩国际一流同行。

经过多年的精心钻研，环瑞电热在自限温产品的核心材料及关键工艺方面积累了扎实的技术知识和生产经验。产品中的导电材料更具导电和耐温的性能平衡，而绝缘材料则更具耐压和耐老化的性能平衡——产品性能更优，使用寿命更长。环瑞电热不断以创新的精神探索着电伴热带的制造工艺、三层共挤工艺和编织工艺，努力提高产品的机械强度和电气性能；采用先进的温控技术和传感技术，实现更加精准和高效的温度控制——使得产品性能更稳，应用效果更佳。环瑞电热从零开始的自主研发之路走得辛苦、走得坚定、走得义无反顾、走得愈加自信，强大的产品力得到了市场的广泛认可。

二、破局：冲开高端市场垄断

产品质量不断提升，给了环瑞电热接“大单”的底气。即便国外行业巨头牢牢把控着中国电伴热高端市场，环瑞电热也始终坚定目标，誓要在这片领域争得一席之地。

2018年，环瑞电热在市场战略上又下了一步大棋：从零开始，向中标中海油发起冲击。中海油的订单技术难度高、资质门槛高、服务要求高，长期被美国电伴热企业垄断。经过3个三年度的投标尝试，2023年年初，安徽环瑞电热器材有限公司成功中标中国海洋石油集团电伴热材料框架招标项目。

环瑞电热海上石油平台应用图

公司在成本控制、供应链管理、工程服务以及生产工艺流程优化方面的成功经验是中标的重要原因之一。为了配合大型国有企业降本增效的政策要求，环瑞电热此次中标的价格相较中海油以往有所降低，为中海油降本增效作出了积极贡献。对于中标后的订单交付，公司提前筹划保障各平台项目建设的顺利完工，加大了备货力度，严格把控产品质量和交期，迅速响应订单需求，在现场技术支持方面也做到了实时紧密配合，确保各项目建设零滞后、高质量和高效率完成。

此次的中标金额高达5412万元，不仅刷新环瑞电热自成立以来中标金额的纪录，还打破了海洋工程电伴热系统长期被欧美品牌占据的局面，见证了中国自主创新的实力。

对于环瑞电热自身而言，本次中标不仅是一次商业成功，还是一次技术升级。在履标的三年中，公司抓住市场机会，进一步提升了全系列产品的质量和稳定性，持续打造着精湛的工程服务能力和完善的供应链。

2025年，环瑞电热成功中标中车集团“CRH380B型高寒动车组和时速350公里复兴号智能配置动车组项目”，这又是一个打破外资垄断的经典案例。

该项目是针对中国北方严寒地区（如东北、西北）设计的高级别的高铁复兴号动车组车型，是对车内设备与供水系统进行电伴热保温，涉及的区域包括全车供水管、车底排水管、水箱、风管、排水阀等部位的电伴热保温。该车型是目前运营中最先进的智能动车组之一，属高寒型列车，适用温度低，行驶区间温差大，对电伴热带的耐候性、稳定性、安全性等方面有着极高的要求。

环瑞电热高铁应用图

环瑞电热通过对电伴热进行材料升级、系统加强和结构优化，解决了动车极寒环境下的冻结、脆裂、性能衰减等核心问题。当高铁飞驰过白山黑水之时，环瑞电热这套“中国芯”防冻系统保障了东北等高寒地区冬季高铁的安全运营。

对于环瑞电热而言，多年的技术沉淀和持续的研发投入，使公司跻身高铁核心配套体系的电伴热制作商。此次中标，标志着我国在高铁核心防冻领域实现了进口替代，不仅是对国产技术的权威认证，还是中国智造向轨道交通高端配套领域进军的重大突破，意味着中国高铁全产业链自主化又向前迈进了一步。

三、深耕：智能与技术融合，定义行业未来

随着物联网和人工智能技术的发展，电伴热带也开始引入智能化技术。例如，通过安装智能传感器和控制器，可以实现远程监控和自动调节，提高系统的运行效率和安全性；通过与大数据和云计算技术相结合，可以实现更加精准和个性化的伴热方案设计。这些智能化技术的应用，使得电伴热带的使用更加便捷和高效。

环瑞电热作为中国电伴热行业的重要企业之一，其控制系统以智能化、高精度、模块化设计为核心，广泛应用于石油化工、建筑供暖、电力等领域。

环瑞电热控制系统主要包括适用于普通管道防冻、建筑地暖等低复杂度需求的基础型温控系统，其核心组件包括采用双金属片或毛细管感温，控温精度±2℃的机械温控器，继电器控制简单，启停成本低，适用于中小型项目；适用于化工、核电等对温度稳定性要求

较高的工业环境的智能型PID控制系统，其核心技术包括动态调整加热功率，控温精度可达±0.5℃的PID算法调节，实时监测温度曲线，支持历史数据查询的数字显示屏，以及支持Modbus协议，可接入DCS/SCADA系统的RS485通信设备；适用于分布式能源、长输管道等需远程项目管理的物联网（IoT）远程监控系统，可通过云平台（如阿里云IoT）实现手机/PC端监控的4G/Wi-Fi无线传输功能，电流异常、短路等实时报警，以减少停机风险的故障预警以及大数据优化加热策略，节能率提升10%~15%的能耗分析功能。

环瑞电热控制系统的技术优势首先体现在高兼容性设计，支持与瑞侃、赛盟、博太科等国际品牌伴热带配套使用，降低了用户的替换成本；模块化结构，可扩展防爆、防水等定制功能。其次，节能优化技术可以根据环境温度自动调整输出，自适应功率调节，避免能源浪费。此外，公司产品适用于极寒/高温场景，可实现在-60℃至200℃环境下稳定工作和宽温域运行，EMC抗干扰设计通过GB/T17626电磁兼容测试，避免了工业现场的信号干扰，工业级可靠性高，在石油化工、智慧建筑及电力设施等多个项目运行期内零故障，充分满足大中型工业企业对于安全和提效的产品需求。

环瑞电热的控制系统已实现从基础机械控温到智能物联的跨越，在国产替代进程中表现突出。未来，公司还将在高端算法、国际认证方面尝试进一步突破，代表国产力量与国际巨头们正面竞争。

第三节　引领：构建全球产业生态

20年的执着，使环瑞电热成为国产电伴热行业的代表企业。在持续前进的拼搏之路上，环瑞电热始终勇于担负国产品牌的商业责任。

一、勇挑责任，“产品力”向“品牌力”战略升级

环瑞电热从0到1，通过提高产品的技术含量和创新附加值，持续拓展市场份额，产品和服务不断得到国内外客户的认可。作为中国电伴热行业的头部企业，环瑞电热正加速从“产品力”向“品牌力”进阶的高质量发展阶段，为各行各业提供整体解决方案。

晓星氨纶（宁夏）有限公司是韩国和土耳其合资成立的氨纶制造企业，位于宁东基地煤化工园区，该项目总投资120亿元，总占地1000亩。全部建成投产后，将年产36万吨

环瑞电热新大楼（在建）效果图

氨纶、30万吨PTMG系列产品。届时，宁东能源化工基地将成为全国乃至全球最大的氨纶生产基地，广泛应用于高档服装、医疗织物、军需装备、宇航服的表面材料。

在这一建设项目中，电伴热带的使用场合众多且繁杂，生产、动力车间和仓库等配套辅助设施的建设均大量使用电伴热带产品，在考虑了电伴热安装便捷、安全稳定性、产品维护简便等因素后，晓星公司选用了环瑞电热作为该项目的电伴热主要供应商。

环瑞电热在此项目中为其精制装置、脱氨塔、氨原料储罐、污水管线等装置提供了近4万米的各类型产品，包括产品的设计选型、供货、指导安装、调试等各个环节。产品包括自限温的全系列产品、长距离管线的串联恒功率以及高暴露温度的MI加热电缆等。从普通区域到防爆区域，环瑞电热提供了各种防护防爆等级的控制系统，为项目的正常投产提供了坚实的保障。

环瑞电热不仅能提供适用于各类工况条件的优质产品，还拥有一支专业的现场服务团队，及时有效地深入现场，结合现场工况条件，有效地提供技术支持。

值得一提的是，环瑞电热还为法国乐斯福集团内蒙古佰惠生生物科技提供电伴热带服务。乐斯福集团于1853年创立于法国的北部，是全球酵母和发酵领域的主要参与者，生产、制造和销售用于烘焙、食品风味、营养与健康、生物技术的产品。乐斯福于1981年进入中国市场，旗下的内蒙古佰惠生生物科技有限公司是一家专业生产酵母及酵母制品的企业。

环瑞电热为其鲜酵母车间的鲜酵母管道、奶酪管道、苏打管道、蒸汽管道、冷凝水管道，以及污水厂的硫酸管道、硝酸管道提供电伴热带解决方案。

作为一种纯生物发酵制剂的真菌微生物，酵母对生产制造环境有着非常高的要求，会在舒适的环境里不停地复制生长，生长的适宜温度是25~30℃，特别适宜温度为28℃。这个项目位于内蒙古赤峰市，冬季气候严寒且酵母管道对温度精准度要求极高。针对不同的管道类型，环瑞电热选用耐温200℃以上的高温型自限温电伴热带，串联恒功率电伴热带等电伴热产品，并设计了控制精度±0.5℃的控制系统，解决了产线的防冻及维温问题，并组建了一支专业的施工队伍，按照乐斯福中国区的电气标准，完成整个项目的施工安装工作，目前项目已竣工验收，并投入使用，满足了客户的使用要求，并得到客户的信任及好评。

通过技术合规性升级，环瑞电热正在加速构建国际化的核心能力。欧美化工、能源项目强制要求IECEx/ATEX认证，成为国产品牌在市场准入时的“硬”门槛。目前，环瑞电热已取得欧盟CE、俄罗斯GOST、ATEX防爆等国际重量级认证，其国际认证体系在国产品牌中处于领先地位。公司成立欧盟认证专项团队，计划在三年内实现ATEX/IECEx认证产品覆盖率达到80%。

初入国际市场的国内企业，常常面临诸多的考验，成本极高。环瑞电热以无比坚定的战略定力加码海外市场，堪称国产品牌的表率。国际客户对“中国制造”可靠性保持怀疑的刻板印象仍然存在，这需要国产品牌提供长期的项目验证。例如，海外项目需适配多国电压标准，如美国120V、欧洲230V等，这导致企业的研发成本大幅提升。有鉴于此，环瑞电热积极开发“全球通用型”伴热电缆，支持100~600V宽电压输入，降低了适配成本。另外，国际物流的电缆运输损耗率高，本土化生产尚未形成规模效应，不过环瑞电热无惧短期的投入产出风险，坚定地投入极地项目。

环瑞电热的海外拓展以“技术合规+生态合作+品牌升级”三轨驱动，其战略前瞻性和执行力，再次显示出企业从无到有、从0到1的创业精神。

环瑞电热正以更加饱满的热情，突破高端认证与本地化服务瓶颈，代表国产品牌走向国际市场，以“产品力”为基础，构建“品牌力”，实现从“中国制造”到“全球品牌”的跃升，为成为全球电伴热市场的重要竞争者而不懈奋斗。

二、积极整合产业价值链，提高行业集成能力

在全球电伴热市场竞争日益加剧和进口替代成为主旋律的时代背景下，整合供应链和价值链，产业创新才能形成合力，客户满意度才能不断得到提升。

电伴热产业链的上游为原材料及核心设备供应环节，涉及多种化工原料、金属丝/合

金丝、温控设备等；中游为电伴热产品制造环节，制造商主要负责产品的组装和调试，产品涵盖伴热带、电热膜、加热夹克/加热套等；下游为应用领域，包括但不限于半导体、新能源、石油天然气等。

环瑞电热深刻认识到供应链整合的战略意义，采取了垂直整合、数字化升级和国际协同三大策略，重构供应链体系，以此提升成本控制力与交付效率。

因此，企业的供应链整合已从被动响应转向主动掌控，在高端材料自主化、国际物流韧性、“研—产—销”全链数字化协同方面持续突破。

欲与国际巨头比肩，环瑞电热正在构建核心竞争优势：从单一产品制造向“技术集成+生态整合+智能服务”的全链条能力升级。

环瑞热控系统交钥匙工程（以下简称环瑞交钥匙工程）是公司从硬件到系统级解决方案的技术集成能力的经典案例。环瑞交钥匙工程是指环瑞电热为客户建造完整的电伴热系统工程项目。一旦设计与建造完成，包括设备的安装、启动及初步操作顺利运行后，即将此热控系统所有权和管理权的“钥匙”依合同完整地“交给”客户方无忧经营。从模式上看，环瑞交钥匙工程可以看成一种创新的“电伴热系统工程总承包”。

根据客户的要求，环瑞交钥匙的方式有两种：一种是在总承包工程完成、启动成功且达到合同中规定的指标要求后，即可进行技术交钥匙；另一种是由环瑞培养客户方的技术、操作、管理人员，并由客户方人员单独操作并达到规定的要求时，进行热动系统交钥匙。

环瑞交钥匙工程分为四个阶段：在构想阶段，进行技术、经济、政策、施工等诸多方面的可行性论证，在完成对服务内容的广泛调查研究后，因时因地拟订可行性方案；在设计阶段，进行热控系统的设计、电伴热产品的制造；在实施阶段，将设计合理的热控系统与制造的电伴热产品实施到工程中，并检测系统的安全、设备的稳定，以达到客户的使用要求；在最终阶段，进行系统的调试、启动、投产应用，对现场应变和处理能力提出更高的考验，也直接关系到客户方在拿到“钥匙”后能够对系统满意。

不难看出，环瑞交钥匙工程显示了环瑞电热具备强大的集成整合与工程组织能力。交钥匙模式需要多学科的组合能力，即掌握环瑞专业学科人员与环瑞热控实验室及多年的工程经验的组合。首先是工程领域范围内工艺、材料、设备方面专业学科的组合；其次是与该工程有关的相应学科的有机结合。为了完成热控系统交钥匙工程，环瑞以相互促进、支持为原则，以知识技术为基础，将必要的技术力量、施工力量，组合成比较稳固而又各自独立的联系单位，齐心协力完成环瑞交钥匙工程。

环瑞电热立足于电伴热产品，通过积极提升工程组织能力，已成为国内外客户信赖的电伴热工程总承包商，并将在未来持续提高国产电伴热行业的附加值。

企业家专访

企业家精神照亮创新之路

——专访安徽环瑞电热器材有限公司董事长计成志

《样本》： 回顾环瑞电热近20年的创业历程，请您分享是否有特别深刻的事件成为企业战略发展的关键点？

计成志： 我首先想到的是一个低谷时期的故事。2012年，我们非常幸运地拿到了来自俄罗斯的一个大订单。这一单对于当时的环瑞电热而言，不仅金额巨大，还给企业打开了国际贸易的一扇窗。然而，客户很快反馈，产品大量滞销，原因是供货出现严重的质量问题。

我们为此进行了反思：把客户做成一生一次，企业肯定是不能长久的；但是要做一生一世的生意，环瑞电热就必须把产品做成优秀的产品。

从此，我们坚定了一个信念：市场需求的是好产品。环瑞电热把产品研发放在首位，把产品力的打造当作企业的立身之本。

2024年，我们邀请当年退单的俄罗斯客户来国内参观环瑞电热的新厂房。这个客户已经成了我们的老客户。12年的时间，客户见证了环瑞电热过去的蜕变，也惊讶于环瑞电热今日的发展。

服务优质客户，以满足客户的需求为鞭策自己前进的动力，我想这是环瑞发展过程中的一个重要的转折点。

《样本》： 请您与我们分享中标2023年中海油订单对于公司的意义。

计成志： 中海油作为国内海洋能源开发的龙头企业，其供应商选择具有高度权威性。

环瑞电伴热产品成功替代进口产品，证明环瑞电热的电伴热材料在耐腐蚀性、稳定性、极端环境适应性（如高盐雾、低温海洋环境）等关键技术指标上已达到甚至超越国际水平，凸显了公司的自主研发能力。通过实际应用反馈，公司进一步优化技术，巩固了自身在特种电伴热领域的技术领先优势。

在国家推动关键领域国产化的政策背景下，公司的进口替代契合“自主可控”战略，成为行业国产化典型案例。

通过服务中海油海外平台项目，积累了国际项目经验，这为公司未来进军俄罗斯、中东、北美等国际市场奠定了基础。

满足了中海油严苛的供应商管理体系，也使得公司优化了生产流程和质量管理。与大型国企合作，推动了环瑞电热与上游原材料供应商、下游施工方的深度整合，增强了供应链韧性。

作为框架协议供应商，公司可能在后续技术迭代、产品更新中优先获得合作机会，形成长期绑定效应。

此次中标不仅是公司单一项目的商业成功，更是公司从区域性企业向国家级能源配套服务商转型的关键跳板。通过技术验证、品牌宣传和市场扩容三重效应，公司有望在电伴热行业形成“技术—市场—口碑”的良性循环，为未来参与更高层次的竞争（如核电、LNG等领域）积累经验。同时，这一案例也为中国制造业在高端工业品领域的进口替代提供了可复制的范本。

《样本》：中国科技大学的两位教授屡次提到环瑞电热的技术创新过程，请您分享技术成果转化过程中的成功经验。

计成志：这两位教授是我国电伴热技术研发的开拓者，早在行业发展初期，便深耕于该领域的研究与创新工作。40余年，他们心怀科技自立的产业理想。

公司怀揣产业自强的信心，真正的创新不是替代而是超越。然而，自限温超高温产品的技术研发工作，在国内史无前例。创新技术的失败可能性大，研发团队的心理负担也很重。

如果环瑞电热不愿、不敢去做投入，那中国的电伴热行业就会始终落后于其他国家。有担当的企业家就应该有勇气面对不确定性，作出决策并承担风险。在高端电伴热的技术突围过程中，实验屡屡受挫，质疑声如潮水般涌来。我们在无数个挑灯研讨的深夜里自问：“这条布满荆棘的研发之路，环瑞电热真能走到底吗？”

面对疑虑，环瑞电热以真金白银的投入为团队注入强心剂——研发资金翻倍追加，实验设备全面升级，在“允许试错、鼓励创新”的氛围中，环瑞人向着技术高地发起冲锋。

2023年，我们200℃自限温产品量产成功，极大地提振了企业的信心。

2025年，我们260℃的自限温电伴热带技术的突破，标志着我国在伴热带技术领域实现了重大跨越，打破了国外在高温自限温电伴热带技术方面的长期垄断，显著提升了我国在该领域的国际竞争力和话语权。

教授们虽年事已高，但精神矍铄，依然活跃在研发一线。环瑞电热希望给中国科技人员一个产业圆梦的机会，让科学技术变成先进生产力，造福国产制造。

《样本》：过去的10年是公司快速成长的时期。请您谈谈营商环境对于科技创新型企业的重要性。未来，电伴热企业在营商环境中还期待哪些具体领域的支持？

计成志：公司这些年的发展受益于良好的营商环境。尤其是在创业初期，省、市及县各级政府出台了许多政策，比如简化申报流程、提供配套资金支持等，不仅是真金白银的支持，还鼓舞了企业的士气，坚定了我们的信心。

发展至今，我们想做更高水平的创新发展。环瑞电热拥有了好产品、好技术，我们不仅有能力实现国产替代，还有实力将产品带向国际市场。我们正在把“产品力”向“品牌力”升级。过去“中国制造”给世界的印象或许是价格优势，但现在中国是有掌握核心竞争力的好产品的，我们要把品牌加速推出去。如果未来，在每个领域里，中国都有一两个享誉全球的品牌，那么中国企业的价值才能更上一层楼。

目前，参加行业展会、取得资质认证是进入国际市场的第一步。如果围绕这些国际化发展、打破贸易壁垒方面的支持政策可以出台，对于企业来说，将会是非常重要的助力。

专家点评

国产替代筑基石，全球布局展宏图

在全球产业链重构与国产替代浪潮交织的当下，环瑞电热以“为中国制造拼搏，为温暖世界努力”为使命，在电伴热这一“隐形支撑”领域持续深耕近20载。作为国家级专精特新“小巨人”企业，环瑞电热从创立初期的技术空白起步，通过自主研发，实现全产业链突破，产品覆盖石油石化、航空航天、高铁动车、新能源汽车、轨道交通、通信、核电、冶金等行业在内的工业、民用和商用等多个领域，并远销全球50多个国家和地区。其发展路径不仅是中国制造业科技自强的缩影，还展现了细分领域企业从国产替代到全球竞争的进阶之道。

一、自主创新：打破垄断的技术攻坚之路

2007年成立伊始，环瑞电热即确立“自主研发电伴热产品，取代国外进口”的初心，彼时，国产电伴热厂家生产批量小、制造成本高，很多产品的技术全靠企业自己摸索，在试错中积累经验，因此发展速度相对缓慢。2014—2018年间将中国科学技术大学两位教授引入企业重组技术团队并设立博士后科研工作站及高性能自限温电伴热带工程技术研究中心。截至目前，公司已累计获得50余项专利技术，且检测中心通过CNAS认证，测试能力覆盖了行业内所有标准，是行业内少数掌握PTC材料、三层共挤工艺等多项核心技术的企业之一。在产品技术突破上，环瑞电热瞄准被外资垄断的高温自限温伴热带领域持续攻关：2023年，200℃高性能自限温产品成功量产；2025年年初，260℃自限温产品实现量产，技术参数全面比肩国际一流品牌。其自主研发的三层共挤技术与智能温控系统，显著提升了产品的耐温性与控温精度，并已通过欧盟CE、美国UL、欧洲ATEX等20余项国际认证，成为国内电伴热行业唯一具备全品类高端产品交付能力的企业。

二、市场破局：从国产替代到全球竞争的进阶

环瑞电热的市场突围，始于对国内高端市场的突破。2023年年初，公司成功中标中国海洋石油集团电伴热材料框架招标项目，中标金额为5412万元。该项目采用了环瑞电热

最新工艺及PTC组方的全系列自限温产品，产品在耐腐蚀性、稳定性、极端环境适应性（如高盐雾、低温海洋环境）等关键技术指标上完全满足了中海油的产品要求，在我国深海油气领域实现国产替代，推动了中海油供应链国产化率的提升。此次中标不仅创下企业历史纪录，更标志着中国电伴热技术在高附加值能源领域的重大突破。在国际市场拓展中，以“技术合规+生态合作+品牌升级”三轨驱动，不仅取得欧盟CE、俄罗斯GOST、ATEX防爆等国际重量级认证，还专门设立欧盟认证专项团队，未来三年内计划实现ATEX/IECEx认证产品覆盖率达到80%。

三、数智赋能：构建全链条解决方案能力

面对工业智能化趋势，环瑞电热打造全链条能力。在控制系统研发上，形成三大技术体系：基础型温控系统适用于常规项目；智能型PID系统满足化工、核电等高端场景（支持Modbus协议接入DCS/SCADA系统）；物联网远程监控系统实现4G/Wi-Fi无线传输与能耗优化（节能率为10%~15%），并通过GB/T17626电磁兼容测试，可在-60℃~200℃宽温域稳定运行。在商业模式创新上，环瑞电热推出“环瑞交钥匙工程”，提供从方案设计、产品制造到安装运维的全流程服务。

四、企业家精神：使命驱动的长期主义实践

环瑞电热的成长，离不开创始人计成志的战略定力与创新担当。2012年俄罗斯订单质量事件后，公司确立“产品力为立身之本”，2014年引入中国科技大学教授重组技术团队，10年投入超高温伴热技术研发，承担所有创新失败风险，最终实现200℃、260℃自限温产品量产。在国际市场开拓中，面对“中国制造”可靠性的刻板印象，开发支持110V~660V宽电压输入的“全球通用型”伴热电缆，通过“云伴热”全球运维平台提供AR远程服务，降低海外项目的服务成本。

作为国内高性能自限温伴热带的领跑者，环瑞电热正从“国产替代”迈向“全球领军”。未来，相信环瑞电热将继续以“用户第一、品质创新”为价值观，加速国际化进程，致力于成为全球电伴热行业的领军品牌，为推动“中国制造”向“世界品牌”的跃升贡献标杆力量。

崔志坚　中国科学技术大学管理学院教授、博士生导师
国际金融研究院研究员

后　记

2024年，是以样本为核心的知新工程全面优化体系的一年。我们在样本筛评方面取得实质性突破，TOP50创新案例企业成功发布并获得了良好的社会反响，相关报道阅读量突破50万次，这一阶段性成果极大提振了团队士气。在推进过程中，我们也面临着技术瓶颈、资源调配等切实的挑战，包括跨平台数据采集，互相间标准差异等；但我们坚守创新研究的初心，以产业价值为锚，以深度研究为基，冀望“样本”二字不只是一个名称，而是在创新领域影响更多人的标杆符号、价值坐标和思想高地。

这一年，样本执行团队以更虔诚、开放的姿态联合了更多的高等学府、研究及投融机构和创新头部企业的专家学者们，期待探索以更科学的机制、更系统的思维做好选样、做样及说样的系统工作。

2024年度的选样，前期筛选流程和调研分析倾注了更多的资源和能量——在人工智能的赋能下，60多位专家的鼎力支持下，我们从3800多家优秀企业中经上市公司指数评价系统结合专精特新的专业筛评得以挑选500家进入初审，再经170家复审到终评甄选了创新案例企业TOP50，并在每年一度的长三角新经济年会上正式发布。

正式发布后，我们才真正意识到，这仅仅只是新征程的起点。由于评选的维度广，好多企业都需要请相关专家学者支持沟通；同时企业对于商创院研究体系、对于标杆样本价值的理解，也需要通过层层递进的深入交流进行逐步构建。3个多月时间里，项目执行团队走进20座城市，开展了100余场对话与调研。多位企业对接人给与这样的评价：“这种调研深度，在商业案例研究中很奢侈。”每一次调研，都让我们对创新生态有了更为立体和深刻的认知。在企业身上，我们清晰地看到：创新不仅是应对不确定性的盾牌，还是创造确定性的引擎。

样本的每一步跨越，皆凝聚着众多导师和同仁的智慧与热忱。在此，特别感谢陆雄文院长和林环教授长期以来的全程指导和关心鼓励，指引我们突破认知边界和坚守价值边界；也感激安徽省合作交流办公室、芜湖市政府投促中心、复旦大学管理学院、东方财富、安永事务所、中金资本、合合信息、评安国蕴、复聚资本、澄臻、合肥工业大学校友会等协作伙伴的鼎力支持，感谢中国商业出版社以及理事们对样本工作的关注、关心和热情推荐。同时，特别感激上海社科院世界中国学研究所所长沈桂龙、科大讯飞联合创始人胡郁、优刻得科技董事长季昕华、圆通速递副总裁相峰等专家和企业家的全程指导、筛评与推荐支持！也特别感谢吴晓波教授、杨小康院长等院学术委、专家委权威专家的指导和点评支持！十分感谢2024年度样本企业团队专业、认真的协同支持。

同时，向全体样本企业致敬——你们用行动诠释了“长期主义”的真谛。样本团队亦将秉持敬畏之心，继续完善“研究-赋能-传播”的全链条服务体系，让创新的星火燎原产业沃野。

2025年，商创院将继续以样本为核心推进知新工程，持续推动“创新中国研究计划”，为中国特色商学理论提供鲜活实践注脚，为创新未来助力。我们坚信，真正的标杆，不在于高度，而在于梯度；不在于一时超越，而在于持续引领。当更多企业以样本为镜、与样本同行，中国创新的星空必将群星璀璨！

上海长三角商业创新研究院

《2024长三角商业创新样本》执委会

2025年5月

项目组织单位

主办单位： 上海长三角商业创新研究院

特别支持： 复旦大学管理学院、中金资本运营有限公司

技术支持： 东方财富信息股份有限公司、上海合合信息科技股份有限公司

承办单位： 浙江汉歌文化创意有限公司

特邀专顾委、编委会及主要团队成员

总　顾　问： 陆雄文　上海长三角商业创新研究院院长、复旦大学管理学院院长

专家委员会： 吴晓波　浙江大学社会科学学部主任

吴柏钧　华东理工大学社会科学高等研究院院长

余玉刚　安徽理工大学党委副书记、常务副校长

赵曙明　南京大学商学院名誉院长

沈桂龙　上海社会科学院世界中国学研究所所长

季昕华　上海优刻得科技股份有限公司董事长

汤哲辉　安永大中华区审计服务市场联席主席主管合伙人

采编委员会：

主　　任： 蒋　斌　上海长三角商业创新研究院秘书长兼常务副院长

副 主 任： 吴文平　浙江汉歌文化创意有限公司首席顾问

委　　员： 于保平　复旦大学管理学院案例研究中心主任

刘　莹　上海长三角商业创新研究院创研中心副主任

唐小愉　上海长三角商业创新研究院创研中心内容主管

出　　品： 蒋　斌　上海长三角商业创新研究院秘书长兼常务副院长

执行主编： 唐小愉　上海长三角商业创新研究院创研中心内容主管

出版总监： 苏文婷　上海长三角商业创新研究院院长办公室

特约审校：刘佳俊

执行团队：唐小愉 段谟铁 张雪峰 周应韵 孙文敏 邓若男 洪琦滨 朱 娟 刘 莹 吴幼祥 刘玉娟 谢 涓 陈圣木 范顺事 黄安琪 林祥玉

发布会组委会秘书处：苏文婷 唐小愉 周应韵 张雪峰 曹宏伟 孙文敏 夏婷婷

特别鸣谢
《2024长三角商业创新样本》推荐委

复旦大学管理学院
中金资本运营有限公司
安徽省合作交流办公室
合肥工业大学校友会
安永华明会计师事务所
芜湖市投资促进中心
天风证券研究所
江苏省医疗器械行业协会
苏州市商业联合会
阿斯利康投资（中国）有限公司
优刻得科技股份有限公司
同程旅行控股有限公司
第一财经研究院
浙江复聚投资管理有限公司
长三角健康产业联合体
长三角国际绿色发展联盟
长三角国际流通创新中心
长三角聚劲科创大赛组委会
上海长三角商创科技基金会
上海长三角医创生命健康产业基金会

特别鸣谢
《2024长三角商业创新样本》评审委
（排名不分先后，按照首字母拼音排序）

陈炳良　信达生物制药(苏州)有限公司首席科学家
陈鹏宇　数字浙江技术运营有限公司CTO
方志军　东华大学计算机科学与技术学院院长、教授
耿梓轩　融智汇健康科技集团董事长兼CEO
胡　郁　聆思科技芯片公司董事长、国家“863类人智能项目”首席专家
蒋青云　复旦大学东方管理研究院院长
彭　涛　浙商健投董事、微医集团执行董事
沈　东　中经金融创新研究院副院长

还有60余位专家学者，他们分别是：复旦大学、浙江大学、上海交通大学、中国科学技术大学、同济大学、华东师范大学、上海理工大学、上海社会科学院等高等院校、智库机构的学者与教授；长三角三省一市互联网、生物医药、数字金融等行业协会的专家学者；中金资本、安永事务所、国泰君安、申银万国、天风证券、交银国信私募基金等投资机构的专家；新华网、第一财经研究院等媒体专家；科大讯飞、阿斯利康（中国）、连连数字、迪安诊断、合合信息、云从科技、青昀新材、福斯特、云知声等历届样本企业和合作伙伴企业的资深专家。

2024年度样本筛评及采编说明

2024年度样本筛评及采编共历时12个月，分五个阶段：前期筹备（2个月）、筛评和调研执行（3~4个月）、采编创作（3~4个月）、成稿审核（2个月）、出版和发布（2个月），访谈与编写局部交叉进行。

一、筛选流程及办法

根据年度选题标准，按照“海选—初评—复评—终评”的过程，采用逐级漏斗式的、分类精准筛评机制，选取年度样本和案例。

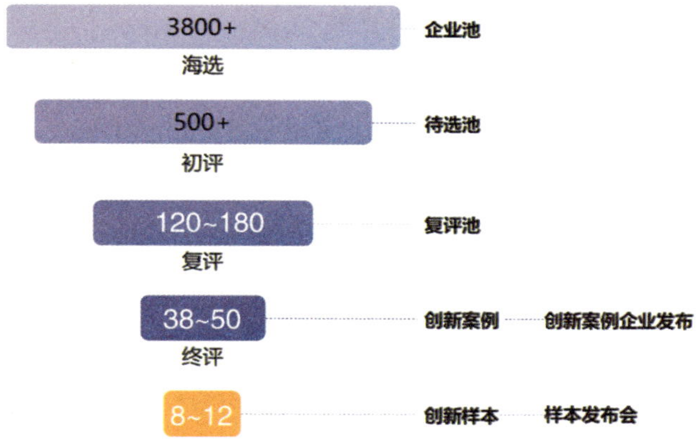

在不同的评审环节，根据筛评目标的不同，引入不同的打分机制。上市公司采用“创新指数六力模型”，非上市公司采用“综合五维模型”，推荐企业采用“2+1综合推荐模型”。

二、筛评核心内容

（1）选样方向。坚持五大领域：高端装备制造、数字科创、生命健康、新能源与绿色发展以及大美好；根据国家“十四五”规划及长三角核心领域及重点产业发展进行甄选。

2024年度，加大了对量子技术、集成电路、人工智能、节能环保、新材料、半导体、现代农业以及高端装备等领域企业的关注。

（2）筛评体系。通过六大维度四项指标，形成一个全面丰富、客观多维、动态前瞻的评价体系，直观反映企业生产、经营、竞争、创新等过程所需要经历的方方面面，助力开展更广泛、全面、科学的选样。

三、采编说明

（1）本书所涉及样本企业相关内容及数据由项目团队通过企业方提供、主流媒体报道行业调查数据、第三方咨询报告及与企业创始人、高管访谈获得，并经项目采编团队整合提炼而成。

（2）主要采编指标包括：企业基本概况、战略定位和发展状况、商业或经营模式和主营业务结构及特征、政府扶持状况、公司治理描述、企业文化创新和责任、资本和金融发展及近3～5年的创新状况、创新点及实施成果描述与新的创新计划、企业可持续发展战略等九大项超过20个细项指标。

（3）整个过程围绕创新样本企业和上海长三角商业创新研究院自身所积累的数据联合开展。重点关注反映样本企业近3～5年来的重大变革和创新所产生的经营智慧、文化建设、社会责任和创新模式的探索成果，以及为产业链和区域经济、社会财富所创造的政治、经济、文化与社会环境的价值。

（4）样本企业所需提供的材料指标主要采用2019—2024年的数据，并对企业成立以来的基本材料及企业发展进行历史性的对照。

（5）样本企业选择参照的历史依据主要包括：国际、国内以及区域内处于领先者地位或快速成长型的优秀企业；业界品牌知名度或美誉度较高的企业；有独特创新模式和重大创新能力的企业；营收、净资产、利润或净利润等主要增长指标稳健或优良的企业；依托科创能力或者技术壁垒的行业隐形冠军和依托数据技术领先的准独角兽公司；产业贡献优良、文化或品牌建设有标杆性和典型案例等辅助指标。

附录：以样本为内核的知新工程

温企业发展奋斗之故，知其实战智慧之新。

温企业家思想创新之故，知其精神动力之新。

温中国经济和社会玉汝于成之故，知其时代引领之新。

应时代发展所求、促产业发展之需，2017年开启以“创新”为基本指标的研究，推动新时代下的发展样本和创新引领。

样本始终坚守初心，不断迭代进化。更在复旦大学管理学院全程学术支持、多家中国头部创新企业提供战略支持下，不断优化体系，构建产学研深度融合体系。同时，也进一步挖掘、开发样本的多元价值，向世界贡献中国范式，基于八年探索形成了完整的三位一体全链研究模式体系，围绕创新研究、创新教育、创新孵化开展系列活动，并取得了优异成绩。

商创院决心再以十年之功，继续深入挖掘创新样本，传播创新文化，弘扬企业家精神；创编高质量创新案例，推动中国案例进入全国乃至世界主流商学院及专业学院教学体系，改变国内创新教育案例被西方案例垄断的历史；践行新时代创新高地使命，为中国式现代化贡献中国方案，推动科技创新引领产业创新，促进社会经济高质量发展。

一、顺势而为，构建全新开放创新生态

习近平总书记在党的二十大报告中强调：“教育、科技、人才是全面建设社会主义现代化国家的基础性、战略性支撑。必须坚持科技是第一生产力、人才是第一资源、创新是第一动力，深入实施科教兴国战略、人才强国战略、创新驱动发展战略，开辟发展新领域新赛道，不断塑造发展新动能新优势。”中央经济工作会议强调，依靠创新培育壮大发展新动能，最大限度地释放全社会的创新创造潜能。“新技术、新产业、新业态、新模式”的四新经济代表性企业批量涌现，创新的理论与实践研究也亟须进行。

建国君民，教育为先。2025年政府工作报告指出，“深入实施科教兴国战略，提升国家创新体系整体效能。坚持创新引领发展，一体推进教育发展、科技创新、人才培养，筑

牢中国式现代化的基础性、战略性支撑”。新时代新征程赋予科教兴国战略新的时代内涵。

作为中国未来发展的希望所在，也是中国经济发展的重要引擎，以及快速成长中的全球科创高地，长三角地区人才资源密集，科教资源汇聚。基于这样丰富的实践资源，我们的学习、研究，包括案例的总结、提炼和开发，就变得非常重要，可以与产业的发展、经济的转型、攀登世界经济未来制高点的目标有机协同。

知新工程部分项目成果（截至2025年4月）

2017年开启长三角商业创新样本

每年对4000+优秀企业进行系统分析和追踪，8年7届筛评，入选创新案例企业近300家，甄选创新样本超120家。

2019年开启长三角商业创新大会暨样本发布会

连续举办6届，传播声量超1000万+，是长三角地区参与人数多、覆盖广、深具前瞻性和影响力的创新盛典。

2020年开启长三角商业创新指数

原创六力模型，目前入库的上市企业超过1800家，已连续发布4期研究报告，为样本企业的筛选形成科学和严谨的数据基础。

2022年开启长三角创新案例公众号

共发布360篇原创文章，阅读量超20万+，展现了企业、产业及区域的创新实践，粉丝累计超万人。

2022年开启创新赋能双百计划

与20余所知名商学院和专业特色院校建立合作共建伙伴关系，开展60余场活动，影响百万师生。

2023年开启长三角创新案例企业TOP50

目前已发布两期，累计案例企业87家，并从中精选近20家创新样本。

2024年开启创新案例实验室

与复旦大学管理学院联合展开教学案例开发、案例导师培养、案例征集与评选等活动，推动更多中国企业案例走进高校课堂。

2025年开启产业创新实验室

开创研究、孵化、人才、学术研讨四位一体的独有协同创新模式，打造新时期产学研融合新范式。

八年来，得益于复旦大学管理学院的学术支持，上海社会科学院、浙江大学、南京大学、上海交通大学、华东理工大学、河海大学等高等院校，以及东方财富、云知声科技、安永事务所、中金资本、圆通速递等协作伙伴的大力支持，商创院深入四新经济，从创新样本出发，开展创新指数、创新案例、创新大会、创新赋能等研究及活动。

不同历史时期，国家发展任务不同，教育的责任也不同。新时期的商学教育，以“科教兴国、产业富强”为出发点，汇聚中国力量；以模式创新，打破校企藩篱；以思想价值提升，实现教育和产业融合；以时代使命，推动中国社会经济高质量发展；通过校企研联动，产学研融合，双向赋能，用中国的样本培育中国式创新人才。

二、鼎新前行，打造创新时代新范式

知新工程，通过挖掘样本企业，打造创新案例，促进产学研的深度联动，构建理论与实践交流输送的平台。一方面，让更多的企业家进学校，让真正符合新时代的创新思想、代表中国商业文明和科技进步最前沿的理念，以最鲜活的方式输送到高校；另一方面，让更多的案例导师和专家学者进企业，深入企业一线持续研究观察，挖掘生动鲜活的经营案例，凝练和提升商业创新理论高度。以此，形成新时期下深具前瞻性、创新性的思想价值体系，助力更新商业创新教育范式，增强文化自信，持续为中国社会经济高质量发展赋能。

使命：挖掘世界级中国企业，培育中国式创新人才。

愿景：讲好中国故事，做好中国样本，培育中国人才，赋能中国创新。

定位：聚焦国家及长三角“十四五”规划关键核心领域及重点产业发展，持续关注先进制造、数字科创、绿色发展、生命健康、美好生活五大领域。

模式：以科创为引擎，以样本为内核，贯通创新研究、创新教育、创新孵化的基本脉络，打造包括长三角商业创新指数研究、长三角商业创新样本、长三角商业创新案例、长三角商业创新大会暨样本发布会、创新赋能计划、创新案例论坛、产学研融合创新论坛等在内的品牌项目，实现三位一体、双向赋能、共创共享的完整闭环，探索产学研协作新模式。

三、公益赋能，共建激发商业文明新活力

商业文明发展在华夏蔓蔓日茂，从商周“日中为市，各得其所”的萌芽，到如今“万帆竞发，卓秀于林”的繁盛。中国的商人和实业家，从来没有缺席过国家发展的重要时刻。商绅助学，是中国历史上延续数千年的传统美事；近代华侨捐赠图存，也曾开创实业

襄助国是的伟大壮举。

当前，中华民族面临前所未有的机遇与挑战。此时此刻，企业家的助力不再是商绅助学的锦上添花，也并非华侨救亡的雪中送炭，而是与国运共生、共存、共兴的命运托付。它是实业助推国运的又一种形态。在新时期，与国家共生发展，正是命运交融的时刻。全新的模式、历史的使命，将浇筑注定被铭记的我们这一代企业家之魂。

未来的科技中国，取决于我们今天每个中国人的抉择。复兴需要巨大的势能，中国社会积攒多年，正是期待质变的时刻。后复兴时代，也需要从今天开始，形塑未来的格局。

知新工程，将以不惧千辛万苦之精神，常持千方百计之勇略，冲破千困万难，翻越千山万水，用十年之功，以公益之力，汇聚产、学、研以及更多的社会资源和创新能量，与胸怀凌云壮志的企业家一起，“讲好中国故事，做好中国样本，培育中国人才，赋能中国创新”，探索新时代中国商业创新模式，用创新驱动和社会责任助力商业文明进步。

欢迎更多的企业家、教育家、思想家、实践家加入知新工程，用您宝贵的时间、丝缕必珍的精力、慨然以赴的决心，以及慷慨捐赠的财富，共同支持新时代新商业创新理论与价值体系研究，发现创新样本、传播实践案例、培养创新人才，助力强国发展，建设美好新时代。

联系人：唐老师　13656693980

联系邮箱：ZXGC2023@163.com

2024长三角商业创新案例企业TOP50

2024长三角商业创新案例企业TOP50，旨在聚焦“创新”与“长三角一体化发展”两大核心要素，深入挖掘在长三角地区展现出卓越创新能力与引领示范作用的企业。在2024年长三角地区商业创新案例企业TOP50的评审过程中，课题组运用自主研发的六力模型，对1800家上市公司和2000多家工信部专精特新、独角兽等科创企业进行严密分析，全面评估了上市及非上市企业，并由东方财富、合合信息为我们的企业筛选工作提供了相关技术支持。

为强化评选的科学性、权威性，我们借用数字化手段进行量化指标筛选基础上，邀请了来自复旦大学管理学院、华东师范大学、浙江大学医学院、中国计算机学会（CCF）、中金资本、合合信息、连连数字等60多位产学研资权威专家组成评审团，对企业的整体表现进行全面而深入的评估——借助专家的智慧和经验及专业视角为企业提供宝贵的指导与建议。

经过多轮评审，50家创新企业入选成为2024年度长三角商业创新案例企业。具体名单如下。

一、2024长三角商业创新案例企业TOP50名单

2024年度长三角商业创新案例企业TOP50中基于高端装备制造的技术创新企业23家，数字科创企业11家，大健康与生物医药企业7家，新能源与绿色发展企业7家，金融科技及现代农业企业各1家。

领域划分	公司名称
基于高端装备制造的技术创新(新材料)	安集微电子科技(上海)股份有限公司
	东睦新材料集团股份有限公司
	江苏亨通光导新材料有限公司
	江苏南大光电材料股份有限公司
	宁波江丰电子材料股份有限公司
	琥崧科技集团股份有限公司
	浙江久立特材科技股份有限公司
	中简科技股份有限公司
	安徽中鼎密封件股份有限公司
	合肥杰发科技有限公司
	华域汽车系统股份有限公司

续表

领域划分	公司名称
基于高端装备制造的技术创新(新材料)	江苏恒立液压股份有限公司
	江苏卓胜微电子股份有限公司
	杰克科技股份有限公司
	上海积塔半导体有限公司
	盛合晶微半导体(江阴)有限公司
	盛美半导体设备(上海)股份有限公司
	苏州迈为科技股份有限公司
	苏州苏试试验集团股份有限公司
	苏州泰科贝尔直驱电机有限公司
	卧龙电气驱动集团股份有限公司
	浙江晶盛机电股份有限公司
	浙江三花智能控制股份有限公司
金融科技	恒生电子股份有限公司
现代农业	安徽荃银高科种业股份有限公司
数字科创	本源量子计算科技(合肥)股份有限公司
	杭州迪普科技股份有限公司
	千寻位置网络有限公司
	上海柏楚电子科技股份有限公司
	上海华测导航技术股份有限公司
	上海脑虎科技有限公司
	上海西井科技股份有限公司
	上海移远通信技术股份有限公司
	声通科技股份有限公司
	浙江太美医疗科技股份有限公司
	中控技术股份有限公司
大健康与生物医药	杭州泰格医药科技股份有限公司
	江苏鱼跃医疗设备股份有限公司
	南微医学科技股份有限公司
	普洛药业股份有限公司
	上海贝斯昂科生物科技有限公司
	上海全景医学影像科技股份有限公司
	浙江华海药业股份有限公司
新能源与绿色发展	福莱特玻璃集团股份有限公司
	国轩高科股份有限公司
	合肥美亚光电技术股份有限公司
	南京大学环境规划设计研究院集团股份公司
	万帮数字能源股份有限公司
	无锡先导智能装备股份有限公司
	运达能源科技集团股份有限公司

（排名不分先后）

二、评选说明

1. 本届评选聚焦“新质生产力发展”“科技自立自强”及“国内外双循环”三大主题，旨在挖掘长三角地区兼具创新实力与战略价值的标杆企业。

2. 入选企业覆盖先进制造、数字科创、生命健康、绿色发展等战略性新兴产业——既体现长三角区域创新策源能力，也为全国产业升级提供可复制的创新范式，展现中国企业在全球价值链重构中的突破性实践。

3. 主要数据指标包括：科创力、文化力、战略力、生态力、经管力和资本力6大一级指标，赛道甄选、模式创新、经营创新、国际视野、经营创利、制度要素、市场地位、治理绩效、研发投入、技术管理、专利强度、科技成果、企业家精神、价值观、组织文化、学习赋能、战略契合、区域布局、产业孵化、能级辐射、股东力、上市选择、规模效应、机构关注度共24项二级指标以及58项三级指标。

4. 本届评选采用“三阶递进式”多维筛选机制：海选阶段通过“大数据六维模型筛查+专家委员会‘2+1’推荐模型（硬性指标+创新潜力）”，从3800家企业中筛选出553家进入待选池。初评阶段依托AI评分系统，基于企业信息分（合规性、成长性）与科创分（专利质量、研发效率）双维度建模，结合92%准确率、88%召回率的自然语言处理模型量化评估，并通过舆情监测、ESG审查等负面淘汰机制筛出171家复评企业。复评阶段由65位跨领域权威专家（含24位行业协会代表、14位科研院所学者、27位龙头企业高管）组成评审团，结合技术转化能力、产业链协同价值及双循环战略适配性进行答辩评审，同步开放“大赛直通车”通道，最终从171家企业中遴选出50家兼具创新突破性与战略引领性的TOP50案例企业。全流程融合量化评分与专家智慧，确保评选结果兼具客观性、专业性与行业标杆意义。

5. 商业创新案例企业提供的材料中主要采用2018—2024年的数据，并对企业成立以来的基本材料及企业发展进行历史对照。

主要参考资料及文献

[1] 陈春花.定力和韧性，是当下最稀缺的领导力[EB/OL].(2023-8-8).https://mp.weixin.qq.com/s/8HoBiv0BPadN3HjuxSjDBg

[2] 深一度|江丰逐新，在正确方向上保持定力[EB/OL].甬派APP新闻服务，(2025-1-21).https://ypstatic.cnnb.com.cn/yppage-share/news/share/news_detail?newsId=678f6ecce4b06e859ec26268&type=wxfs

[3] 全国政协委员、江丰电子董事长姚力军：集成电路材料企业要秉持长期主义|两会专访[EB/OL].中国电子报，https://mp.weixin.qq.com/s/kiJjKp0_xxwzrEsVNUuhDg

[4] 江丰电子产业集群项目落地临港[EB/OL].PSOnile,(2025-4-2).https://mp.weixin.qq.com/s/Om-hKII8npEMPs-4XUzRKLw?poc_token=HG81HGijzNHwhPZ2bj8C-4r9OC_YGTP7bsz1rZ1b

[5] 吴晓波，张江润.跨越鸿沟——中控30年[M].北京：清华大学出版社，2024.

[6] 对话褚健：中控转型工业AI，背水一战还是顺势而为？[EB/OL].控制工程中文版，(2024-12-23).https://mp.weixin.qq.com/s/W2aXxBvdXT6AmJtQ4_2GBw

[7] 中控技术董事长、总裁崔山："AI+5T"技术已成为未来流程工业的发展方向[EB/OL].财经网，(2024-12-23).https://economy.caijing.com.cn/20241213/5057677.shtml

[8] 拥抱AI，为流程工业赛道注入"中控价值"|上海证券报专访中控技术董事长兼总裁崔山[EB/OL].工业伴侣，(2024-12-15).https://mp.weixin.qq.com/s/_teiRpmNiH6DgffLkVdtzg

[9] 中控技术俞海斌：以AI为核心，"Clustar・星河计划"构建未来工业生态业[EB/OL].工控网，(2024-10-10).https://mp.weixin.qq.com/s/T1on6MsNH6MRcciLhnjiLQ

[10]《新能源汽车产业发展规划(2021—2035年)》国办发〔2020〕39号[EB/OL].国务院办公厅(2020-11-2).https://www.gov.cn/zhengce/content/2020-11/02/content_5556716.htm

[11] 绿电制氢项目公告[R].中车株洲所.

[12] 迈为技术：以创新之笔，绘半导体装备国产化新篇[EB/OL].中国科技投资，(2025-4-23).https://m.sohu.com/coo/heisha/887919253_121474061?scm=10008.7964_13-7964_13-1111_1111.0-0.0.0

[13] 连续五年成为最具价值投资企业！迈为股份让"中国智造"走向全球[EB/OL].吴江开发

区（2024-11-21）.https://mp.weixin.qq.com/s?__biz=MzU5MzQ1Nzk3Nw==&mid=2247829549&idx=1&sn=a146cd3fb6c07026bacfc92e9eaea4fb&chksm=ff312f4ae1c9b404a8f58362fb1e8e5465cbc9863d6281e582fb63fd41dcd0de48c4a69fafa7&scene=27

[14] 坚持研发创新 迈为股份打造世界级新能源装备技术高地[EB/OL]. 中国证券网，(2024-3-9).https://ggjd.cnstock.com/company/scp_ggjd/tjd_bbdj/202403/5202315.htm

[15] 创新故事 | 周剑：跳出舒适区，把握战略机遇，寻求创新突破。[EB/OL]. 深大创新报告（2023-7-28）.https://mp.weixin.qq.com/s/BMyjDrjZmLej5Ey9iKck6w

[16] 李丽,罗文博,房启成,李涛 . 数字化转型背景下缝制机械制造行业可持续发展共性需求分析与策略研究[J]. 新型工业化，2024，(07)

[17] 华经产业研究院，2024—2030年中国工业缝纫机行业发展运行现状及投资战略规划报告[R].2024

[18] 王薛滔 .2023年缝制机械行业稳步前行[N]. 消费日报，2024-02-01(A01).DOI:10.28866/n.cnki.nxfrb.2024.000114.

[19] 2023杰克科技股份有限公司环境、社会和公司治理（ESG）报告[R].2024.

[20] 杨铎 . 隐形冠军杰克：一个全球化先锋的关键增长之路[M]. 杭州:浙江工商大学出版社，2024.1

[21] 周经,王馗,胡杨 . 责任先行的贸易竞争优势:上市公司ESG表现与企业出口[J]. 国际贸易问题，2025(4).

[22] 李浩,王家乐,倪肇龙,覃伟芮,胡泽炜 . "一带一路"建设对企业ESG行为的影响研究[J]. 中国市场，2025(11).

[23] 吴洪坤;. 集成产品开发管理在智能制造装备企业中的应用[J]. 电子工业专用设备，2023(4).

[24] 邓超 . 我国农作物种业企业发展情况分析[R]. 第二十一届全国种子双交会，2024.

[25] 韩瑞东，孔祥彬，刘以龙，等 . 现代种业创新发展存在的问题及对策[J]. 农业科技管理，2022，41(5):13-16+25.DOI:10.16849/J.CNKI.ISSN1001-8611.2022.05.004

[26] 张太宇，王燕红 . 农作物种业发展不平衡不充分问题及其破解之道[J]. 江苏农业科学，2022，50(18):10-20.DOI:10.15889/j.issn.1002-1302.2022.18.002

[27] 李欣诺，蒲娜娜，刘猛，等 . 国外作物种业优秀发展经验及对中国种业发展的思考[J]. 农业展望，2024，20(07):59-67

[28] 彭扬 . 加大重点领域资金投入支持种业企业上市[N]. 中国证券报，2024-08-06(A01).DOI:10.28162/n.cnki.nczjb.2024.003280

[29] 张茜 . 中国种业企业研发投入与产出的经济效益研究[J]. 分子植物育种，2024，22(23): 7960-7965.DOI:10.13271/j.mpb.022.007960

[30] 房媛 . 超大规模种业企业文化的形成及其在企业成功中的作用[J]. 分子植物育种，2024，22(21):7303-7308.DOI:10.13271/j.mpb.022.007303

[31] 崔浩 . 种业振兴取得阶段性成效[N]. 经济日报，2023-10-18(006).DOI:10.28425/n.cnki.njjrb.2023.007059

[32] 乔金亮 . 科技兴农开花结果[N]. 经济日报，2022-08-17(006). DOI: 10.28425/n.cnki.njjrb.2022.005007

[33] 郑涵予 . 天价"洋种子"背后的种业之痛[J]. 农村·农业·农民(B版)，2017(20):37-38.

[34] 董志勇 . "人工智能+"赋能新质生产力发展[N]. 人民日报，(2025-01-13).

[35] 工信部，赛迪研究院 .2024年IT趋势发布会 .

[36] 中国互联网络信息中心（CNNIC）. 生成式人工智能应用发展报告（2024）.

[37] 高文 . 抢抓人工智能发展的历史性机遇[N]. 人民日报，(2025-02-24).

[38] 艾媒咨询 . 2024—2025年中国人工智能行业发展趋势研究报告[N].

[39] 刘典 . 人工智能驱动新质生产力发展：国际竞争下的中国选择[J]. 学术论坛杂志,2024，47（5）：11-20.

[40] 毛军权 . 创新创业 活力四射——新时代上海创新型企业攻坚克难实践案例[M]. 上海：复旦大学出版社，2021.

[41] 港口圈 . 全球自动化集装箱码头报告2024年 .www.gangkouquan.com

[42] 王星，胡鸿远 .2024大物流绿色转型·数智发展白皮书 . 罗兰贝格国际管理咨询公司

[43] 马克·莱文森 . 集装箱改变世界[M]. 北京：机械工业出版社，2008-01

[44] 李晔 . 西井科技：为全球港口研发"数字司机"[N]. 解放日报A1，（2025-04-04）

[45] 甘力心 .3000多天！ 从弄堂小厂到领军世界，长宁这家企业做对了什么?. 上海长宁微信公众号，（2025-04-03）.

[46] 邹佳雯 . 这场为民营经济召开的大会上，发言企业有何来头？ [EB/OL]. 澎湃新闻，（2025-04-03）. https://www.thepaper.cn/newsDetail_forward_30564156

[47] 陈梦娜 . 西井科技谭黎敏：夯实上海科创"入海口"地位 搭建"出海口"服务平台[EB/OL]. 上海证券报，（2025-04-03）. https://www.cnstock.com/commonDetail/389953

[48] 杜杰，龙欣雨，胡容 .C视频 丨 5G+北斗，无人驾驶集卡拉着拖板车在泸州港"认路"[EB/OL]. 川观新闻，(2024-07-16). https://cbgc.scol.com.cn/news/5200267

[49] 张植凡，彭胜强，王佳硕 ."泸州港—南沙港"海铁联运助力企业出海沙特[EB/OL]. 中国水

运报，(2025-04-21). https://www.zgsyb.com/news.html?aid=722254

[50] 港口圈.2024年全球TOP30集装箱港口出炉[EB/OL].(2025-04-09). https://news.sol.com.cn/html/2025-04-09/A3D5E08BCFD2C8142.shtml

[51] 海交大—美的安得智联智慧物流与供应链联合研究中心，供应链数智化白皮书，(2023-02).

[52] 中国物流100人(智库)专家，等.四大困局下，我国物流供应链路在何方？.(2025-03).

[53] Per Hong et al. 从颠覆到机遇：全球价值链重构战略.(2024-05).

[54] 付保宗，余新创，刘振中，等.新形势下全球供应链调整趋势及对我国供应链运行的影响[EB/OL]. http://ayacd.yrdcpcn.org.cn/upload/2023/0417/2bdff24e-9ca3-4124-9250-8297475dd427.pdf

[55] 毛海军，孙佳然，杨佩雯.智慧物流驱动管理与决策智慧化[EB/OL].(2020-02). DOI: 10.13813/j.cn11-5141/u.2021.0201

[56] 物联云仓数字研究院.智慧供应链行业研究报告.(2020-11).

[57] 郝君子.安得智联如何厚植"新质生产力"？[EB/OL].物流时代周刊.(2024-04).https://mp.weixin.qq.com/s?__biz=MjM5MTczMTM5Mw%3D%3D&mid=2650011950&idx=1&sn=a689b9d13b6af6c3c6a41f2cb9ad4e01&chksm=bf7778b34d92ea498ed70e6be43481f117a60b7137b47d6793cd5ecc70736f33e615b3c974ef&scene=27

[58] 口子窖兼20·2023安徽年度经济人物故事展播——安徽环瑞电热器材有限公司董事长计成志[EB/OL].AHTV第一时间，(2024-2-17).https://mp.weixin.qq.com/s?__biz=MjM5OTY4MTU2Mg== &mid=2651935860&idx=4&sn=bbbfdbe5a2d003b4925e5f802493aa2a&chksm=bcd23f018ba5b617d28e7b0e7cd2b6dc10ceed46e0287b6fa6368a1b1d64b24738f1429cbe79&scene=27

[59] "保温小巨人"新春强信心[EB/OL].安徽日报，(2024-2-26).http://www.ah.xinhuanet.com/20240226/22d70c27ca6e4457b19358fc2e6686c0/c.html

样本企业年度报告、年度总结报告、所属产业的相关年度报告及同业相关年度报告，恕不一一举例。